Bébés, parents, et grands-parents

Des rencontres inattendues

Bébés, parents, et grands-parents

Des rencontres inattendues

Franck Dugravier

Philippe Duval

40, avenue Saint-Jacques – 91600 Savigny-sur-Orge

ISBN : 979-10-90398-18-4

Pour Sophie,
« Gracias a la vida »

Pour Jean-François,
« De amicitia »

Dans ce livre, les prénoms et les noms des personnes, les lieux, ont été modifiés afin d'éviter toute reconnaissance, et pour préserver ainsi l'anonymat et l'intimité de chacun.

Le fourgon des postes

Parler de soi ça fait drôle, on croit connaître, et on ne connaît pas.
Jean Rochefort dans Polly Magoo, de William Klein, 1967

La pédiatrie…

Pourquoi ?

À cause du fourgon des postes ?

Peut-être…

En tout cas, un jour, j'ai perdu le fourgon des postes dans un taillis, près du bois des Paillards, au Buisson. Il y en a qui connaissent ; mais pas tout le monde.

C'était un jouet…

Mais je savais qu'en vrai, c'était lui qui apportait le courrier.

Le chagrin m'a submergé, plus violent, plus profond, que ce que j'avais éprouvé quelques mois plus tôt, lorsque mon père était parti, ou, plus exactement, qu'il n'était pas rentré, un soir, à la maison.

Je crois que je pouvais supporter son absence.

Mais perdre le fourgon des postes, ce n'était pas supportable…

Alors, au fil des années, à chaque vacances, je suis retourné fouiller ce taillis, souvent, sans le dire.

J'y suis retourné même après le retour de mon père.

Mais je savais bien que je n'y retrouverai pas le fourgon, ni mon enfance ; ou alors, rouillés.

Encore maintenant, si je passe un jour devant le bois des Paillards, je crois qu'à nouveau j'irai jeter un coup d'œil dans le taillis : on ne sait jamais.

J'avais quatre ans.

Mon père nous avait quittés brusquement, pour aller dans les Alpes, « au sanatorium », soigner une tuberculose.

Nous restions seuls, ma mère, mon frère de dix-huit mois, ma sœur de trois ans, et moi ; seuls…

Ou plutôt, sans lui, et sans savoir…

Quand on ne sait pas, on est encore plus seul.

J'entendais dire dans la famille qu'il était « tubard » ; ils disaient aussi que c'était un cadeau de la guerre...

Un cadeau, je savais ce que c'était ; ça me faisait plutôt plaisir quand j'en recevais un, et j'étais content, d'habitude. Mais là, je crois que mon père, il n'avait rien reçu ; et puis je voyais bien qu'ils avaient tous un drôle d'air…

Pendant dix-neuf mois, nous ne nous sommes pas revus.

Seules quelques lettres (que je ne savais pas lire seul) nous ont liés, et les soucis de ma mère ; et aussi quelques cadeaux justement, des petites voitures en général, parfois des soldats, en plomb.

Des voitures et des camions, des Dinky Toys®, pas des Norev® en plastique, pas des Solido®, non plus, celles qu'on pouvait démonter avec une petite clé.

Il y avait surtout deux camions, auxquels je tenais particulièrement.

Le « camion du laitier », d'abord, avec ses rangées de bidons ; on pouvait les enlever, un par un, et les remettre, en rangées.

On nous disait à l'école, c'était la maîtresse, Madame Constanti, qui nous le disait, que le lait, et les oranges, étaient très bons pour la santé. Et Monsieur Mendès France nous en faisait distribuer le matin à l'école, mais pas tous les matins, avec deux biscuits, parfois une orange. Ça s'appelait « le verre de lait ».

C'était aussi contre l'alcool, je l'ai su après. Mais je m'en souviens, il y avait une réclame qui en parlait dans la rue, sur des affiches ; elle disait : « les parents boivent, les enfants trinquent ! »

J'aimais bien l'orange, mais je n'avais pas envie de boire de lait.

Le deuxième camion, c'était le « fourgon des postes ».

C'était mon préféré.

De tous mes jouets, je crois que c'était le plus important.

Chaque jour, ma mère recevait une lettre de mon père, ou plutôt... de son mari.

Chaque jour, aussi, elle lui écrivait.

C'est par La Poste qu'ils pouvaient garder ce lien, et qu'on avait des nouvelles.

C'était le fourgon des postes qui les amenait.

Je me souviens bien de l'absence de mon père ; je ne comprenais pas très bien, je crois que je mélangeais des événements, et aussi des périodes.

C'était peu de temps après la guerre. Dans ma famille, j'avais beaucoup entendu parler de prisonniers, de gens qui n'étaient pas revenus, de gens qu'on n'attendait plus.

Alors je m'étais mis dans la tête qu'il était parti vers l'horreur, et je croyais que nous ne nous reverrions pas, plus jamais.

J'en étais sûr ; et personne ne m'en dissuadait.

Il est vrai que je ne le demandais pas ; je crois que j'avais trop peur de la réponse.

Dans mon esprit de petit enfant, les circonstances, les mots que j'entendais, étaient flous. Ils ne disaient pas toujours la même chose ; ça dépendait de celui qui parlait.

D'ailleurs, depuis ce temps, ce mot, « jamais », éveille toujours ma méfiance.

« Jamais de la vie ! » Ça veut dire quoi ? Pourquoi « la vie » ? Est-ce que dire « jamais de la vie », ça parle de la mort ?

C'était bizarre. Il se passait quelque chose, je le comprenais bien ; mais je ne savais pas quoi.

Tout ce que je savais, c'était qu'il n'était pas là, et que je ne pouvais pas le voir.

Il n'y avait pas eu d'annonce, pas de cérémonial du départ, pas de préparation à son absence.

Pas de regard pour se quitter.

On n'avait pas pu se dire au revoir…

Rien pour se dire qu'on allait se retrouver, sûrement ; oui, sûrement se revoir.

Est-ce qu'on se reverrait ?

Pourtant, après la sidération brutale qu'avait entraînée son départ, et dans le vide que créait son absence, je n'ai pas le souvenir d'avoir été vraiment triste, ni d'avoir ressenti un manque.

J'étais stupéfait, un peu inquiet aussi, et je regardais les adultes.

Eux, ils pensaient à autre chose, pas à nous, je le voyais bien.

D'abord, ils nous regardaient moins, et puis ils nous parlaient moins.

Ils parlaient entre eux, à voix basse.

Ça me faisait penser à ce que disaient mes cousins quand ils voyaient qu'on se parlait à l'oreille. Ils disaient en rigolant : « Pas de messe basse sans curé ! »

Mais ça, même si j'y pensais en voyant comment les adultes se parlaient, je n'osais pas le dire, parce que, comme je l'ai dit, ils avaient un drôle d'air.

Ils faisaient tous la même tête, une drôle de tête ; ils ne rigolaient pas.

Je n'osais pas le leur dire, parce qu'il y a des fois, quand on dit une chose pour qu'ils rigolent, ils font l'inverse, ils se fâchent !

Ma mère, surtout, faisait une plus drôle de tête que les autres.

Je la trouvais inquiète, et je voyais bien qu'elle était triste.

Et ça, même si, bien sûr, je ne comprenais pas tout, ça m'inquiétait vraiment...

En plus, quand les gens apprenaient que mon père était « au sana », ils prenaient tous le même air, ce drôle d'air des grands, et ils disaient : « le pauvre ».

Et ça aussi, ça finissait par m'inquiéter.

Il y avait même une tante de mon père, la sœur de ma grand-mère, qui lui avait écrit, j'avais entendu ma mère le dire, pour lui promettre qu'elle ne dirait à personne qu'il était malade…

Dans sa lettre, elle disait : « Mon pauvre petit, ne t'inquiète pas, je ne le dirai à personne… »

Je l'ai su bien plus tard, mais il y avait des maladies différentes des autres, des maladies dont on avait honte ; enfin… ceux qui les avaient, et aussi leur famille. Et donc, on ne pouvait dire à personne qu'on était malade, puisqu'on avait honte.

Il y avait la syphilis, je crois que ça parlait de bêtises, ou quelque chose comme ça ; et puis il y avait la tuberculose ; elle, elle parlait de pauvreté, ou au moins de manque de chance.

Je savais ce que c'était les pauvres ; il y en avait tout près de chez moi. Ils habitaient dans des maisons démolies.

« Les pauvres », c'est comme ça que tout le monde les appelait. Il y en avait qui disaient les « petits pauvres » ; pourtant, c'était des grands.

Mais mon père, il ne pouvait pas être pauvre, il avait reçu « un cadeau de la guerre » !

J'apprenais des mots nouveaux ; ils intégraient tout naturellement mon vocabulaire : « tubard », « caverne », « sana », « thoraco », « Sancellemoz », « plateau d'Assy ». Je les utilisais, comme un vocabulaire courant.

Pour moi, ces mots définissaient mon père ; non, pas lui, quelque chose de lui, et de ce qu'il faisait. Par exemple, comme on dit « Papa est au travail », moi je disais « Papa est au sana ».

Je crois que j'en étais fier.

J'étais plus fier qu'inquiet, en tout cas.

Si quelqu'un m'avait demandé ce qu'il faisait comme travail, j'aurais pu répondre : « tubard ».

Ces mots nouveaux n'expliquaient pas un état, ils ne désignaient pas non plus des endroits. Ils expliquaient mon père, ils parlaient de lui, et ça me le rendait familier, un peu plus près de nous, de moi.

C'était bizarre comme impression, mais quand même, inquiétant aussi.

Les adultes, ils ne nous disaient rien. Et même quelquefois, quand on arrivait, ils arrêtaient de parler, mais pas longtemps.

Je voyais bien qu'ils avaient peur de quelque chose.

Je voyais bien que personne ne savait ce qui se passait vraiment.

Et puis ils parlaient de choses qu'on ne pouvait dire devant nous.

On les entendait, parce que justement, les choses qu'il ne fallait pas qu'on entende, ils en parlaient devant nous !

Ils ne les évoquaient qu'à demi-mot, ou à mots couverts, on peut dire les deux, avec un air grave et aussi un air entendu ; peut-être pour qu'on ne puisse pas comprendre, puisqu'il ne fallait pas qu'on comprenne…

Mais alors, je me demande encore pourquoi ils en parlaient devant nous !

Je l'ai dit, je ne comprenais pas très bien ; peut-être parce que j'étais un enfant...

Et ça, ils le savent bien, les enfants, quelquefois ils posent une question importante ; c'est quand ils ont vraiment besoin de savoir.

On leur répond : « Tu peux pas comprendre ! »

Alors j'en suis venu à l'idée qu'être adulte, ça devait être vivre dans un monde à part, que je ne pouvais pas encore connaître ; oui, un autre monde, chez les grands…

Dans le monde des grands, je sais qu'on n'est pas obligé de mettre les mains sur la table pendant le repas, on peut parler en même temps que les autres, et même les interrompre, ça je l'avais remarqué. Et aussi, on a le droit de manger de la moutarde, et on n'est pas obligé de finir son pain.

Mais surtout, et je crois que c'était le plus important, dans le monde des grands, on comprend.

Alors, on devenait « grand » quand on comprenait des choses que les enfants ne pouvaient pas comprendre.

De toute façon, tout le monde sait bien qu'il faut préserver l'innocence des enfants ; c'est comme ça qu'on dit : « l'innocence ».

Tant qu'ils ne savent pas, ils ne se posent aucune question ; ils sont innocents.

Donc ? Eh bien donc, ils ne peuvent pas avoir de chagrin…

C'est ça, il faut les protéger ; si on leur cache, ils ne savent pas ; et s'ils ne savent pas, ils ne peuvent pas avoir de peine…

C'est pour ça que, quelquefois, les grands-parents ne meurent pas. Si, tout à coup, Grand-père ne vient plus à la maison, qu'on ne fait plus rien avec lui, c'est parce qu'il est parti en vacances, pour longtemps ; on ne sait même pas quand il reviendra... Peut-être qu'il reviendra à Pâques, ou peut-être même à la Trinité, comme Marlborough !

Mais Marlborough n'est pas revenu, en tout cas pas dans la chanson.

Les pères, eux, c'est pareil, ils ne s'en vont pas ; s'ils ne sont pas là, c'est juste parce qu'ils ont beaucoup de travail.

Et si une maman, pendant qu'elle joue avec son enfant, comme ça, toute seule avec lui, a d'un seul coup les larmes aux yeux, c'est peut-être parce qu'elle a une poussière dans l'œil, ou peut-être parce qu'elle s'est fait mal.

Oui, c'est ça l'explication, elle a dû se faire mal ! Ou alors, c'est une poussière !

Mais à force, j'ai fini par comprendre qu'il y en a quelques-uns, des adultes, qui se font vraiment très mal, et même souvent !

Parce que maintenant, j'en vois tous les jours dans mon travail, des parents qui ne sont pas tristes du tout, mais qui ont des poussières dans l'œil, parfois même dans les deux yeux.

J'ai commencé à m'inquiéter pour de bon quelque temps après, quand ma mère, à son tour, est partie.

Elle aussi, je crois qu'elle est tombée malade, « un beau jour » comme on dit.

Alors elle est partie, comme mon père, sans qu'on se dise au revoir.

Elle, elle n'allait pas « au sana », elle était partie chez sa sœur, à Nice. Sa sœur, c'était Nicole, elle habitait rue Pastorelli.

Ma grand-mère, qui nous gardait, avec ma sœur et mon frère, m'a dit que c'était parce qu'elle avait la jaunisse.

Mais moi, je trouvais ça très, très bizarre, vraiment ; je savais que jaune c'est une couleur, alors jaunisse ! Comment une couleur aurait-elle pu être une maladie ?

Je continuais de penser que dans ce monde des adultes, il se passait des choses vraiment étranges. On pouvait devenir jaune !

Moi, si j'avais voulu, même si j'avais essayé, je n'aurais pas pu !

Alors ma mère serait devenue jaune ?

Je la connaissais bien, elle non plus elle n'aurait pas pu.

J'avais du mal à croire ma grand-mère.

Pourtant, j'avais confiance en elle, parce que je savais qu'elle ne me mentait pas, en général.

Mais quand même, subitement j'ai eu peur ; Maman, est-ce qu'elle était malade, elle aussi ? À son tour, tubard, sana, Sancellemoz ?

Non, jaune, et surtout plus chez nous. Juste Nice, rue Pastorelli, chez Nicole, pour quelque temps.

Et nous, chez grand-mère…

De toute façon, il n'y avait plus de chez nous.

Et puis, mais bien plus tard, j'ai compris autre chose. À cette époque, ça s'appelle maintenant « les années cinquante », on ne parlait pas beaucoup de dépression. Si quelqu'un en parlait, il disait « dépression nerveuse ». En fait, je ne suis pas sûr que ça existait.

Je crois qu'on disait « jaune », et quand les grands étaient vraiment très tristes, ça s'appelait plutôt « une jaunisse ».

Ma mère est revenue, assez vite.

Elle n'était pas jaune.

Ma grand-mère m'a dit qu'elle avait été jaune, et que ça allait mieux.

Mais elle était triste.

Et puis elle s'énervait facilement...

C'est ça, elle s'énervait, pas toujours, mais quelquefois ; on se le disait avec ma sœur, on disait : « Aujourd'hui, elle est énervée ».

Mais surtout, elle était soucieuse, je le voyais bien ; en plus, elle le disait souvent au téléphone, quand elle parlait avec ses parents, ou avec ses sœurs. Elle parlait, et de temps en temps elle s'arrêtait.

Quelquefois elle pleurait, au téléphone.

Elle avait vingt-six ans, trois enfants, plus de mari…

Elle aimait la vie, je crois bien qu'elle s'ennuyait…

J'avais quatre ans, la place était libre.

J'ai tenté de m'y installer.

Il me semblait que je pouvais suffire à la distraire de ses soucis.

En plus, il y avait autre chose : j'avais une mission !

J'étais l'aîné, et j'étais un garçon.

En l'absence de mon père, il me revenait donc naturellement de le remplacer.

Il le fallait. On me le disait : « Sois bien sage ! Papa n'est pas là, alors maintenant c'est toi le grand de la famille… »

Et puis, on le demandait dans la prière qu'on disait le soir : « Petit Jésus, faites qu'il n'y ait pas la guerre, faites que Papa guérisse bien vite, et faites que je sois un grand garçon bien sage. »

Sans trop comprendre, j'étais d'accord…

Je ne sais pas si j'avais le choix…

Mais c'est à ce moment que j'ai commencé à mal dormir ; parce que j'avais peur du noir.

En plus, j'avais mal au ventre.

Ça ne marchait pas toujours, mais bien souvent, avoir mal au ventre, ça m'ouvrait le lit de ma mère.

Je sentais sa chaleur, près de moi.

Ça allait mieux, je crois que je n'avais plus mal.

Mais je ne le lui disais pas.

Je crois, mais je n'en suis pas sûr, qu'elle ne s'apercevait pas que j'étais là, parce que je faisais très attention.

Ne pas faire de bruit, ne pas la réveiller.

Je ne parlais pas, surtout pas.

Je ne bougeais pas non plus, pas un mouvement.

Même mon souffle était suspendu.

Quelquefois, quand j'étais sûr qu'elle dormait, je le savais parce que je l'entendais respirer, je glissais ma main, sur le drap, à plat, sans faire de bruit.

Je me risquais à toucher sa peau, juste à côté de sa chemise de nuit de nylon.

Non, pas la toucher, juste l'effleurer, en douce, vraiment en douce...

Ça, c'était la nuit.

Mais il y avait encore autre chose ; je me sentais seul, j'étais désespéré...

Mais pas que la nuit, le jour aussi...

Surtout ce jour-là : parce qu'en plus, c'était mon anniversaire, mon père était parti depuis deux mois, et j'étais malade.

Normalement, on avait invité mes cousins. Mais on avait dû annuler, parce qu'il fallait que je me repose.

J'étais tout seul, les yeux rivés sur la fenêtre, le store était baissé, il était vert. Je fixais la lumière qui jouait à travers les lamelles de bois. Je ne clignais pas, parce que j'aurais pleuré.

Je devais rester allongé sur le canapé de velours, il était bleu.

Mais aussi j'étais très triste, peut-être parce que le velours me piquait.

Maintenant encore, je n'aime pas me reposer ; pourtant, j'aime le bleu, et je sais bien que le velours ne pique pas, mais je n'aime pas beaucoup être seul.

Cette fois, c'était sérieux.

D'habitude, quand j'étais malade, on faisait venir le docteur Malherbe, qui habitait près de chez nous. Il avait une grosse voix, il parlait très fort, et il faisait de grands gestes.

C'était notre médecin de famille.

À l'époque, on ne disait pas « médecin généraliste », on disait « médecin de famille », et chez nous on disait aussi « toubib » ; mais je crois que c'était parce que mon père avait fait la guerre dans un régiment où il y avait beaucoup d'Algériens ; et comme il était ami avec eux, ils lui avaient appris des mots, mais pas que « toubib », par exemple il disait aussi quelquefois « un chouia ».

On n'a pas fait venir le docteur Malherbe, parce que c'était différent, je l'ai dit, c'était très sérieux.

Je le voyais bien, parce que dans la famille, ils parlaient de nous en faisant un peu la même tête que quand ils parlaient de mon père. Ils disaient des choses nouvelles, pas « tubard », ni « sana ». Non, ils disaient que ma sœur et moi on avait « viré notre cuti », et qu'on faisait une « primo » !

Alors ma mère a pris rendez-vous chez une pédiatre. C'est à cette occasion que j'en ai rencontré une pour la première fois. Je n'en avais jamais vu. À cette époque, il n'y en avait pas beaucoup.

C'était une femme, elle s'appelait Madame Schweisguth, Madame Odile Schweisguth. Elle était très gentille. Et dans son bureau, il y avait du soleil.

J'étais soulagé, parce qu'avant de la voir, je me demandais comment elle serait et ce qui allait se passer. Est-ce qu'elle allait m'envoyer ailleurs ? Nice ? Sancellemoz ? Un sana pour moi aussi ?

Ou peut-être d'autres endroits, exprès pour les enfants ?

On les soigne et ils n'ont plus le droit de voir leurs parents.

Plus personne pour les embrasser.

À la place, on leur fait des piqures, et on les force à avaler des médicaments, on disait « des remèdes », très mauvais.

J'entendais des gens qui parlaient de préventorium. Je m'inquiétais, je me demandais si c'était un sana en moins bien, ou en pire.

À cette époque, on ne soignait pas les enfants avec des antibiotiques contre la tuberculose, je crois que ça n'existait pas.

Par chance, nous avons guéri très vite tous les deux.

Je crois que c'est grâce à la gentillesse du docteur Schweisguth.

Quand même, je sais que ce n'est pas de sa faute, au docteur Schweisguth, mais quelque chose m'a vraiment déplu, pendant qu'on me soignait.

Un jour, ma mère m'a emmené dans un hôpital. Elle disait qu'on allait aux « Enfants Malades », pour faire une scopie ; ça s'appelait comme ça.

Ce n'est pas ça qui me déplaisait ; je comprenais bien qu'on y aille, parce que, des enfants malades, c'est ce qu'on était. Enfin, c'est ce qu'ils disaient, parce que nous, il faut quand même le dire, on ne sentait rien.

Mais là, dans cet hôpital, des types en blanc, j'ai su après qu'on les appelait « des internes », sont venus lui parler, à ma mère, rien qu'à elle, à moi, rien ; ils étaient trois, assez jeunes, et elle riait, ils la faisaient rire, et ça durait, et elle, elle continuait à rire avec eux !

Alors là, franchement, j'étais renversé !

Ça m'énervait pour de bon !

Mon père n'était pas là, je faisais tout ce que je pouvais pour le remplacer, et elle, elle plaisantait avec des hommes, d'autres hommes ; et en plus, on ne les connaissait même pas, ni elle ni moi !

J'en suis sûr, encore maintenant, il n'y avait vraiment rien de drôle, il n'y avait aucune raison de rire !

Oui, je m'en souviens très bien.

Ça n'était pas du tout drôle.

Et puis un jour, mon père est revenu.

Je ne me souviens pas de son retour.

Ce fut une fête probablement. Mais je l'ai oubliée, j'en ai oublié la gaîté. Je ne sais même plus si j'étais heureux qu'il revienne ; peut-être pas.

Ce que je sais, en tout cas, c'est que je ne pouvais plus aller dans le lit de ma mère.

Je n'avais plus mal au ventre. Ça ne servait plus à rien.

Mais j'ai continué à ne pas dormir.

Alors j'allais la réveiller.

Je m'approchais tout doucement, je soulevais sa paupière, et je braquais dans son œil, un seul, le gauche, en plein milieu, le faisceau de la petite lampe Wonder® qu'elle m'avait achetée ; je l'appelais, « Maman ! » ; je lui demandais : « Maman, tu dors ? »

La lampe, toute petite et dorée, elle me l'avait achetée pour que je n'aie plus peur du noir. Mais elle s'était trompée. On n'éclaire pas le noir !

Et ça, tous les enfants qui ont peur du noir le savent.

Moi aussi je m'en suis vite aperçu…

J'ai su tout de suite que ça ne marcherait pas, parce que dans le faisceau, c'est vrai, il fait clair, mais autour, c'est encore plus noir, donc on a encore plus peur !

Quand je mettais la lampe dans son œil, elle se réveillait tout de suite.

Je le savais, c'est pour ça que je le faisais.

Un jour, en voulant allumer la lumière, elle n'était quand même pas très bien réveillée, c'est normal, elle a fait tomber un vase qui s'est cassé sur la tête de mon père.

Derrière eux, il y avait un gros poste de radio, et dessus une lampe, et le vase. C'est pour ça qu'elle l'a fait tomber, en voulant allumer la lumière.

Il s'est levé ; il s'est vraiment, mais vraiment fâché. Pas parce que le vase était cassé, non, plutôt parce que je les réveillais, et qu'il en avait marre !

Je n'ai plus osé venir ouvrir l'œil de ma mère pour voir si elle dormait.

Je gardais ma lampe et j'éclairais dans le noir.

Mais j'avais encore plus peur, parce que le noir, c'est profond, et on ne voit pas les bords.

En plus, j'étais tout seul, complètement seul.

Et j'étais très triste, aussi.

Dix-huit ans plus tard, mon père est mort.

Brutalement ; un lundi soir.

Il faisait très beau, et froid.

Ma mère avait préparé des coquelets.

Ce soir-là, on ne les a pas mangés.

Personne n'avait faim.

D'ailleurs, depuis, on n'en a plus jamais mangé.

Là encore, il n'est pas rentré.

Pas de sana, plus de tubard…

La police. Un accident de voiture.

Il avait juste quarante-neuf ans, j'en avais vingt-trois.

Je crois que nous nous aimions beaucoup.

Deux jours plus tôt, je m'en souviens très bien, nous nous étions rencontrés par hasard, dans la rue. Nous avions bavardé un moment.

Chacun était un peu pressé, alors nous avions laissé cette conversation en cours, dans la certitude, sans nous le dire, de la poursuivre la prochaine fois.

Il n'y avait pas d'urgence à tout dire…

Mais il n'y a pas eu de prochaine fois.

Et cette fois encore, pas de regard pour se quitter.

En nous disant au revoir ce soir-là, nous ne savions pas que c'était la dernière fois, que nous ne nous reverrions plus, que nous ne pourrions plus nous parler, jamais.

Nous ne poursuivrions pas notre conversation.

Elle resterait pour moi en suspens.

Pourtant, j'avais encore des choses à lui dire.

Mais il n'y aurait plus de fourgon des postes.

Le lendemain de sa mort, très tôt, je suis allé le voir, une dernière fois ; on l'avait déposé dans la salle des bébés d'une pouponnière… je dis déposé, parce que c'est comme ça qu'on dit, un dépositoire.

Je suis entré, et je l'ai vu ; c'est là qu'il avait passé la nuit.

À côté d'un pèse-bébé.

Sur une bâche en plastique.

J'ai regardé son corps blessé ; j'étais seul, avec lui.

Il ne pouvait pas m'entendre, je lui ai dit quelques mots.

J'étais perdu.

La tendresse et le désespoir m'ont submergé.

Il était mort.

Très vite, la vieille idée du « remplacement » a surgi à nouveau, comme avant.

De toute façon, sa mort, la façon dont il était parti, l'absence d'au revoir m'avaient fait penser à sa maladie, dix-huit ans plus tôt.

Ce n'était pas tout à fait pareil bien sûr, mais pour la deuxième fois j'étais « l'homme de la famille », le prochain en quelque sorte, même si les circonstances étaient très différentes de ce qui avait entouré son premier départ.

Un oncle, attentif à ma mère et à nous, m'a suggéré d'interrompre mes études de médecine et de reprendre le portefeuille d'assurances de mon père, pour préserver la carrière future de mon frère.

J'ai poursuivi mes études, j'ai passé l'internat.

Je n'ai pas été assureur ; mon frère non plus.

Une tante, la sœur de ma mère, Nicole, celle de la rue Pastorelli, elle aussi très attentive, m'a dit qu'il fallait dorénavant que j'emmène ma mère au restaurant une fois par mois, et qu'on y aille tous les deux seuls.

J'étais marié, ma jeune femme attendait un enfant.

Je n'ai pas emmené ma mère au restaurant.

Quelque chose me hantait, il faut que je le dise.

Être l'homme de la famille revêtait pour moi un sens bien particulier ; ça signifiait : être le prochain mort.

Une image s'imposait à moi. C'était celle du jeu de massacre.

On y jouait, à ce jeu, dans les fêtes foraines et les kermesses paroissiales, quand j'étais petit.

Des figurines en bois défilaient de droite à gauche, posées sur une sorte de tapis roulant, et chaque joueur disposait de cinq balles pour les abattre, des balles de son, enveloppées dans du tissu et cousues.

Lorsque l'une de ces figurines tombait, sous les balles de son, sous les coups de la vie, une autre se dressait pour la remplacer.

Et puis, elle tombait à son tour, massacrée.

Quelquefois, les balles aussi crevaient, et il y avait du son partout.

J'étais donc le remplaçant dans le jeu de massacre ; j'étais forcément le suivant, le prochain...

Cette pensée, ou peut-être cette crainte, m'a accompagné très longtemps.

À vrai dire, ça ne m'a pas quitté jusqu'à ce que j'aie atteint, puis dépassé, sans avoir perdu la vie, l'âge auquel mon père avait perdu la sienne.

Perdre, trouver.

Perdre le fourgon des postes.

Perdre la vie.

Trouver la mort…

Depuis sa mort, j'avais très souvent imaginé ce moment, le jour où j'aurais exactement l'âge auquel il était mort. Je l'avais attendu, et je savais que ce serait un moment important, et aussi, que ça me ferait un effet bizarre.

Je l'appréhendais beaucoup.

C'est tombé le 22 juin 1998.

Et en fait, ce jour-là, quelque chose s'est dénoué.

Il m'a semblé que s'ouvrait à moi, d'un seul coup, tout un champ d'expériences, intimes, nouvelles, originales.

Je n'avais plus de comparaison possible, pas de souvenirs auxquels me référer, me raccrocher. Ce que je vivais désormais, je ne pouvais plus le rattacher à ce qu'il avait vécu, à ce qu'il m'avait raconté, ou que j'avais pu voir moi-même ; parce que, il faut que je le dise, souvent je le regardais sans qu'il me voie, sans en avoir l'air.

C'était comme si j'avais franchi une barrière, et que je me trouvais maintenant en terre inconnue.

Ou encore, c'était comme si, après avoir longtemps nagé dans les eaux chaudes et rassurantes d'un lagon, je franchissais en force le récif qui marquait le partage des eaux, la séparation d'avec la pleine mer. Je me trouvais alors brusquement immergé en eau vive, froide, et profonde, hors de la protection de la barrière de corail, là où il y a des tortues, et des barracudas.

Je découvrais un monde nouveau.

C'était une sensation étrange, et inattendue, de surprise et d'appréhension, d'inconnu et de liberté, mêlée au parfum un peu lourd du danger.

Mais j'ai toujours aimé les parfums.

Il n'y a pas bien longtemps, dans la rue, j'ai senti l'odeur de mon père ; du tabac brun, il fumait des Gitanes®, et « Pour un homme », c'était son eau de Cologne.

J'ai ressenti une impression très étrange, comme si le passé entrait dans le présent, d'un seul coup !

Je n'ai pas pu m'en empêcher, j'ai suivi cette odeur, brusquement entêtante, sur quelques pas.

Et puis je l'ai laissée s'évanouir, j'ai repris mon chemin.

Ce n'était pas lui. Il est mort depuis quarante ans…

Un monde nouveau… Le danger… Des odeurs…

Je me suis dit souvent que c'est un peu ce monde que découvrent les bébés quand ils se rendent compte des bienfaits de la solitude, du chatoiement de la vie autour d'eux, et surtout quand ils comprennent que le monde qui les captive est précisément celui dont leur mère les protégeait.

C'est sûrement comme ça qu'ils cessent d'être des bébés.

C'est comme ça, peut-être, que j'ai cessé d'être un enfant.

En tout cas, si je n'ai pas remplacé mon père, après sa mort, j'ai fait médecine, ou plutôt j'ai fait « ma médecine », comme on disait…

Ou peut-être ai-je fait la sienne, finalement… Parce qu'il avait toujours regretté de ne pas être médecin ; au fond de moi, je le savais.

Et la pédiatrie, c'est peut-être à cause du docteur Schweisguth.

Mais aussi c'est sûrement à cause du laitier !

Non, je crois plutôt que c'est à cause du fourgon des postes…

Être parents, ce n'est pas toujours facile

Voilà ce que c'est d'avoir des maris et des mères.
Si on n'avait pas tout cela, on ne serait pas exposé à tant de déplaisirs,
mais d'un autre côté on n'aurait pas toutes les douceurs qu'on a.
Roger de Bussy à la comtesse de Grignan

Le fourgon des postes ; c'était un récit d'enfant.

Deux morceaux de la vie de cet enfant, pas les plus drôles, et un peu de celle des adultes sur qui il s'appuyait, pour ne pas être seul.

Mais je crois que pour eux non plus ce n'était pas très facile ; ça a laissé des souvenirs, ce ne sont pas les meilleurs.

Bien sûr, il y a les enfants.

Quand leurs parents s'en vont, ils s'inquiètent, surtout s'ils n'ont pas pu leur dire qu'ils partaient. Et quand l'un d'eux vient à mourir, ils sont tristes, et même ils sont très tristes.

Quel que soit l'âge auquel on les perd, quand on perd ses parents, on devient orphelin.

Ça veut dire qu'on devient seul, et aussi ça peut vouloir dire qu'on se sent exposé au prochain feu.

Mais il n'y a pas que les enfants, il y a aussi les parents. Et je crois qu'il n'est pas toujours facile d'être parents.

Ceux qui disent l'inverse disent-ils la vérité ?

Pas tout à fait, pas toute la vérité.

Est-ce qu'on se demande s'ils sont toujours contents ?

Est-ce qu'on sait s'ils ont en permanence envie d'être parents ?

Pourrait-il exister un sentiment unique, commun à tous, et qui ferait que oui, on est parents, alors on s'aime, et on aime ses enfants ?

Et un autre sentiment, qui serait systématique, et toujours présent : on a des enfants, alors on est heureux, forcément ?

C'est parfois comme ça dans les livres, ou dans les films, mais pas dans tous.

J'ai très peur d'être décevant, mais je crois que ça ne se passe pas comme ça, en tout cas, pas exactement…

Existe-t-il une seule façon de devenir parents ?

Il n'y a pas de chemin,
le chemin, c'est la trace de tes pas ;
le chemin se fait en marchant.
Antonio Machado, Champs de bataille

En Angleterre, il y a une expression populaire pour dire qu'un couple va avoir un bébé. On dit : « *They are on the family way.* » Ils sont sur le chemin…

Parent, ça signifie quoi ? Et parents ?

Quelle est la différence ?

Quand on dit « les parents », ou « mes parents », on parle de son père et de sa mère. C'est toujours au pluriel.

S'il est utilisé au singulier, le mot « parent » désigne plutôt un collatéral, un cousin par exemple.

Un homme devient père, une femme devient mère.

Mais devenir parents, dans le vocabulaire habituel, c'est à deux.

À partir de quand devient-on parents ?

C'est évidemment la présence du bébé qui marque, aux yeux de tous, le début officiel de cette fonction. On peut aussi imaginer qu'être parents débute avec le désir d'avoir un enfant, un enfant de l'autre, avec l'autre.

Mais ce n'est pas si simple. Il serait bien présomptueux de prétendre comprendre les méandres et les sinuosités du désir de chacun, comme de prédire les effets de cette confrontation des désirs. Ils sont inattendus.

Dans cette aventure, les hommes et les femmes ne sont pas sollicités de la même façon, ni dans leur corps, ni sur le plan psychique.

C'est bien une entreprise commune, mais, même *on the family way*, leurs chemins ne sont probablement pas les mêmes.

Il se peut que leurs perceptions non plus ne soient pas les mêmes. Leurs émotions n'évoluent pas forcément au même rythme, et elles ne sont pas toujours accordables.

Pour toutes ces raisons, et quelques autres, il n'est pas certain qu'ils deviennent parents en même temps.

Ce n'est pas toujours facile à admettre, car ce n'est pas ce qu'ils avaient imaginé. Ou même, ils n'y avaient pas pensé ; leur accord à venir était du domaine de l'évidence.

De plus, quand ils se rendent compte qu'ils rencontrent même des difficultés, ils peuvent en être violemment troublés, tellement troublés qu'ils en viennent à se demander s'ils n'évoluent pas maintenant chacun dans deux mondes différents, si différents qu'ils ne pourraient plus se rejoindre.

Pour l'un, il va falloir se reconnaître père ; pour l'autre, se reconnaître mère.

Il faudra aussi que chacun reconnaisse l'autre.

Enfin, ils devront se retrouver parents ensemble.

Et il y a mille façons de devenir parents.

De plus, « avoir un enfant », et « devenir parents », ce n'est pas exactement la même chose.

On ne saurait décrire un schéma commun à tous. Ce serait pratique, mais ce ne serait qu'une esquisse. Chacun aura à cœur de tracer son propre trait. Les positions individuelles, qui prévaudront probablement, seront déterminantes de l'originalité de chaque famille. Elles résultent de la singularité, de la créativité, et des fantasmes de chacun. L'enfant qu'on a été, les parents qu'on a eus, ou pas eus, les expériences préalables, y tiennent leur place, et donc les positions symboliques dans lesquelles chacun s'est installé au fil du temps. Tout cela participe à l'élaboration d'une position familiale et parentale probablement déroutante. Déroutante parce qu'elle est toujours éloignée de ce qu'on a prévu, et différente de celle qu'on est pourtant sûr d'occuper.

Les bébés sont-ils un entre-deux ?

Est-ce que les bébés s'interposent ? Si c'est ça, on n'est plus entre nous !

Il y a des avis de grand frais quand un bébé s'installe dans sa famille, quelquefois aussi des avis de tempête. Il peut même y avoir des cyclones, mais ils sont plus rares.

On peut en général tabler sur un temps variable, un peu capricieux bien sûr, mais, par chance, avec des microclimats bien agréables.

Il paraît clair, comme l'écrivait Donald W. Winnicott, on ne saurait le dire mieux, que « *la naissance renvoie davantage au changement qui se produit chez la mère ou chez les parents qu'à ce qui se produit chez le nourrisson* »[1].

Lorsqu'une femme donne naissance à un bébé, elle paraît plutôt épanouie, et semble jouir à l'évidence de sa présence. Il lui révèle une part nouvelle d'elle-même, quelque chose dans le fait d'être femme qu'elle pouvait soupçonner, mais qu'elle ne connaissait pas encore.

Depuis longtemps, peut-être déjà lorsqu'elle était toute petite, elle l'avait perçu au contact d'autres femmes, de sa mère parfois, ou de femmes qu'elle regardait à leur insu ; elle les avait choisies sans le leur dire.

Elle sentait bien, à cette époque, qu'il se passait quelque chose de spécial, qui semblait appartenir aux femmes. Mais elle n'en avait pas encore fait l'expérience, alors elle ne pouvait en être tout à fait sûre. Elle ne pouvait pas savoir non plus si cela s'appliquerait à elle quand elle serait grande.

C'était sûrement sensuel, ça, elle le sentait bien, mais sans pouvoir en soupçonner l'ampleur. Elle n'aurait pas osé imaginer cette douceur, ni cette violence. Elle ne savait pas qu'il pouvait s'agir d'un raz-de-marée, mais que l'eau était chaude.

Pas plus qu'elle ne savait avec quelle force, quelle certitude, presque dès la naissance, elle serait lui, et il serait elle, jusqu'à, pour un temps, ne faire qu'un.

1. Donald W. Winnicott, *Le Bébé et sa mère*, Paris, Payot, 1992, p. 83.

C'est pour ça que les bébés peuvent avoir mal à leur maman, et que les mamans peuvent avoir mal à leur bébé. Mais c'est comme ça aussi qu'elles peuvent répondre à leur bébé au plus près de leur désir, au plus près de ses besoins.

En revanche, maintenant qu'il est là, elle comprend déjà, au fond d'elle-même, que les choses ne sont pas, et ne seront pas aussi simples qu'elles peuvent le paraître, qu'elles ne seront pas non plus univoques.

Elle pressent qu'il y a aura, il y en a déjà, des zones d'ombre, des ambivalences ; car il y a matière, il faut bien le reconnaître, à susciter une certaine ambivalence, et donc des zones d'ombre…

Elle vivra des moments simplement heureux.

À d'autres moments, elle sera confrontée à des situations contradictoires. Elle ne pourra l'éviter.

Tout cela, elle le sent, même si elle ne peut, ou n'ose pas, se le dire.

« C'est vrai, elle n'a qu'un mois », me disait Manon en parlant de sa toute petite fille, elle était mère pour la première fois, « et en même temps, c'est un peu comme si elle avait toujours été là. »

Quelques jours plus tard, elle ajouta : « Je ne parviens plus à imaginer comment c'était avant, quand elle n'était pas là ».

La rencontre avec le bébé peut être assez simple, assez douce aussi

On s'est vues, et tout de suite on s'est reconnues.
Sylvia, mère de Mathilde

Les bébés, dès leur naissance, s'imposent naturellement à leurs parents comme leur enfant, sans avoir à faire d'effort.

Eux, entre surprise et bonheur, découvrent ensemble ces facettes inconnues de leur vie personnelle et de leur vie commune. Ils partagent avec joie, et quand même un peu d'hésitation, les sensations et les sentiments nouveaux qui font irruption en chacun d'eux, et entre eux.

Il n'y a donc pas grand-chose à dire, du moins pas dans l'instant.

Ils sont ravis.

C'est un bien drôle de mot. Il signifie « enchanté », mais aussi « enlevé », ou « kidnappé ». C'est bien de cela qu'il s'agit, un enchantement et un enlèvement.

C'est ce qu'un bébé, ravissant et ravisseur, fait vivre à ses parents, et peut-être de façon plus évidente à sa mère.

Elle l'a porté dans son ventre, et au début, c'est elle qui le porte le plus souvent au creux de ses bras, contre elle.

Même si ce tout petit bébé impose avec force sa présence, même si devenir mère peut s'inventer naturellement, il va de soi que les interrogations et les doutes demeurent, car il faut le dire, ils ne se connaissent pas encore très bien.

Les enfants aînés le savent bien. Un petit garçon de quatre ans s'étonnait, et s'agaçait un peu de l'amour immodéré que ses parents semblaient éprouver pour son petit frère, né quelques jours plus tôt. Ne comprenant pas du tout le caractère subit de cet attachement, ni leur enthousiasme, à ses yeux bien excessif, il profita d'une consultation à mon cabinet pour leur poser une question, une question somme toute assez logique : « Mais ! vous l'aimez ? Comment vous pouvez l'aimer ? Vous l'aviez jamais vu avant, vous le connaissiez même pas ! »

Il avait raison. À la naissance, on ne connaît pas son bébé ; il ne nous connaît pas non plus. Il faut un peu de temps à chacun pour faire connaissance.

Quand j'ai demandé à une toute jeune femme de vingt ans, mère d'un petit garçon de quatre mois, si elle se sentait à l'aise, elle m'a répondu : « Ça va mieux, mais au début, c'était difficile, on ne se connaissait pas. Maintenant je le connais un peu mieux ; et lui aussi il me reconnaît, alors c'est plus facile. »

Tous ces invités ! Pour l'orient des perles

La naissance d'un bébé n'arrive pas seule ; elle engendre avec elle des incertitudes et bien des appréhensions.

Winnicott a défini, non sans humour, ce que rencontrent les femmes lorsqu'elles viennent d'avoir un bébé : « *Le bébé débarque un beau jour et sa mère dispose alors de quelques mois pour se réorienter et découvrir que, pour elle, l'orient n'est pas à l'est mais au centre (peut-être même un peu décentré)*[2] ».

On va dire que c'est comme pour « l'orient des perles » : « il est unique, propre à chacune, et il dépend aussi de la peau : Des couleurs arc en ciel, iridescentes et chatoyantes, présentes sur et sous la surface de la perle. »

C'est vraiment joli pour parler des mamans, même si toutes les perles ne possèdent pas forcément le même orient. Il y a aussi des perles qui n'ont pas d'orient ; c'est moins joli, c'est vrai, mais ce sont quand même des perles !

Il y a encore autre chose.

2. Donald W. Winnicott, *Le Bébé et sa mère*, *op. cit.*, p. 23.

On croit qu'on est seuls avec son bébé qui vient de naître. Mais ce n'est pas vrai.

Autour de la grossesse et de la naissance il y a beaucoup plus de monde qu'on ne le croit. On ne le sait pas toujours, mais d'autres invités, et d'autres pas invités, font partie des convives… Des grands-mères et des grands-pères, des frères et des sœurs, des absents, des manquants, des cousins qu'on ne connaissait pas ; et aussi des convives imprévus, des vivants, et même des morts.

Certains sont là, d'autres rôdent à l'entour, sans se montrer.

Chacun, à sa façon, se penche sur le berceau de ce bébé, et chacun veut sa part. La preuve, tout le monde lui donne une peluche pour qu'il en fasse son doudou, même ceux qui n'ont aucune raison d'occuper une place de choix auprès de ce bébé. Comme si les bébés avaient envie de choisir un doudou dès la naissance, alors qu'il y a leur mère, qui n'est pas en peluche, et qui est tout le temps là. C'est après, quand elle s'absentera, qu'ils auront besoin d'un doudou, pour la faire exister dans leur tête, et pouvoir attendre son retour.

La naissance est une fête, et le bébé en est certainement le héros.

Le principe est admis, et ardemment souhaité par toute la famille ; on ne saurait y déroger !

Dans cette atmosphère, il est confortable de penser que devenir parents est naturel, et festif ! C'est ce que tout le monde préfère imaginer, c'est plus confortable ainsi ; qui pourrait prétendre le contraire ? Qui l'oserait ?

Pourtant ! Au risque de passer pour un trouble-fête, je nuancerais quelque peu cet enthousiasme.

Devenir parents n'est pas très facile, mais il ne faut pas le dire

Si j'aurais su, j'aurais pas v'nu.
Louis Pergaud, La Guerre des boutons

D'accord, ce n'est pas très facile. Même si on ne le dit pas, on peut quand même reconnaître que c'est un sacré moment de flottement, pour les hommes, pour les femmes, comme pour le couple qu'ils forment, s'ils vivent ensemble.

Tous le disent, ou presque tous ; il suffit de leur poser la question.

Quand on est des parents tout neufs, qu'on rentre chez soi avec un bébé tout nouveau, on sent bien qu'il peut y avoir des pièges, et des sables mouvants.

C'est vrai, les bébés peuvent faire peur, pour soi, pour l'autre, peur de l'autre ; on peut se sentir menacé dans son existence, ou son identité. Mine de rien, ce malaise peut s'insinuer entre le bébé et ses parents jusqu'à susciter l'incompréhension, ou même de l'animosité, mais ça, c'est plus difficile à reconnaître.

Alors, quand on commence juste à être parents, on a quelquefois besoin d'être sûrs qu'on n'est pas tout seuls à avoir un peu peur.

Une jeune femme, peu après la naissance de son bébé, exprimait bien qu'elle n'était pas sûre de ce qu'elle vivait, et qu'elle ne savait pas comment allaient s'orienter leurs vies, ni la sienne propre ; elle me disait, mais pas trop fort, comme si elle avait peur d'être entendue : « On vit des temps incertains. »

C'est vrai, tout le monde est content, presque tout le monde, et en même temps, par moments, pas si à l'aise que ça.

En outre, si l'on a peur, ou si l'on n'est pas si content que ça, il est difficile d'en parler en famille ; c'est incongru, et ça fait peur à tout le monde.

Car on ne peut nier le fait qu'il y a autour de la maternité une sorte d'injonction au bonheur, une injonction non discutable, garante de la sécurité familiale. Dire le contraire reviendrait à jeter un pavé dans une mare, et personne n'a envie d'en être éclaboussé, alors qu'on est bien, au creux du bonheur.

Pourtant, si ce n'était pas toujours vrai ?

Ce qui nous rassure tant est peut-être à considérer plus en fonction de chacune et chacun de ceux qui le vivent, que selon une idée peut-être un peu stéréotypée du bonheur.

Je n'aborderai pas ce qui envahit, inquiète, réjouit, ou préoccupe les femmes pendant leur grossesse. C'est un autre sujet, complémentaire de celui-ci, mais un autre sujet.

Pourtant, il ne fait pas de doute que devenir parent débute bien avant la naissance, et s'élabore au fil du temps, chez chacun, pendant la grossesse comme après la naissance d'un enfant.

Mais la difficulté d'être parents, c'est plutôt après, quand le bébé est né.

Il y a la résurgence de l'enfance et des souvenirs d'enfance, les fantasmes aussi.

Il y a tout ce qu'on tient pour vrai sans pouvoir en être tout à fait sûr. Mais on y a tellement pensé que c'est presque devenu vrai.

Il y a les références à l'image maternelle et à l'inévitable rivalité, et, sur un autre mode, à l'image paternelle.

Tout cela est enfoui, plus ou moins profondément, dans cette préhistoire que recèle l'oubli.

Il y a probablement aussi l'amour d'un homme, d'une femme, et l'amour pour un homme, ou pour une femme, dans leurs diverses représentations et réalisations.

Devenir parents amène donc chacun, entre sexualité et parentalité, sur des territoires différents. Mais les frontières en sont poreuses[3].

Les perceptions de l'un et celles de l'autre, père et mère, ont des correspondances, mais pour ne rien arranger elles n'ont probablement pas lieu simultanément, et elles ne répondent pas aux mêmes signaux de leur bébé.

Il n'est pas surprenant de constater que les hommes et les femmes n'ont pas les mêmes rythmes, qu'ils ne désirent pas toujours les mêmes choses au même moment. De ce fait, les souhaits de l'un peuvent susciter l'incompréhension de l'autre.

On peut imaginer, pour les femmes en particulier, que dans cette période, le désir n'a plus le même objet, ni les mêmes définitions, et que pour un temps il change d'orientation et de destinataire.

Un désir dérouté, qui désarçonne le désir de leur compagnon.

Il s'était habitué à être le destinataire de tant de douceur…

Cette période d'attention presque exclusive ne dure évidemment pas toute la vie. Sa durée est très variable d'une femme à une autre, mais elle s'inscrit dans une période bien particulière

3. La parentalité est un néologisme. Il date de la fin du xx siècle. Issue de la sphère médico-psychosociale, elle se définit comme le fait d'être parent, dans ses aspects juridiques, politiques, socio-économiques, culturels, et institutionnels.

au cours de laquelle une mère et son bébé font connaissance, en même temps qu'elle découvre ce nouvel état, être mère. Ce que Donald Winnicott avait qualifié de « préoccupation maternelle primaire ».

Elle le regarde devenir bébé. Elle devient mère. Elle se regarde devenir mère.

Les identifications sont foisonnantes et sûrement troublantes : du bébé à sa mère, de la femme à son bébé, de la femme à son compagnon ; de son compagnon à ses parents, son père surtout, à sa compagne aussi, d'une certaine façon.

Et bien entendu, cette femme, parce qu'elle vient d'enfanter, ne peut éviter, qu'elle le veuille ou non, de s'identifier à sa mère qui, elle, n'enfantera probablement plus.

Dans ce tout début de leur vie commune, mère et bébé, la mise en œuvre de ces identifications occupe une grande place dans le remaniement psychique qui s'opère chez une femme.

Pour un temps elle peut en être fragilisée. C'est une des raisons pour lesquelles ce qu'elle souhaite et attend de son compagnon est de l'ordre de l'appui.

Mais une sorte de virage s'opère dans leur relation amoureuse, et il ne sait pas encore très bien quelle place il tiendra auprès d'elle.

Parfois la rencontre est moins douce, moins facile

Découvrir qu'on est parents peut même être brutal, notamment après la naissance d'un premier enfant, même si chaque grossesse, première ou non, réserve sa part de surprise et d'inattendu, et si chaque nouveau-né a quelque chose d'un premier enfant.

Au début, certains couples, ou seulement l'un des membres d'un couple, semblent osciller entre des moments de parents, et des moments de non-parents, ou de pas encore tout à fait parents. Ils essaient de préserver quelque chose de leur vie d'avant, de leur indépendance, et, s'ils acceptent de se rendre, ils tentent de négocier leur reddition.

C'est pour cela qu'ils hésitent à reconnaître et à s'approprier ce qui leur arrive, avant d'accepter finalement, ravis à leur tour, d'être envahis.

En général, ils se connaissaient assez bien, homme et femme, dans leur vie et dans l'intimité de leur relation amoureuse. Ils en connaissaient les détours, savaient en partager les secrets…

Mais il faut, pour devenir père, et devenir mère, aborder cette définition un peu étrange et nouvelle de la vie : devenir parents.

Ils avaient souhaité ce bébé, l'avaient attendu ensemble. Ils pensaient être prêts à l'accueillir.

Maintenant il est là, et s'impose à sa façon, un peu déroutante !

Comment dire le contraire ?

Leurs prévisions sont déjouées ! Ce n'est pas ce qu'ils s'étaient dit, ça ne se passe pas comme ils l'auraient cru. C'est même quelquefois l'inverse de ce qu'ils avaient imaginé. Ils doivent aborder une nouvelle façon d'être, adopter une nouvelle identité, dont il n'est pas toujours facile de dessiner les contours.

Presque tous le disent, assez spontanément : « Quand on a un bébé, on met du temps à trouver ses marques, à se retrouver. »

Ils ont raison ; le paysage ne sera plus jamais le même, pour personne.

Maintenant, ils ont un enfant. Quant à eux, personne ne les verra plus jamais comme des enfants, sauf peut-être de temps en temps, et s'il le faut, leur mère, ou leur père, s'ils en ont la capacité.

Pour ne rien arranger, ce bébé ne sera pas tout à fait le même pour chacun d'eux ; ou du moins, leurs attentes ne seront sûrement pas les mêmes.

Il flotte un parfum d'inquiétude, bien légitime puisque chacun découvre avec surprise que l'autre n'est plus tout à fait celui ou celle qu'il connaissait.

On se connaissait, on ne se reconnaît pas.

Dans cette nouvelle dimension du couple, il faut se retrouver soi-même, mais aussi faire à nouveau connaissance avec l'autre, le ou la retrouver.

Ils nous arrachent à l'enfance !

Alors oui ! D'une certaine façon on peut bien dire que les bébés s'interposent, suscitant dans un même élan la joie et la peur. Ils s'imposent sans vergogne, et s'interposent entre un homme et une femme.

De cet homme et de cette femme, ils font des parents, les arrachent à ce qui restait de leur enfance, et les précipitent sans ménagement dans l'âge adulte.

Qui plus est, ils s'installent entre une fille et ses parents.

Sans demander l'avis de personne, de l'une ils font une mère, des parents ils font des grands-parents. Et c'est pareil pour les fils, qui ne verront plus leurs parents de la même façon. La preuve : un fils qui a toujours appelé son père « Papa » se met à le nommer

« Grand-père » quand il parle de lui, et même quand il lui parle devant ses enfants…

Quelquefois aussi, les bébés surgissent entre leurs parents et les enfants nés avant eux, qui ne trouvent pas cette aventure très amusante ; il suffit de le leur demander : ils vous répondront très franchement, s'ils sont en confiance, qu'ils s'en seraient bien passés…

Du passé et de l'enfance de tous, ils font une peau de chagrin.

J'avais en face de moi des parents effondrés, venus parce que leur bébé pleurait « sans arrêt » : « On n'en peut plus, depuis qu'il est là, on n'est plus entre nous. »

Je fus étonné ! Cette formule était curieuse.

Que signifiait « entre » ? Si leur bébé n'était pas là, qu'y aurait-il « entre » eux ? D'ailleurs, comment seraient-ils « entre eux » ?

Est-ce que cela pourrait signifier qu'au lieu de les amener à inventer, avec lui, une intimité nouvelle, leur bébé nouveau-né les priverait de cette intimité ? Il en romprait le cercle, dérangerait leur relation d'amour, et ils ne verraient pas comment lui ouvrir une place ?

La fréquence des plaintes, leur nature, confirment bien qu'au début de cette vie commune, le bébé se trouve souvent comme interposé, entre, précisément entre, les deux membres du couple.

Il en résulte des différences de temps, de rythme, de modes d'expression ; ils vont devoir s'y faire, c'est un vrai travail, d'assez longue haleine. Chacun devra le faire pour soi, et ils devront le faire ensemble.

Elle se demande avec inquiétude pourquoi son compagnon ne réagit pas exactement comme elle. Et pourquoi il se sent tenu à l'écart ? Elle a pourtant bien l'impression que c'est lui qui ne s'approche pas, qui ne l'approche pas.

Quant à lui, il a sûrement un peu de mal à comprendre pourquoi elle lui demande d'attendre un peu, de faire montre de patience, alors qu'il a le sentiment de ne plus recevoir son quota d'amour.

Il est déconfit de voir que, face à cette responsabilité nouvelle, et confrontée à cet éblouissement, sa compagne ne souhaite pas, ou ne peut pas, pour l'instant, renouer comme si de rien n'était avec ce qui faisait jusqu'alors leur complicité. De cette complicité, il croyait pouvoir faire un socle sûr, il pensait qu'elle était une base suffisante pour leur amour.

Nous l'avons tous constaté à maintes reprises, vécu parfois, c'est une période difficile, et même un moment dangereux dans la vie des couples.

Mais les parents ne doivent pas seulement se retrouver.

Ils doivent aussi faire connaissance avec un bébé qui vient d'arriver, stupéfiant de dépendance et de vulnérabilité, un bébé qui, c'est vrai, surgit en tiers dans leur vie à deux et intervient souvent comme un trublion. Il les met sans préparation en face d'une responsabilité essentielle. C'est bien ce qui leur fait peur.

Ils se rendent compte l'un et l'autre, même s'ils assurent quelquefois le contraire, que la présence d'un bébé les contraint eux aussi à une forme de dépendance et de vulnérabilité.

Ils le reconnaissent en lui donnant leur nom. Mais ça ne suffit pas

Il faut surtout qu'ils puissent le reconnaître comme étant leur enfant ; c'est pour cela qu'ils lui choisissent un prénom, qui le rend unique à leurs yeux. Et il faut qu'ils se reconnaissent, chacun et ensemble, comme ses parents. Il portera leur nom.

Mais ces reconnaissances sont peut-être moins aisées qu'on ne se plaît à le penser.

Toutefois, je crois que c'est plus simple si l'on peut se souvenir, ou avoir l'intime certitude, que, lorsqu'on était petit, on a bien été l'enfant de quelqu'un, qu'on a compté pour quelqu'un qui nous a aimé, regardé, et qui a attendu quelque chose de nous.

Nicolas venait tout juste de naître lorsque nous nous sommes rencontrés pour la première fois. Je connaissais ses parents car ils avaient eu un premier enfant, une fille, seize ans plus tôt.

Ils avaient un peu plus de quarante ans et avaient décidé d'avoir un deuxième enfant. « Devenir parents, pour nous, c'est très dur, parce que l'un comme l'autre on n'a pas eu de parents, on a tous les deux l'impression de n'avoir été l'enfant de personne. »

Pour cette femme, la vie n'avait pas été tendre, loin de là. Elle racontait que, aussi loin qu'elle se souvienne, ses parents s'étaient toujours montrés indifférents à sa présence d'enfant.

Par chance, il y avait eu une femme dans sa vie de petite fille. Cette femme, sa grand-mère maternelle, avait bien compris son désarroi de petite fille privée de mère. Sans rien en dire, elle s'était spontanément substituée à cette mère absente, lui sauvant, peut-être pas la vie, mais un moment de la vie.

Son mari, lui, avait été tôt abandonné. Il avait grandi en institution.

Ils disaient tous les deux qu'ils n'avaient pas été malheureux quand ils étaient petits, que probablement ils avaient su se défendre de la tristesse, parce que sinon, s'ils n'avaient pas su s'en protéger, elle aurait pu les détruire.

C'était après, quand ils s'étaient rencontrés, qu'ils avaient pris conscience du fait qu'ils n'avaient pas pu être tout à fait des enfants ; il n'y avait eu personne pour les embrasser, sauf pour elle, sa grand-mère.

À l'occasion de la naissance de Nicolas, plus que la première fois, ils se sentaient tous deux envahis par leur enfance en manque.

Peut-être parce qu'ils étaient beaucoup plus jeunes lorsque leur fille était née, encore un peu protégés par leur jeunesse. Ou peut-être parce qu'elle était une fille, et que cette fois, c'était un garçon.

Peut-être surtout parce que ça n'avait pas été aussi simple que la fois précédente. Leur amour rodé et sa chaleur rassurante n'avaient pas suffi. Ils avaient dû recourir à la technique et à sa froideur pour mener à bien leur projet. Cette grossesse n'avait pu être obtenue que par un don d'ovocytes, au terme d'une démarche très éprouvante et onéreuse, à l'étranger.

Peut-être enfin parce qu'ils savaient que Nicolas serait certainement leur dernier enfant.

L'idée qu'il s'agit du dernier enfant éveille toujours de drôles de sentiments, au goût un peu amer, un peu astringent. Je me souviens avoir demandé à un père un peu âgé, dont la femme venait d'accoucher d'un sixième enfant, si c'était son dernier. Je voulais dire « dernier-né ». La formule pouvait être maladroite, j'en conviens. Un petit sourire lui vint aux lèvres, il me répondit, guettant ma surprise, « Non, c'est le plus jeune ». J'en conclus qu'il n'est pas facile de s'avouer vaincu !

L'ovocyte qui avait permis la naissance de Nicolas était donc celui d'une autre femme que sa mère, auquel on avait mêlé les spermatozoïdes de son père.

Eh bien ! Curieusement, et sans l'avoir choisi, Nicolas avait trouvé un moyen de ressembler à sa mère, une bonne façon de se faire reconnaître, et de lui dire qui elle était pour lui.

En effet, il présente une particularité, un semis diffus de taches foncées sur la peau, alors que sa mère présente, elle, sur le visage, sur les mains, des taches décolorées, blanches, qu'elle dissimule à merveille.

Un bien curieux hasard ; les choses et leur contraire, le positif et le négatif. Un lien de peau qui renforce pour elle le lien qui les unit, et affirme, par un chemin inattendu, leur complémentarité et la complicité d'une filiation. Un symbole, plus fort peut-être qu'une réalité.

C'est donc vrai, pour devenir père et mère, il est plus confortable, et plus sécurisant, d'avoir été, ou d'avoir la possibilité de redevenir pour un temps, parfois quelques instants suffiront, l'enfant de quelqu'un, de quelqu'un qui, s'il le faut, accepte cette charge sans rien en dire, et vous accueille, pour vous aider à franchir le pas vers cette nouvelle condition.

Est-ce qu'on peut encore dire « stérile » ?

Il y a des grossesses qui durent des années d'espoir, des éternités de désespoir.
Marina Ivanovna Zvétaieva, Mon frère féminin

Ce mot, « stérile », n'est plus très utilisé ; on parle maintenant d'infertilité, et donc de fertilité, depuis qu'on dispose de remèdes à la stérilité.

Avant, on devait se contenter, moyennant offrande, de déposer à l'église, près du chœur, une petite plaque de cuivre ou d'aluminium représentant un bébé, martelé dans le métal. Elle voisinait avec d'autres ex-voto, des cœurs, des jambes ou des bras. Je ne sais pas si ça marchait très bien.

On ne nommait pas la grossesse à haute voix ; ça ne se faisait pas.

Je me souviens très bien avoir entendu une femme, il y a très longtemps, annoncer la grossesse d'une jeune femme de sa famille, mais sans prononcer le mot ; elle disait, comme on trahit à moitié un secret : « Elle est en espoir… ».

Je ne sais si c'était par pudeur, ou pour ne pas attirer le mauvais œil. La poisse, le mauvais œil, même si l'on n'y croit pas du tout, on ne sait jamais…

On ne disait pas non plus à haute voix qu'une femme « était stérile », ça ne se faisait pas. On disait qu'elle « ne pouvait pas avoir d'enfant ». Mais on pouvait la railler de sa stérilité, la mépriser parfois ; ça se faisait.

Quand j'étais petit, notre voisine de palier était mariée, mais elle n'avait pas d'enfant. Je n'ai pas oublié l'expression de son visage, surtout quand elle voyait les enfants des autres. Et je n'ai pas oublié sa grande solitude, ni sa tristesse. Une désolation.

On entendait dire, de femme à femme, mais c'était seulement chuchoté : « Elle ne peut pas avoir d'enfant ; c'est parce qu'elle est stérile ». Il y avait dans ces propos, je le percevais bien, une sorte de condamnation, et, surtout de la part des autres femmes – ce qui était étonnant – un peu de mépris, une sorte d'exclusion aussi.

D'ailleurs, celles qui en parlaient ainsi étaient en général celles qui avaient dépassé l'âge d'avoir des enfants ; elles en avaient eu, mais leur ventre n'était plus fécond. Peut-être prenaient-elles une sorte de revanche à railler ainsi l'infortune de ma voisine de palier, qui était jeune, et désolée.

Autour de l'infertilité flotte toujours une odeur d'incompétence, et des questions, sous forme de regards entendus et appuyés, sur la constitution de cette femme au ventre stérile. J'ai parlé de mépris, j'avais oublié de préciser que cela engendrait parfois une suspicion, une incertitude sur la nature de son sexe. Est-elle une vraie femme, une femme normale ? Cette suspicion, être ou non une vraie femme, a souvent accompagné les déboires des femmes, et dans le passé nombre d'entre elles ont payé de leur vie ambigüité ou malformation, à l'époque où être différent était proche du péché.

Dans l'Évangile de Luc, Élisabeth, qui a caché sa grossesse pendant cinq mois, dit à Marie : « Le Seigneur a effacé ma disgrâce devant les gens. »

C'était ça, la stérilité : une disgrâce.

Dans une région de Turquie, le mot utilisé pour désigner la stérilité d'une femme est « femme défectueuse »[4]

4. Lise Bartoli, *Venir au monde*, Paris, Payot, 2007, p. 45.

Seules les techniques de procréation assistée ont levé l'opprobre et permis que les femmes infertiles ne soient plus disgraciées.

J'ai assisté, en 1983, à la naissance du premier enfant né d'une fécondation *in vitro* à Bordeaux. L'équipe médicale était plus fière que les parents, parce qu'ils étaient, eux, plus heureux que fiers ; tout le monde à ce moment était un peu la marraine ou le parrain de ce bébé. Une victoire ! Nous entrions dans un monde nouveau ! Mais nous n'étions pas les premiers ; il y avait déjà eu Louise Brown, à Londres, dans l'équipe de Robert Edwards, et Amandine, à Paris chez René Frydman.

Il y avait eu aussi, très longtemps auparavant, des précédents encourageants ; on pressentait depuis lors qu'il serait possible, un jour, de triompher de la stérilité.

Agar était la servante de Saraï, qui était elle-même l'épouse d'Abram.

Elle se trouva enceinte des œuvres d'Abram et accoucha d'Ismaël. Mais elle méprisait Saraï parce qu'elle n'avait pas su donner un enfant à son époux.

Pourtant celle-ci, bien qu'âgée de quatre-vingt-dix ans, finit par porter à son tour un enfant, et donna naissance à Isaac.

En reconnaissance de sa fertilité, inattendue étant donné son âge, son nom de Saraï fut changé en celui de Sara, ou Sarah, et Abram s'appela désormais Abraham. Pour l'un comme pour l'autre, le « h », qui signifie le féminin et la fécondité, signe la possibilité de donner naissance à une descendance.

Odon Vallet rappelle que Yahvé avait promis à Abraham qu'il serait « père d'une foule de nations » et « fécond à l'extrême » ; il a même compté que dans l'Ancien Testament, hommes et femmes s'accouplent plus de six cents fois, alors que dans le Nouveau Testament ils partagent plutôt des repas[5].

De nouvelles façons de devenir des parents

Sous l'Ancien Régime, en France, on confiait volontiers des enfants orphelins aux femmes stériles. Des enfants malheureux pour des femmes malheureuses, ou disgraciées.

Autrefois, bien des couples désespéraient d'avoir un jour un enfant.

Quand une femme ne réussissait pas à « tomber enceinte », elle ne pouvait compter sur aucun recours thérapeutique. Elle avait pour seule solution l'adoption ; si elle s'y refusait, elle devait accepter de vivre sans enfant.

J'ai vu en Martinique, j'imagine que cela se pratique ailleurs, un couple qui, ayant déjà plusieurs enfants, avait donné, c'est le mot de l'enfant lui-même, l'un de ses enfants à une femme, une voisine, qui n'avait pu concevoir. Il vivait donc dans une autre famille, avec qui il avait établi des liens d'affection profonds ; néanmoins, il savait très bien qui étaient ses parents, jouait avec ses frères et sœurs, n'avait nullement perdu de vue sa famille d'origine.

Une femme m'a amené la petite fille qu'elle venait d'adopter en Asie du Sud-est. Il s'agissait d'un arrangement intrafamilial ; elle avait été « cédée » par une cousine qui venait d'accoucher pour la troisième fois. Il ne s'agissait pas d'un accord de dernière minute, le pacte avait été scellé entre cousines, avec l'assentiment de toute la famille, dès le début de la grossesse. Chloé ne vit plus dans son pays et n'aura plus de contact avec sa génitrice ; à moins qu'elle ne souhaite un jour la voir.

---

5. Odon Vallet, *Petite grammaire de l'érotisme divin*, Paris, Albin Michel, 2005, p 190.

Jusqu'au début des années 1980, quand furent possibles les premières fécondations *in vitro*, seules les femmes étaient stériles ; pour les hommes, la question ne se posait pas. Il a fallu du temps pour accepter l'idée que les hommes pouvaient eux aussi être infertiles.

Nous n'en sommes plus là.

Les mesures de protection sociale et juridique, le fait qu'il n'y a plus beaucoup d'orphelins, les traitements proposés aux couples infertiles, ont radicalement modifié la probabilité, et donc le projet de concevoir un enfant, ou, plus largement, de devenir parents.

De l'adoption aux diverses techniques de procréation assistée, du don d'ovocytes à la gestation à la place d'une autre femme, tous peuvent raisonnablement espérer devenir parents, même si pour certains le projet restera vain.

Mais il faut garder présent à l'esprit, bien des débats passionnés nous le rappellent régulièrement, que le recours à ces techniques de procréation médicalement assistée n'est possible que dans des cadres législatifs précis, très différents selon les pays. C'est une première barrière ; elle n'est pas toujours franchissable.

Ces opportunités nouvelles s'inscrivent toujours après le constat douloureux et angoissant de devoir renoncer à une grossesse simplement obtenue. Elles sont durement modulées par le long parcours des bilans, des consultations, par les tentatives à dates prévues et aux moyens codifiés qui, bien sûr, ne sont pas les gestes habituels de l'amour ; mais la question n'est peut-être plus là.

Il y a l'attente interminable, le doute et la crainte, et la honte quelquefois ; on doit se résoudre à détailler devant des inconnus l'intimité de son infortune, il faut exposer à d'autres cette incapacité à faire comme nos parents avaient fait pour nous.

De plus, il y a la conscience du risque d'échec, la connaissance de la fragilité que peut engendrer cette démarche, la crainte qu'être enceinte ne relève que de la chance.

Tout cela amène parfois les femmes, les couples, à penser qu'une grossesse appartient au domaine de l'exceptionnel.

D'une certaine façon la procédure médicale rivalise avec le processus amoureux ; nous sommes bien loin du mitan du lit, où, la chanson le dit, « la rivière est profonde ».

En effet, on sait bien que ces démarches obligent à partager certains aspects de la sexualité, modalités, horaires, fréquence, avec des gens qu'on ne connaît pas très bien. C'est l'amour avec un témoin, si discret soit-il. On n'y est jamais vraiment tranquilles, il y a toujours quelqu'un qui sait comment on s'y prend. Je ne suis pas sûr que ce soit toujours très amusant, ça peut même couper un peu l'envie.

Toutes ces nouvelles possibilités offrent désormais à beaucoup de couples une chance inespérée, mais elles bouleversent certainement le rapport de chacun à la sexualité, à la grossesse, peut-être à l'accouchement, et probablement aussi à l'enfant. Ça ne veut pas dire que c'est moins bien, ni mieux ; ce n'est pas du tout ce que je veux dire.

C'est différent. Et des questions inattendues surgissent.

Est-ce pareil pour tous les couples ?

Mon propos n'est pas de traiter des moyens qui ont rendu possible une grossesse, mais des répercussions de l'arrivée et de la présence d'un bébé chez un homme, une femme, ou au sein d'un couple, d'une famille, sans préjuger de leur composition. Il concerne donc tous les modes de conception, et toutes les configurations de couples.

On pourra m'objecter que je parle d'hommes, de femmes, de couples hétérosexuels, et que je n'ai pas envisagé ce que représente pour une femme le fait de voir sa compagne devenir mère. Mes mots et ma formulation correspondent aux situations les plus habituelles, ce qui n'exclut en rien les autres modalités d'accès à la parentalité.

Les couples homoparentaux que je rencontre, couples de femmes, car je n'ai encore jamais suivi d'enfant vivant au sein d'un couple d'hommes, me rapportent parfois leurs craintes, et décrivent les changements qui s'opèrent en chacune d'elles et entre elles.

Elles racontent surtout la joie partagée.

Mais elles évoquent aussi les rivalités possibles, et pour celle qui n'a pas porté ce bébé et ne lui a pas donné naissance, la peur sourde d'une perte d'amour, la crainte que ce bébé ne mobilise toute la tendresse de sa compagne pour ne lui en laisser que des miettes ; somme toute, rien que le lot habituel de ce que vivent tous les couples quand ils ont un enfant.

Cependant, les cas de figure peuvent être très différents les uns des autres, créant autant de manières d'aborder la parentalité.

Elles peuvent avoir choisi de s'adresser à un pays voisin, doté d'une législation plus souple, dans le souhait que l'insémination soit pratiquée dans un environnement médical sûr et rassurant.

Elles peuvent avoir préféré une insémination à la maison, avec les moyens du bord ; dans ce cas, elles auront peut-être sollicité la participation d'un ami proche, ou d'une relation. Mais cela entraîne toujours le risque d'une rupture de l'accord conclu et d'une revendication par le géniteur de sa paternité et d'un droit sur l'enfant.

Souvent, pour prévenir ce risque, ou pour maintenir un anonymat qui leur paraît préserver l'équilibre de leur relation amoureuse, elles auront recherché et choisi, parfois par le biais des réseaux sociaux, un donneur inconnu à qui elles ne demandent pour préalable que des garanties de santé, et pour engagement que son désengagement une fois la grossesse « obtenue ».

Il y a encore un autre aspect, qui ne peut exister au sein des couples hétérosexuels.

Deux femmes peuvent partager le désir d'avoir un enfant et de l'élever ensemble.

Elles peuvent être d'accord sur le fait que l'une souhaite être enceinte alors que sa compagne ne l'envisage pas pour elle-même.

Mais il arrive aussi que toutes deux décident de concevoir l'une après l'autre une grossesse, parfois même en ayant recours au même donneur. Pour cela, deux solutions s'offrent à elles. Soit la législation du pays auquel elles se sont adressées prévoit une traçabilité permettant de retrouver cet homme pour le solliciter à nouveau, sachant qu'il restera anonyme pour elles. Soit elles choisissent dans leur entourage un homme qui accepte de participer à cette démarche, à laquelle, là encore, est en général attaché l'accord qu'il s'efface ensuite et ne prétende à aucun droit de paternité. Elles expliquent leur décision de choisir le même géniteur par le souhait que leurs enfants soient réellement, biologiquement, frères et sœurs, au moins par l'un des parents.

Nul doute que, pour les couples, pour chacun des parents, et pour les enfants, ces procédures feront émerger de nouvelles questions, personnelles et intimes, sur la définition et la compréhension de la filiation ; sur l'amour aussi.

Une petite fille de huit ans, qui vit avec sa mère et la compagne de celle-ci, a vu l'histoire de sa famille révélée à la curiosité de sa classe de CE2 lorsque son enseignante lui a demandé de décrire un week-end de ses parents. Elle a alors raconté qu'il faisait très beau, et qu'elles étaient parties toutes les deux en bateau…

Puis après un temps d'hésitation, elle a demandé, à la surprise générale, si elle devait dire « elles », ou « ils ».

Chez les autres

Dans bien des sociétés, et malgré l'apparence d'une grande liberté, la vie sexuelle, et le fait de devenir parents, qui en résulte, sont, comme les conditions requises pour le devenir, rigoureusement délimités par des coutumes qui ne se transgressent pas.

Là aussi le chemin se fait peut-être en marchant, mais une fois qu'on y est engagé, il ne saurait être question d'aller batifoler sur les bas-côtés. Il s'agit de véritables règles, que les seules croyances, animistes ou religieuses, ne suffisent pas à justifier.

Ces prescriptions, destinées à un individu dans un contexte précis, sont strictement codifiées, souvent rigoureuses, parce qu'elles participent à définir les bases de la vie sociale. Elles ne laissent pas de place à l'interprétation personnelle et il serait malséant d'y déroger ou de ne pas s'y conformer. Elles assignent donc à chacun des conduites et des comportements qui précisent sa place, sa fonction, et ses obligations, mais elles ont surtout pour but d'assurer la protection de la société tout entière.

C'est par ce biais collectif que l'individu se trouve protégé. Celui qui tenterait de transgresser prescriptions et interdictions se trouverait isolé ; il prendrait le risque d'être exclu du groupe social, et serait, à plus d'un titre, exposé au danger.

On retrouve ce type de modèles à toutes les étapes et dans tous les actes qui marquent l'inscription d'un individu dans la vie sociale. Si les moments importants de la vie personnelle et familiale s'inscrivent dans la vie sociale, c'est donc l'ensemble du groupe qui est concerné. La grossesse et la naissance, le passage à l'âge adulte, ou encore la mort, sont encadrés par des règles qui, parce qu'elles sont admises par tous, font le ciment du groupe.

Ainsi, pendant la grossesse d'abord, lors de l'accouchement ensuite, puis pendant la durée de l'allaitement, les cérémonies et les rites de passage rappellent les obligations auxquelles on doit se soumettre, ainsi que les interdits qu'il convient de respecter scrupuleusement. Des limites sont assignées, qui permettent de protéger chacun, bébé, mère, et père ; protéger chacun de lui-même et de l'autre, mais aussi des ancêtres et des esprits ; et par là protéger le groupe social dans son ensemble, en assurant sa cohésion.

La littérature ethnologique abonde en récits et exemples qui illustrent diverses positions sur ces deux aspects de la vie, non dissociables l'un de l'autre, la sexualité et la parentalité.

Au Burkina Faso, chez les Minyanka du Mali, ou chez les Ewe du Togo, la conception est toujours étroitement associée aux ancêtres. *« Les religions locales restreignent le rôle du couple dans la procréation, insistant sur l'intervention des figures surnaturelles »*[6].

On notera d'ailleurs que certaines langues africaines ne disposent d'aucun mot pour dire « père » : chez les Douala du Cameroun on dira « Tété » ou « Sango », aussi bien pour s'adresser à son père qu'à son ancêtre.

Un de mes patients, qui est congolais, s'adressait à son neveu, âgé de trois mois, en le nommant « Papa ». Devant mon étonnement il m'expliqua qu'il s'agissait bien de son père, mort quelques années auparavant, et qui vivait à nouveau par ce petit garçon, fils de son frère aîné. Ce n'était pas sans poser quelques problèmes, il en convenait volontiers, quand il fallait lui faire une remontrance !

Chez les Mossi du Burkina Faso, il semble que la mère ne soit qu'un simple réceptacle de la semence du partenaire, un ventre d'accueil.

---

6. Suzanne Lallemand, « Naissances en Afrique », *Topique, Revue freudienne*, 43, 1989, p. 19-31.

Chez les Diola de Gambie, au contraire, l'homme n'apporte ni ne transmet grand-chose ; il se contente de fendre, d'ouvrir le chemin pour l'enfant à naître.

Chez les Bakongo du Congo, les relations sexuelles renforcent le fœtus pendant la gestation, mais après la naissance, elles frustrent le bébé et freinent son développement. L'apport de semence pendant la grossesse doit donc être relayé par l'apport de lait, ce qui interdit toute cohabitation pendant plusieurs mois. Pendant l'allaitement, en général, on s'abstient de relations sexuelles, car le sperme monte dans les seins de la femme et vient gâter le lait.

Et chez certains, lors du sevrage, qui signe la permission d'une reprise de la vie sexuelle, le père fait un cadeau à l'enfant pour l'apaiser, ou, de façon plus surprenante, l'enduit de son sperme pour qu'il le connaisse et pour prévenir le risque de maladie.

On retrouvait des consignes d'abstinence comparables, bien longtemps avant, dans les écrits de Galien : « *J'avertis quiconque allaitera de s'abstenir tout à fait de Vénus. Car le commerce de l'homme provoque les mois [les menstrues], et le lait change son odeur charmante en une mauvaise.* »[7]

La couvade persiste en Afrique sous diverses formes, comme elle existait il n'y a pas si longtemps, dans plusieurs régions du sud de la France par exemple : quand commençait le travail, la femme partait aux champs pour « s'accoucher » tandis que son mari gardait le lit et recevait hommages et encouragements des familles et du village.

Chez les Wolofs du Sénégal, le statut de père revient à plusieurs personnes, celles qui ont participé à la dot, celles qui sont de même génération que le père, et celles qui pourront s'occuper de

7. Galien, cité *in* Jean-Louis Flandrin, *Le Sexe et l'occident*, Paris, Seuil, 1981, p. 213.

l'enfant si son père vient à disparaître. Si le père est absent, ou s'il ne peut pas occuper sa fonction, sa sœur peut exercer l'autorité sur les enfants, elle est alors appelée « père femelle » ; elle devient le « père femme ».

Enfin, chez les Yami de Botel Tobago, un archipel proche de Taïwan, la sage-femme doit être choisie dans la lignée paternelle du mari. Au début de la grossesse, celui-ci va dans la forêt et façonne dans un petit morceau de banian le manche d'un petit couteau. Il le donne ensuite à son épouse pour qu'elle se protège des esprits des morts.

La sage-femme confectionne un couvre-seins pour la future mère et un cache-sexe pour le futur père. Avec le petit couteau, l'homme protège la communauté et veille sur la chasteté de son épouse ; lorsque la grossesse atteint six mois, ils font maison à part, car ils ne peuvent plus avoir de relations sexuelles de peur que l'enfant ne devienne trop gros.

Après la naissance, c'est le père, vêtu de vêtements cérémoniels, qui verse sur la tête de son enfant, selon un rituel strict, l'eau tirée d'une source qui coule sur les terres de sa famille paternelle. La mère participe au rite, mais c'est lui, par ces gestes, qui confère longévité et fertilité. Les Yami considèrent en effet que la gestation dure deux ans, jusqu'à l'acquisition de la marche, et le père y participe intensément : par le respect des interdits, il intervient au niveau biologique, et sans lui, le fœtus, puis le nouveau-né, ne peuvent se développer normalement : l'enfant est une plante que sa mère cultive et que son père irrigue[8].

Enfin, attitude riche de symboles, et de douceur, dans de nombreuses cultures le père ôte sa chemise pour en envelopper celui qui devient ainsi son bébé.

8. Véronique Arnaud, « L'enfant-esprit ; la naissance chez les Yami de Betel Tobago », *in* Jeannine Koubi et Josiane Massard-Vincent (sld), *Enfants et sociétés d'Asie du Sud-est*, Paris, L'Harmattan, 1994, p. 11-36.

Tous ces rites, scrupuleusement observés, ont un double but, d'abord le maintien de la cohésion sociale, mais aussi la protection de la mère, puis de son enfant.

Bien entendu, nous pouvons penser de toutes ces coutumes qu'elles sont plaisantes, ou exotiques, qu'elles n'ont plus rien à voir avec notre conception de la vie et nos croyances, et qu'elles ne nous concernent donc pas.

Pourtant... Je n'assurerais pas que nous en soyons tout à fait éloignés, ni que nous les ayons totalement abandonnées.

Pouvons-nous être sûrs qu'il n'en reste pas un petit quelque chose dans le tréfonds de nos mémoires et le secret de nos peurs ? Ce quelque chose qui, pour chacun, sert imperceptiblement à se forger des certitudes protectrices, à conjurer le sort et à se rassurer. Ce quelque chose qui pourrait facilement venir nous troubler et nous inquiéter.

Gérard Macé, lui, est convaincu du contraire : « *De vieux instincts, de vieux tabous survivent à condition d'être méconnaissables, et l'homme le moins superstitieux ne jetterait pas sans effroi les photos de ses morts. Nous aussi, nous avons nos ancêtres et nos dieux lares*[9] »

---

9. Gérard Macé, *La mémoire aime chasse dans le noir*, Paris, Gallimard, 1993, p. 28.

QUAND UNE FEMME DEVIENT MÈRE

Pour ma part, ce que j'écris, je le tiens des autres. Je n'aborderai pas moi-même les mille façons d'être mère. Je n'ai jamais été mère, je ne le serai jamais. Si j'en parle d'expérience, ce sera celle des autres…

On pourrait dire « avoir un enfant », ce qui correspond à un événement de la vie commune, à la définition d'une situation familiale et sociale.

On peut dire aussi « devenir mère ». Ce n'est pas pareil.

Devenir mère me paraît plus étroitement lié à la vie intime, et fait plutôt référence à ce qu'une femme entrevoit de cette nouveauté en elle et du regard neuf que cela lui donne sur sa vie et sur son environnement.

Néanmoins, tout le monde ne le voit pas de cet œil. Le 29 Brumaire an II, *Le Moniteur Universel,* qui était pourtant un organe de presse révolutionnaire, assignait sans nuances aux femmes une place qu'elles n'avaient pas le loisir de discuter : « *La femme ne peut être qu'épouse et mère : sinon, elle est un monstre* ».

J'ai rencontré une jeune femme, plus moderne, décidée à ne pas croire *Le Moniteur* et, semble-t-il, à n'en faire qu'à sa tête : « Comme maman, disait-elle, je suis heureuse ; mais une maman n'est pas seulement une maman, elle est aussi une femme. »

Avoir porté un enfant, l'avoir mis au monde, être mère, peut certainement donner confirmation qu'on est une femme. Une confirmation aux yeux des autres, certes, mais avant tout une confirmation intime.

Un érotisme maternel

Chair de ma chair.
Genèse 2, 23

Chez un pédiatre, on parle de bébés. C'est normal.

Enfin, on croit qu'on ne parle que de bébés. Curieusement, car personne ne s'y attend, parler de son bébé, ça fait aussi penser à d'autres choses qui inquiètent un peu quelquefois.

Clémence a d'abord parlé de son bébé. Mais l'émotion se faisait pressante, alors, par petites touches plus personnelles, elle s'est mise à parler d'elle. Elle en fut très surprise, même un peu troublée.

C'est bien pour lui qu'elle était venue, elle en était sûre. En plus, il allait bien ! Alors pourquoi, sans raison précise, éclater en sanglots ? Elle est un peu confuse, un peu vexée aussi… Jamais elle n'aurait pensé…

Un jour, elle m'a dit : « On vient pour son bébé, et on se retrouve à parler de soi ! » Mais dans le fond, elle se rend bien compte que les choses se sont mêlées, et emmêlées, jusqu'à ne plus savoir discerner ses préoccupations de celles de son bébé. C'est ainsi qu'elle a glissé, presque imperceptiblement, de lui à elle, et c'est comme ça que maintenant, sans pour autant le quitter, elle parle d'elle, intimement d'elle.

Les frontières deviennent floues. Elle se sent tellement proche de lui que, parfois, il lui semble qu'ils ne font qu'un ; il a tellement besoin d'elle, ils ont tellement besoin l'un de l'autre ! Elle a bien compris que les bébés portent parfois les soucis des autres. Seulement voilà, ils ne savent pas parler. Un bébé ne raconte rien, en tout cas pas avec des mots. Il a sa façon de dire. Il dit avec ses moyens de bébé. S'il a une langue particulière, c'est avant tout celle du corps. Voilà sa façon de dire.

Pour un temps ses parents partagent cette langue avec lui. Pour la partager, il faut s'identifier un peu à lui, sinon on ne comprendra pas les gazouillis, et les sourires ne seront pas des échanges. Avec un enfant d'avant le langage, plus encore avec un nourrisson, le lien se fait par le corps et le toucher, dans un jeu d'identifications un peu inattendues. La nature de ce lien ne ressemble à aucune autre. Il en résulte une liberté nouvelle, une aisance, qui surgissent et s'épanouissent, une sorte d'*érotisme maternel.*

Beaucoup de femmes le perçoivent d'emblée ; elles y sont à l'aise et jouissent de cette liberté qui leur permet de découvrir leur bébé et de se laisser découvrir par lui.

Certaines n'osent pas, ou osent moins. Elles ont vu d'autres femmes s'y laisser prendre, s'y adonner. Mais elles ne sont pas sûres de savoir faire, et elles hésitent à donner libre cours à tant d'audaces.

Après quelque temps d'hésitation, Clémence s'est finalement laissée emporter, ils ont inventé ensemble un nouveau langage, entre corps et peau, entre peau et mots, une langue propre à leur nouveauté.

On peut donc penser que, pour la plupart, les mères sont sereines, ravies, et parfois triomphantes, fortes de cette certitude nouvelle.

On constate cependant que leurs parcours, aux unes et aux autres, sont différents ; et surtout qu'ils ne sont pas toujours rectilignes. Elles peuvent aussi être ambivalentes, tristes quelquefois, un peu maladroites, et souvent incertaines. Ces sentiments contrastés, qui semblent se combattre, sont porteurs de trouble et suscitent une vive culpabilité.

Toutefois, cette culpabilité n'est pas ressentie comme telle ; elle se traduit plutôt par la crainte de mal faire, ou de ne pas savoir comment faire.

Et puis un temps vient où le plaisir et l'incertitude ne sont plus en contradiction ; leur coexistence est nécessaire pour trouver une position d'équilibre.

Mais pour cela, il ne faut plus craindre d'être maladroite. La maladresse sera le levier de l'invention ; c'est elle qui favorise l'originalité des liens qui se nouent, mais ce n'est pas facile à comprendre, parce qu'il n'en résulte aucun bien-être. Ce n'est pas confortable.

Mille façons, et d'autres encore, de devenir mère.

Il y a mille façons, toutes personnelles et différentes, d'aborder la maternité, et de s'y retrouver femme, différemment femme.

On peut dégager des généralités, mais elles ne seront pas représentatives de cette diversité, parce que mille façons, ça fait beaucoup.

Saint Paul, dans le premier épitre à Timothée, tient un bien curieux discours : « *Ce n'est pas Adam qui se laissa séduire, mais la femme, Ève, qui, séduite, se rendit coupable de transgression. Néanmoins, elle sera sauvée en devenant mère, à condition de persévérer avec modestie dans la foi, la charité, et la sainteté.* » La maternité serait donc le salut des femmes séduites mais à condition, toutefois, qu'elles aient la foi et quelques autres vertus !

On peut penser que devenir mère participe, pour celles qui l'ont choisi, à la construction de l'identité féminine. Toutefois, il serait hasardeux d'amalgamer identité féminine et identité maternelle, et il n'est pas nécessaire d'être mère pour se construire comme femme.

En même temps, il est juste de dire que lorsqu'une femme tient son bébé dans ses bras, surtout peut-être si elle est mère pour la première fois, elle n'est plus la même, ni à ses propres yeux, ni au regard de ceux qui la connaissaient auparavant.

Pourtant, dans cette aventure, elle ne sait pas encore très bien qui elle est, si nouvelle, ni ce qui l'attend.

Imaginons d'autres situations, d'autres façons de devenir mère, d'autres parmi les mille.

On peut par exemple devenir mère sans avoir accouché ; les femmes qui adoptent un enfant deviennent mères, aussi fortement, aussi passionnément que les autres. Les tribulations et les déceptions ont été nombreuses, le chemin a été rude. C'est sans doute pour cela qu'au début cette maternité paraît bien souvent frileuse et incertaine.

Mais, peu à peu, chacun va à la rencontre de l'autre. Les interactions s'épanouissent, ce bébé parvient à s'imposer, sollicitant avec une précision croissante les soins dont il a besoin. Il emporte cette femme dans ce qu'il attend d'elle, il la rend mère avec insolence, comme elle se découvre mère sans plus d'hésitation et en toute certitude.

Avoir des enfants. En avoir six. C'était le vœu de Maria depuis l'enfance.

Elle a eu une fille, et trois ans plus tard un fils. Puis elle a perdu des jumeaux à quatre mois de grossesse. Nous nous connaissions déjà, mais elle ne m'en a parlé qu'après avoir donné naissance à une autre petite fille. Elle m'a dit longtemps après qu'elle avait été très déprimée par cette perte.

Elle espère maintenant que le temps lui laissera la chance d'avoir encore un enfant.

Seulement, elle ne veut pas d'homme, surtout pas.

Les hommes, ça s'en va, ou ça meurt. Et puis elle a « vu ses oncles, et ça ne lui a vraiment pas donné envie ».

Très tôt son grand-père avait quitté sa femme et sa fille unique, il était parti pour une guerre étrangère et lointaine. Il n'y avait donc pas eu d'homme pour élever sa mère.

Dans la génération précédente, déjà, le père était mort d'accident, peu après son mariage et la naissance d'une fille. Son propre père était mort lui aussi très jeune, la laissant seule avec sa mère, qui actuellement vit toujours avec elle.

Pour aucune la question ne se posa jamais de connaître un autre homme.

Dans leur famille, le noir du veuvage, jusqu'aux vêtements de nuit, remplace les maris dès le jour de leur mort, et consacre une théorie de retrait et de solitude des veuves. Le noir pour barrière. Des femmes sans homme, des filles sans père, une dynastie de femmes, un triomphe secret.

Bravant des siècles de tradition et de religion sévères, Maria a choisi secrètement un homme de son village qui lui paraissait pouvoir faire un géniteur convenable, et dont elle n'aurait pas un jour à porter le deuil, car elle a aussi choisi d'être seule avant de risquer de le devenir. Ils ont fixé la règle du jeu, il lui fera des enfants, cela restera un secret entre eux, elle ne lui demandera rien, aucun échange, et il n'occupera pas la place de père auprès de ces enfants. Il ne les a d'ailleurs jamais rencontrés, cela fait partie de leur contrat.

Elle va le voir, dans son pays, ils font un enfant, à l'insu des familles, et elle revient mener seule sa grossesse chez elle, avant d'accoucher sans qu'il en soit informé.

Maria était vierge quand elle a conçu son premier enfant ; elle n'a jamais eu d'autre partenaire que cet homme. Elle dit qu'elle ne ressent aucun désir, que ça ne la tracasse pas, et que d'ailleurs, faire l'amour ne lui procure pas de plaisir. Elle ne se pose même pas la question ; si l'on pouvait faire les enfants avec un comprimé, elle se passerait bien de ces formalités contraignantes et peu agréables.

Elle affirme également qu'elle n'a jamais été amoureuse, au grand jamais, même lorsqu'elle était petite.

Peut-on appeler cela faire l'amour ?

Un seul but : six enfants.

Mille façons de devenir mère… J'en ai évoqué deux.

Deux femmes, Ève, celle de la Genèse, et Maria. Deux femmes, deux prénoms, emblématiques de certains aspects de la maternité qui, c'est vrai, ne sont pas les plus habituels.

Il en reste neuf cent quatre-vingt-dix-huit. Je vais certainement en oublier.

Chacune devient mère à sa manière, intime et originale.

C'est certainement exaltant, mais c'est toujours un bouleversement.

Certainement passionnant, mais aussi très déroutant.

Il suffit de peu, presque rien, pour que d'étrange, ça devienne inquiétant.

Manon, dont j'ai déjà parlé, mère depuis six mois de Pénélope, m'a dit que depuis qu'elle avait été enceinte, et depuis qu'elle avait accouché – elle distinguait bien ces deux états – son regard sur son corps avait changé, et, plus précisément, elle a ajouté qu'elle ne percevait plus son ventre de la même façon. Elle m'a expliqué qu'auparavant son corps gardait encore pour elle quelque chose de l'enfance, qu'elle pouvait retrouver quand elle le regardait. Mais ce quelque chose de l'enfance, elle avait l'impression de l'avoir donné à sa fille, en lui donnant son ventre qui l'avait portée, ses seins qui la nourrissaient, et ses bras qui la tenaient au chaud.

« C'est comme un réceptacle, disait-elle, quelque chose qui a accueilli quelqu'un. En même temps, je ne parviens pas à faire le lien entre ce qui était dedans, le bébé que j'essayais d'imaginer, et ma fille maintenant. C'est complètement naturel, et en même temps, ce n'est pas naturel du tout ».

Certaines façons semblent très simples, d'autres plus complexes

Beaucoup de femmes vivent sereinement leur grossesse, puis semblent aborder la naissance sans grande appréhension. Elles ont peut-être suffisamment confiance en elles, mais aussi, et c'est important, confiance en leur enfant.

La présence du bébé semble alors naturelle et, vue de l'extérieur, elle paraît s'imposer comme une évidence…

Mais si on les pousse un peu dans leurs retranchements, elles diront presque toutes, même celles pour qui tout paraît simple, qu'« au début, c'est dur, parce qu'avec le bébé on a du mal à se comprendre. On ne sait pas ce qu'il veut, ce qu'il dit, on ne sait pas s'il pense, et c'est vite angoissant. »

Elles sont soulagées de pouvoir le dire, et que ça puisse être reconnu sans étonnement ni jugement.

Il serait hasardeux d'affirmer que certaines façons d'aborder la maternité seraient meilleures que d'autres. Rien ne permet de penser qu'être mère sera plus facile pour une femme que pour une autre. Les apparences peuvent être très trompeuses, ce qu'on voit n'est pas toujours ce qui est ; *la procesión va por dentro*. C'est un proverbe espagnol, « la procession chemine en dedans ». Peut-être dirions-nous qu'il faut se méfier de l'eau qui dort.

On ne peut savoir par avance de quels fils seront tissés les liens qui uniront ce bébé à sa mère, à ses parents. On ne peut pas plus imaginer ce qui peut venir entraver l'harmonie de leur rencontre.

Dans cette période, les centres d'intérêt habituels sont occupés par ce bébé qui vient d'arriver, et par le bourdonnement de tout ce qui le concerne. Quand tout va bien, les seuls soucis qui s'imposent sont sa vulnérabilité et sa dépendance, et la volonté d'y faire face.

Les femmes, quand elles sont nouvellement mères, ont probablement toutes cette même certitude qu'elles sont confrontées, sans échappatoire possible, à une responsabilité essentielle. Mais elles savent aussi qu'elles abordent un aspect qu'elles ne connaissaient pas de leur propre vulnérabilité.

Seul leur bébé a de l'importance. Pour quelque temps, tout le reste est émoussé. Les sensations, la mémoire, n'ont plus trait qu'à ce bébé dont la présence envahit tout le paysage. Peu de choses semblent pouvoir trouver place, au regard de l'intensité de cette expérience. Le sentiment amoureux lui-même peut être assoupi. On ne peut pas tout faire en même temps, et pour l'instant il n'y a pas de place pour autre chose, ni pour qui que ce soit…

À part leur bébé, rien ne peut retenir leur attention ; on le comprend. Leur bébé ? Une exclusivité et un avant tout.

C'est vrai, tout semble donc fonctionner comme s'il venait, pour sa mère, et pour un temps, combler toutes les attentes, occuper tous les sites affectifs, répondre parfaitement à lui seul aux besoins de sensualité et aux exigences du désir.

Daniel Stern explique que *« cette nouvelle psyché maternelle met de côté son organisation psychique antérieure et fait irruption pour occuper le devant de la scène, modifiant radicalement son paysage intérieur. »*[10]

Évoquant les mêmes choses, mais en les regardant par l'autre bout de la lorgnette, Camille Laurens raconte dans un ouvrage collectif sur la naissance : *« Tous les jours je regarde ma fille comme si elle venait de naître, et je n'en reviens pas. »*[11]

Facile à comprendre, pas toujours simple à vivre

Pour certaines femmes, tout est très vite beaucoup plus compliqué, même si l'on n'en perçoit pas toujours très bien la raison.

Pour parler de leur bébé elles évoquent d'abord des craintes, ou des difficultés, et parlent volontiers de maladies, ou de dangers. Une façon, peut-être, d'en exorciser le risque ; et puis, il faut bien le reconnaître, l'ambivalence garde toujours sa place.

Il leur faut parfois nommer ce qu'il n'a pas pour se persuader qu'il n'a rien, penser qu'il est peut-être malade pour être sûres qu'il va bien, penser et évoquer des choses compliquées pour le protéger et se protéger.

---

10. Daniel N. Stern, Nadia Bruschweiler-Stern, *La Naissance d'une mère*, Paris, Odile Jacob, 1998, p. 12.
11. Camille Laurens, « Abandon-née», *in Naissances*, Marie Darrieussecq, Agnès Desarthe, Marie Desplechin, Paris, L'iconoclaste, 2006, p. 108.

En manifestant de façon répétitive la crainte de voir son bébé malade dans son corps, on peut mettre à bonne distance, au moins pour un temps, les questions, combien brûlantes, qui touchent à la vie affective et à la vie psychique, à leurs incertitudes, et à l'impossibilité d'exercer le moindre contrôle sur l'avenir, sur les pensées et les sentiments.

De plus, la vie qui se met en place avec leur compagnon depuis que leur bébé est là n'est pas toujours pour les rassurer. Souvent, les maris, ou les compagnons, tout surpris d'être pères, un peu fragilisés, sont déconcertés de s'apercevoir que leur compagne n'est pas à nouveau disponible à la vie amoureuse, comme avant, ni à la reprise d'une vie sexuelle immédiate et satisfaisante.

Ils n'y avaient peut-être pas songé ; ils imaginaient peut-être que tout reprendrait plus vite. Ils ne savaient pas qu'elle aurait l'esprit occupé ailleurs, qu'il y aurait l'allaitement, la fatigue, et même, ce bébé… et que ses nuits ne seraient pas pour eux.

Alors parfois, ils se disent qu'elle a changé, qu'elle n'est plus comme avant.

Ils ont besoin d'être sûrs qu'elle les aime.

J'ai entendu un accoucheur très sérieux, dans les années 1970, affirmer qu'à dater de son mariage une femme ne devait plus se préoccuper d'acheter des serviettes hygiéniques, puisqu'elle irait de grossesse en allaitement, et d'allaitement en grossesse. Un destin qui rappelle celui que préconisait *Le Moniteur Universel*…

Il faut dire qu'on part de loin ; pendant longtemps, pour nommer les rapports sexuels, on disait qu'une femme « se donnait » ; quant à l'homme, lui, qu'est-ce qu'il faisait de sa femme ? Il « la prenait » ! Le désir était-il au rendez-vous ?

Les coutumes traditionnelles ont longtemps fourni aux femmes des prétextes pour éviter d'être « prises » aussitôt. Un double sens pour ce mot, « prises », comme contraintes à une activité sexuelle qu'elles ne désiraient pas, mais aussi comme enceintes à nouveau.

Pendant une longue période, après leur accouchement, elles pouvaient opposer aux hommes leur refus sans avoir à le justifier, sans même avoir à se poser la question de situer leur désir. En effet, les relations sexuelles étaient proscrites après la naissance d'un bébé, et bien souvent jusqu'à la fin de l'allaitement, qui pouvait durer plusieurs mois. Et pendant le temps du « nourrissage », j'en ai parlé un peu plus tôt, Galien lui-même l'affirmait, il était convenu que le sperme gâtait le lait.

De nombreuses sociétés, un peu partout dans le monde, ont partagé ou partagent cette règle. C'était peut-être également un moyen détourné d'éviter une nouvelle grossesse à une époque où les possibilités contraceptives étaient plus que limitées.

La surprise du « retour de couches » inopiné, la protection théorique offerte par l'allaitement, le coït interrompu, ou encore la confiance en la méthode Ogino, ont largement participé au baby-boom de l'après-guerre ! Dans cette génération, beaucoup de mères n'ont pu s'empêcher de dire au troisième ou au quatrième de leurs enfants qu'il n'était pas franchement attendu et que, de toute façon, il était « un enfant Ogino ».

Je ne suis pas persuadé qu'ils aient été très heureux d'apprendre qu'ils n'avaient peut-être pas été aussi désirés que leurs frères et sœurs, même s'ils ne l'ont appris, officiellement, que tard dans leur vie !

Bien sûr, il y a des situations très difficiles, des femmes isolées, d'autres abandonnées. Mais habituellement, quand tout va bien, dans cette période particulière du début de leur vie avec leur enfant, les femmes ont besoin de leur compagnon.

Elles peuvent être amoureuses de lui, et elles le désirent certainement, mais plutôt comme père de leur enfant que comme amant. Dans l'immédiat, même si ce n'est pas clairement dit, elles n'ont pas toujours envie de lui comme partenaire sexuel, mais attendent qu'il leur apporte son aide et son appui.

Cette aide serait plutôt matérielle, sous la forme d'une participation à la charge de chaque jour, biberons, change, partage des nuits fatigantes.

Quant à l'appui, il serait plutôt d'un autre ordre, à la fois psychique et affectif. Elles en ont besoin, plus encore que de l'aide matérielle ; mais si leur compagnon ne le comprend pas de lui-même, ou s'il n'en a pas l'intuition, il ne leur est pas très facile de le lui demander. Comment solliciter cet appui, comment en formuler la demande, sans paraître impudique, sans s'exposer trop ouvertement.

Elles sont aimées comme femme, elles le savent car leur compagnon le leur a dit, et même montré auparavant. Maintenant, elles attendent aussi d'être aimées comme mère de cet enfant, qu'ils ont voulu et attendu ensemble.

Elles souhaitent pouvoir se reposer sur eux, mais les hommes ne sont pas toujours préparés à cet aspect de l'aventure, être le recours à l'inquiétude de leur compagne et un relais à ses préoccupations.

Ils peuvent être surpris de constater chez elles une transformation aussi radicale. Elles demandent autre chose, qu'ils ne comprennent pas toujours, ou pas au moment où elles en ont besoin.

Elles ne se font plus aimer pour ce qu'ils connaissaient d'elles.

Devenir mère est une expérience intime, profondément. Pour cette raison, ce n'est pas toujours une découverte partagée, ou partageable.

Cela peut occulter pour quelque temps la possibilité d'imaginer la sexualité, au moins de retrouver leur conjoint comme avant. Il se peut qu'à ce moment il leur soit indésirable.

De plus, elles n'ont pas très envie de bouger de cette position nouvelle et réjouissante ; elles savent que cela ne durera qu'un temps et se demandent bien pourquoi leur compagnon ne partage pas sans mélange leur enthousiasme.

Quand elles sauront qu'elles peuvent se séparer de leur bébé, sans danger pour lui, sans risque pour elles-mêmes, quand elles réaliseront que lui aussi a besoin de cet espace, elles pourront à nouveau s'ouvrir avec plaisir et sans culpabilité à une relation de couple dans laquelle la sexualité retrouvera sa place, ou du moins une place.

Ce moment correspond, à l'évidence, à une restauration ; pouvoir se regarder à nouveau, et accorder du crédit au regard de l'autre. Le miroir reprend ses droits. Les yeux, ou le regard du bébé, ne suffisent plus à exercer cette fonction.

Dans cette période bien troublante, il est important, si les questions se posent, ou si la situation se tend, que les pères ou les mères puissent évoquer les difficultés qu'ils éprouvent et poser ces questions qui les brûlent. Ce sont souvent les consultations demandées pour leur bébé, ce fauteur de troubles, qui les font venir à la surface.

Il faut dire, ça n'arrange pas toujours les choses mais il fallait s'y attendre, que le passé aussi s'impose. Surgissant à brûle-pourpoint, il vient colorer ou ternir le début de la vie de ce bébé et de sa famille.

Devant une femme qui semble aborder avec difficulté sa vie de mère, nous nous posons souvent la question des relations qu'elle a eues avec sa propre mère ; car il est vrai que les bébés, en particulier les petites filles, sont souvent recouverts de l'ombre de leur grand-mère maternelle.

Mais il faut aussi s'interroger sur les liens qui unissent cette jeune femme à son père, si elle a un père, et sur ce qu'ont été ces liens dans sa petite enfance et son enfance. Elle ménagera plus facilement une place à son conjoint si elle a eu, et *a fortiori* si elle a encore, des rapports harmonieux avec son propre père.

Il y a des pères qui n'autorisent pas leur fille à élaborer une relation amoureuse, soit qu'ils la confisquent depuis longtemps à leur profit, soit qu'ils préfèrent rester coûte que coûte pères d'une petite fille. Sans s'en rendre vraiment compte, ils ne rendent pas service à leur fille.

Il faut pourtant que les jeunes femmes puissent être certaines, sans devoir s'en poser la question, que leur père les autorise à aimer un homme, à faire un bébé, et à devenir mères à leur tour.

Avoir une fille, ça vous rappelle vous, petite

Elles parlent de leur mère quand ça ne va pas ; si tout va bien, si elles ne se posent aucune question, elles n'en disent rien, en général.

Julie, la mère de Lou, me disait : « Je me sentais à l'aise, alors que je ne l'étais pas du tout. » Elle avait donné naissance à cette petite fille un mois plus tôt.

Elle avait déjà un fils, mais elle s'étonnait, surprise presque jusqu'à l'inquiétude, de « n'avoir pas ressenti les mêmes choses ». Ce qu'elle percevait et vivait n'était en rien comparable à ce qu'elle avait éprouvé lorsque son fils était né.

Maintenant, elle avait une fille ; ce n'était pas pareil.

Elle n'avait jamais imaginé qu'elle pourrait éprouver un jour une émotion, des sentiments, aussi violents, et en même temps aussi doux. Un sentiment, presque une sensation, dont elle disait qu'elle les sentait dans son ventre, qu'ils la « prenaient aux tripes ».

Elle réalisait subitement que de ces pensées, de ces sentiments, si envahissants, aucun ne lui était venu à l'esprit lors de la naissance de son fils.

Ça lui faisait un effet tellement bizarre qu'elle se sentait presque coupable.

Ce n'était pas la question de la joie ; ce n'était pas non plus celle de l'amour, ni de son intensité.

Être mère d'une fille… Simplement, elle avait pensé que ce serait pareil, ou au moins comparable… Et ça n'avait rien à voir. Cette fois, c'était vraiment étrange ; une petite fille, c'était comme un petit morceau d'elle ; c'est comme ça qu'elle l'a dit un jour.

« Avoir une fille », disait-elle, toute surprise de cette découverte, « c'est très bizarre, ça vous rappelle vous, petite ! »

Elle se débattait avec sa maternité toute neuve, prise en tenaille entre l'irruption de ces sentiments inconnus, ou peut-être oubliés, en-tout-cas des sentiments inattendus, et la mémoire de son passé de petite fille.

Parce que des souvenirs lui revenaient, ou des bribes… mais elle n'était sûre de rien.

D'ailleurs, elle n'était plus sûre de rien du tout. C'était un peu confus, mais tout à coup, il lui semblait que les choses n'avaient peut-être pas été très simples pour elle lorsqu'elle était petite. Elle réalisait que sa petite enfance ne s'était pas déroulée comme elle l'avait toujours entendu raconter.

Ce qu'elle faisait maintenant avec sa fille, elle avait la certitude que personne ne l'avait fait pour elle, avec elle.

Pourtant, elle ne se souvenait pas d'y avoir jamais pensé, en tout cas pas comme ça, et elle s'étonnait que tout cela lui revienne maintenant, au moment précis où elle avait à son tour une fille.

Elle n'avait jamais manqué de rien, c'était certain. Mais soudainement, elle avait l'impression, une triste impression, qu'elle n'avait jamais réellement intéressé sa mère. Plus elle y pensait, plus elle en était sûre.

Elle comprenait en même temps que celle-ci n'avait pas su, pas pu se défaire de la rigidité de ses principes, des principes auxquels il n'était pas question de déroger ; c'était comme un héritage intangible, qu'elle avait elle-même reçu de sa mère et dont elle était gardienne. Elle devait le transmettre à sa fille.

Sa mère ne lui avait jamais réellement parlé, elle le réalisait avec stupeur. Et surtout elle n'avait jamais répondu aux questions qu'elle se posait et lui posait.

L'une d'elles, justement maintenant, se faisait pressante, et c'était précisément celle qu'elle n'osait poser car, intuitivement, elle savait qu'elle n'aurait jamais de réponse.

Voici ce qui lui revenait sans cesse : elle aurait voulu savoir si sa mère, lors de sa naissance, avait éprouvé, avant peut-être de les réprimer, des sentiments comparables à ceux qui ne cessaient de l'envahir, elle, depuis que sa petite fille était née.

Elle aurait beaucoup aimé partager avec elle quelque chose de cette surprise, sentir une communauté de sentiments. Elle aurait voulu lui demander si elle aussi s'était posé ces mêmes questions, et si quelqu'un y avait répondu.

Elle aurait surtout aimé savoir si une fois, au moins une, sa mère avait été émue en la regardant, comme elle l'était elle-même en regardant sa fille. Elle n'avait pas souvenir de l'avoir perçu. Elle se disait qu'elle ne l'avait jamais senti chez sa mère.

Alors elle s'inquiétait ! Il lui était impossible d'anticiper. Est-ce qu'elle saurait être mère d'une petite fille ?

Jusqu'à maintenant, la petite fille, c'était toujours elle. Avoir un fils n'y avait rien changé, il ne menaçait pas sa condition de fille, et ne suscitait donc pas les mêmes interrogations.

Elle constatait maintenant qu'une large part d'elle-même était restée du côté de cette petite fille que sa mère n'avait pas remarquée…

Une petite fille sans mère, qui ne savait avec qui parler de la surprise, de la douceur, de l'émotion qu'elle éprouvait devant Lou, elle aussi toute petite fille, cette « un peu d'elle petite ».

Elle aurait aimé partager tout cela avec une autre femme, mais elle n'y était pas accoutumée, c'était difficile. Elle voyait bien que dans son entourage familial les femmes ressemblaient à sa mère, que peu d'entre elles semblaient avoir échappé à ce devoir d'héritage.

Il lui semblait qu'elles se surveillaient mutuellement. Alors, oublieuses, envieuses, ou méprisantes, aucune ne saurait être disponible ni attentive à son émerveillement.

De toute façon, c'est avec sa mère, et seulement avec elle, qu'elle aurait souhaité partager ce qui l'envahissait maintenant et paraissait si troublant.

C'est d'elle qu'elle aurait aimé entendre un récit proche de ce qu'elle ressentait. C'est de sa bouche qu'elle aurait tant voulu recueillir le récit de la petite fille qu'elle avait été… qu'elle était encore, un peu… mais si seule. L'entendre d'elle, c'est ce qui l'aurait rassurée. De tout son cœur, elle souhaitait pouvoir redevenir quelques instants, pour sa mère, cette petite fille.

Elle craignait beaucoup d'en venir elle aussi, sans même s'en rendre compte, à mettre de côté et finalement à oublier, ses émotions si nouvelles, si attirantes, et d'être à son tour gagnée par cette rigidité qui avait certes participé aux fondements de son éducation, mais qui n'avait pas fait son bonheur. Elle le craignait car, elle en était sûre, sa mère ne l'avait pas fait exprès, elle n'avait pu l'éviter.

Elle me demanda un jour le nom d'un psychothérapeute, mais plutôt une femme ajouta-t-elle ; il y avait des choses qui n'allaient pas, elle l'avait bien compris, mais elle n'oserait jamais aborder ces questions avec un homme.

Elle devait partir vivre à l'étranger, dans un pays où les psychothérapeutes ne parleraient pas le français, et où faire une psychothérapie n'était pas courant ; ce ne serait pas très simple.

Je ne l'ai plus revue pendant quelques mois. Sa fille était encore petite, mais c'était un peu loin pour venir chez moi… Et surtout, elle en avait déjà beaucoup dit.

Elle a fini par revenir, une fois, avant de quitter la France. J'ai vu alors que même avec une femme, elle n'avait pas abordé toutes ces questions, et que peut-être le couvercle s'était refermé. Elle avait préféré se rassurer en renouant avec le passé, et faire du sport, comme elle le faisait auparavant, de façon un peu intensive.

Mais je notai dans ses yeux une petite lueur triste… Elle avait entraperçu l'intérieur du chaudron, elle avait senti combien il était chaud. Peut-être le couvercle ne s'était-il pas totalement refermé. Peut-être cette lueur, qui reflétait la chaleur du chaudron, pourrait-elle la protéger, car je suis sûr qu'elle l'a emmené avec elle.

Léa et la féminité

Il est très difficile, et troublant, pour une jeune femme, de ne pas pouvoir se référer à sa mère, tout particulièrement dans ce moment de sa vie de femme.

Pour pouvoir s'y référer, il faut aussi qu'elle ait pu, lorsqu'elle était une petite fille, regarder sa mère comme femme, repérer ce qui faisait qu'elle se sentait femme.

Il faut ensuite qu'en grandissant elle ait pu accueillir avec curiosité et un certain plaisir les marques et l'épanouissement de sa propre féminité. Pour le vérifier, et petite fille encore, elle aura peut-être eu parfois très envie de plaire et aura su alors déployer avec beaucoup de science tous les artifices de la séduction.

Certaines femmes sont exaspérées par la façon dont leur fille s'affiche comme femme, jusqu'à l'outrance.

C'est encore plus difficile quand elles ont eu elles-mêmes beaucoup de mal à accepter certains aspects, qu'elles considèrent encore comme artificiels ou futiles, de leur vie de femme. Très souvent ces difficultés qu'elles rencontrent avec leur fille viennent en écho de celles qu'elles ont vécues avec leur propre mère quand elle leur faisait le reproche de ne pas être assez féminine... Des reproches qui ont empoisonné leur enfance, et souvent ensuite leur adolescence.

Pour que cela se déroule simplement, pour qu'une petite fille découvre peu à peu le plaisir d'être une femme, il faut que sa mère ait pu accepter et encourager, parfois même admirer, mais pas trop, l'éveil de cette féminité. Il faut qu'elle ait eu plaisir à la voir éclore chez sa fille, sans devoir l'étouffer comme si cela mettait la sienne en péril.

Cet affichage du plaisir d'être une femme, qu'on voit souvent émerger avec naturel chez les petites filles vers sept ou huit ans, plutôt sous forme de questions, peut s'avérer beaucoup plus compliqué quelques mois plus tard chez une presque, mais pas encore tout à fait, jeune fille ; la puberté lui impose la transformation de son corps alors que l'adolescence n'est pas encore en vue.

Elle peut avoir besoin de l'aide de sa mère.

C'est justement à propos de féminité que j'ai reçu Léa en consultation.

Elle était âgée de deux ans et avait un frère aîné de cinq ans.

Elle vomissait souvent. C'était la raison de sa venue. Très vite, sa mère en vint à exprimer une vive culpabilité, évoquant son sentiment d'incompétence, et affirmant qu'elle était incapable de donner de la tendresse. Et puis elle était préoccupée, sans pouvoir donner plus de précisions, par le fait que Léa, à tout juste deux ans, lui ressemblait déjà…

Il me semble que le développement d'une certaine forme de complicité peut parfois être une ressource. C'est pourquoi je lui dis qu'il serait utile qu'elle partageât du plaisir avec Léa.

Souvent, quand surgit l'évidence d'une relation délicate, voire conflictuelle, ou qui promet de l'être, entre une mère et sa petite fille, je leur suggère, quel que soit l'âge de la fille, de prendre du temps ensemble, mais sans les autres, juste entre femmes, ou entre filles ; un temps prévu, que l'on peut donc attendre, pour faire des « trucs » de filles, ces « trucs » que seules les filles savent faire, et pour se dire de ces choses que seules les femmes se disent ; ces secrets qui les font éclater de rire quelquefois, ces mystères qui intriguent tant les garçons et les hommes.

À ma vive surprise, elle me répondit : « Mais je ne suis pas une vraie fille » ; et elle me précisa que sa façon d'être féminine ne correspondait pas aux critères habituels de la féminité. Elle ajouta aussitôt que cela n'avait rien à voir avec sa vie conjugale, parce qu'avec son mari elle savait être femme.

Elle m'expliqua qu'elle était rebutée, presque jusqu'à la colère, par les manifestations extérieures, communément reconnues, de la féminité, et m'énuméra avec force détails les attitudes ou les artifices qu'elle se refusait à adopter, tout en disant « ça plairait peut-être à mon mari, mais c'est comme ça ! »

Trois semaines plus tard, elles revinrent. Léa ne vomissait plus du tout.

Au cours cette consultation sa mère exprima son exaspération d'entendre dire sans cesse que Léa était belle, et affirma qu'elle n'avait pas du tout l'intention de « lui laisser passer ses caprices de princesse ».

Changeant légèrement de ton, elle me dit que sa fille lui révélait des aspects de la féminité qu'elle ne reconnaissait pas comme siens. Immédiatement, elle établit un parallèle entre les relations qu'elle entretenait avec sa fille et celles que sa mère avait entretenues, et entretenait encore avec elle.

Il lui semblait qu'il y avait une continuité entre la manière dont sa mère manifestait sa propre féminité, et ce qu'elle constatait chez sa fille, mais une continuité dont elle serait exclue, dont elle n'aurait pas été porteuse, comme si l'on avait passé son tour.

Puis elle s'adoucit, et ajouta que le fait d'être une fille, et d'avoir elle-même à son tour une fille, la rapprochait de sa propre mère, même si, en même temps, cela pouvait les opposer violemment.

Les vomissements de Léa s'étaient amendés ; la situation était moins crispée. Sa mère était elle-même suivie par un psychothérapeute depuis assez longtemps ; il n'y avait plus de raisons de poursuivre nos consultations.

Au cours de notre dernière rencontre, elle m'expliqua qu'elle acceptait maintenant plus facilement la féminité de sa petite fille, même si les artifices, barrettes, vêtements, bijoux, et autres Hello Kitty®, l'agaçaient toujours autant.

Je me fis ce jour-là la remarque que son ton bourru contrastait avec la douceur de son sourire.

Elle me répéta, une nouvelle fois, comme s'il fallait m'en persuader, qu'elle n'utilisait elle-même aucun d'artifice, d'aucune sorte, mais qu'au contact de Léa elle prenait conscience des réalités de sa propre féminité.

Nous étions d'accord, en nous quittant, sur le fait que la féminité n'était pas une question d'artifices, mais bien, pour chaque femme, une perception intime de son identité, un sens de la fonction des femmes, et peut-être par conséquent pour certaines, l'éclosion de leur capacité à être mère.

Elle revint une dernière fois sur le fait qu'avoir une petite fille avait bouleversé la façon dont elle percevait sa féminité, et ajouta que cela l'avait aussi amenée à poser sur sa mère un regard nouveau ; une vision un peu troublée bien sûr, et troublante, prise dans le souvenir de rivalités anciennes, mais avec une quiétude inconnue, nouvelle, un apaisement…

Je me permis de lui dire qu'à tous ces titres elle était loin d'être dépourvue de féminité, contrairement à ce qu'elle prétendait, presque comme une revendication. Elle ne répondit pas, mais une nouvelle fois, elle sourit.

Si Léa n'éprouvait visiblement aucune difficulté à exposer sa féminité, pour sa mère, c'était donc beaucoup plus compliqué.

Mais à la lueur de ce qu'elle voyait chez sa petite fille, de ce qu'elle avait vu chez sa mère, elle comprenait que même différente, elle était elle aussi féminine, femme et féminine.

Pour d'autres femmes, les choses semblent plus simples. Peut-être le jeu des identifications n'est-il pas le même. Elles semblent happées par cette forme de féminité qui s'impose à elles et dans laquelle elles se retrouvent peut-être aisément. Mais tout reste à vivre.

En consultation, c'est une femme qui amène son bébé. Elle vient parce que maintenant elle est mère. Il est donc logique de s'adresser à elle comme femme, pas seulement comme mère. Cela participe à restaurer, voire restituer, le fait d'être femme. La maternité s'étaye sur ce fait d'être femme. *« À un moment donné du développement des enfants, écrit Régine Machabat, le moi est en effet sollicité du côté de la féminité. Être mère ne suffit pas à être une bonne mère au sens de Winnicott, il lui faut être femme. »*[12]

Au début, quand on vient d'accoucher, on est mère d'un bébé. Qu'il s'agisse d'une fille ou qu'il soit un garçon, on dit « mon bébé », et les soins qu'on apporte à ce bébé sont les mêmes pour les filles que pour les garçons.

Pour une femme, le fait que le bébé dont elle a accouché est une fille se révèle peut-être peu à peu, même si, bien évidemment, elle le sait tout de suite.

Mais les femmes n'ont pas pour une fille le regard qu'elles ont pour un fils, ni pour un fils celui qu'elles ont pour une fille. Rapidement, la différence s'impose, puis elle se confirme dans une perception respective de choses qui sont communes aux femmes.

12. Régine Machabat, « Une dépression maternelle », *in Libres cahiers pour la psychanalyse*, 8, 2003, p. 107.

Au fil du temps le regard et l'attention s'affinent, imperceptiblement. On quitte le bébé et sa définition un peu vague pour devenir la mère d'une petite fille, ou d'un petit garçon.

Elle savait qu'elle attendait une fille, maintenant elle apprend ce que c'est, avoir une fille.

Elles ressemblent parfois à des petites filles sans mère

Il y a des femmes qui, lorsqu'elles accouchent, semblent des petites filles sans mère.

Elles n'ont pas de mère pour les porter... Au moment où elles deviennent mères, elles ressentent cruellement le besoin d'être l'enfant de quelqu'un, et elles sont esseulées, comme des petites filles abandonnées... Elles n'ont personne à qui accorder leur confiance, alors qu'elles souhaiteraient pouvoir s'abandonner, s'en remettre à quelqu'un, s'y reposer.

Dans cette période de sensibilité exacerbée, certaines femmes disent qu'elles ne sont jamais parvenues à accorder leur confiance à leur mère, aussi loin qu'elles remontent dans leurs souvenirs. Ou plus souvent, elles disent qu'elles ont perdu confiance. Devant cet aveu, j'ai toujours le sentiment que quelque chose en elles est brisé.

Pour une raison qu'elles ne peuvent retrouver, elles ont eu un jour, à un moment précis de leur histoire d'enfant, l'impression que leur mère avait trahi la confiance qu'elles avaient en elle. C'est toujours ce mot de trahison qui revient.

Toutes pensent qu'il y a eu une raison précise, une raison qu'elles ne peuvent préciser avec exactitude, mais qu'elles peuvent presque dater dans leur histoire. C'est à ce moment qu'elles ont perdu confiance, irrémédiablement, elles s'en souviennent bien. Maintenant encore, quelles que soient les circonstances et quel que soit leur interlocuteur, elles ne se risquent que très rarement à accorder leur confiance.

Généralement, elles n'en avaient pas pris conscience auparavant ; c'est leur enfant qui le leur révèle, parfois de façon éclatante, avec un vrai effet de traumatisme, surtout si c'est une fille, comme elles.

Elles craignent de ne pas savoir s'y prendre avec leur bébé car rien, ou presque rien, dans les souvenirs qu'elles ont conservés de leur vie avec leur mère, ne peut leur servir de référence ou d'exemple. Par-dessus tout, elles ont peur, si elles ne savent pas s'y prendre, que leurs filles ne gardent d'elles un souvenir identique à celui qu'elles ont elles-mêmes conservé de leur enfance et de leur mère.

Serait-ce la même chose si, au lieu d'une fille, elles avaient donné naissance à un garçon ? Je n'en suis pas certain. Peut-être est-ce un hasard, je ne l'ai jamais constaté que de fille à mère, pas d'un fils à sa mère.

Au moment d'être mère s'impose tout à coup, comme pour Julie, la mère de Lou, le souvenir d'une mère qui n'a pas été là, dans leur vie de petite fille, ou qui n'a pas été répondante. Elles se souviennent surtout de cette certitude d'avoir toujours dû se méfier, de n'avoir jamais eu confiance…

Il est difficile de découvrir en sécurité, avec son enfant, et pour lui, ce qu'on n'a pas connu, ou ce qu'on a cru ne pas recevoir de sa mère.

Lorsque les femmes ne peuvent pas se référer à leur mère, il y a comme un manque ; pourraient-elles définir ce manque ? Il est indicible. Du vide, un peu.

Bien souvent, elles ne s'en rendent pas vraiment compte. Simplement, il arrive que l'idée les effleure, lorsqu'un souvenir surgit, même s'il est flou, ou encore lorsque leur enfant change, paraît changer, et qu'au lieu de le tenir pour un progrès elles en sont désemparées. Un changement qu'elles ne parviennent pas à comprendre et qui, au lieu de susciter leur fierté, fait sourdre leur inquiétude.

Il arrive, par exemple, qu'elles soient étreintes par une angoisse vague au moment où leur fille les confronte à une situation dans laquelle, lorsqu'elles étaient petites, elles sont sûres, presque certaines, que leur mère avait fait défaut.

Cette situation est troublante ; tout se déroule comme si le passé leur refluait brusquement au visage. Leur impression est tellement forte que le présent et le passé se confondent.

Risquent-elles de faire comme leur mère a fait avec elles ? Trahir la confiance de leur bébé ? C'est ce qu'elles appréhendent plus que tout, et de le faire sans s'en rendre compte. Oseront-elles prendre le risque d'inventer dans l'inconnu, sans modèle maternel qui puisse leur servir de référence et de garde-fou ?

Si elles ont l'audace de s'y laisser aller, il est certain que leurs doutes et leur inhabileté seront gages de leur fraîcheur ; leur enfant s'en réjouira. On peut le leur dire, mais il n'est pas sûr qu'elles le croient avant d'avoir pu en faire l'expérience.

Souvent ces femmes ont traversé un moment dépressif après leur accouchement ; elles l'ont en général gardé secret, soit par pudeur ou méfiance, soit parce qu'elles n'ont pu l'identifier comme tel.

C'est difficile, car reconnaître qu'on est déprimée après son accouchement a pour corollaire inacceptable la peur de manquer à son bébé. C'est vrai, la dépendance des bébés rend difficile la confrontation à la dépression, car il faudrait pouvoir accepter l'idée de trébucher devant une responsabilité essentielle.

Une jeune femme, très émue, me racontait, elle venait d'accoucher d'une fille, combien sa mère, pourtant présente, lui avait manqué quand elle-même était petite, et combien, maintenant, elle ressentait plus cruellement ce manque.

Tout à coup, elle se ravisa, et me dit : « Mais surtout, n'allez pas croire que je suis déprimée ! » Je l'ai rassurée, en lui répondant que je n'avais jamais imaginé une chose pareille.

Pour pouvoir parler, il faut être certaine qu'on peut avoir confiance en quelqu'un, ce qui suppose d'avoir pu accorder sa confiance quand on était petit, et d'avoir bâti sur cette confiance.

J'ai demandé à une très triste petite fille de neuf ans, en situation familiale difficile, si elle se sentait mieux d'avoir débuté une psychothérapie. Elle m'a répondu : « Oui, un peu… De toute façon, il n'y a presque personne pour m'écouter… »

Lisa, qui a quatre ans, vient d'avoir un petit frère. Elle m'a expliqué très simplement qu'elle s'en serait bien passée.

Sa mère s'est montrée très choquée d'entendre sa fille afficher aussi crûment son déplaisir. Puis elle s'est ravisée, et m'a dit qu'elle se souvenait avoir elle-même éprouvé des sentiments comparables lors de la naissance de sa petite sœur. Soudain son regard se troubla, elle ajouta, après une infime hésitation, que ce sentiment persistait, et qu'il était aussi vif que lorsqu'elle était petite.

À la fin de la consultation, un peu surpris du désarroi que je constatais, je poussai un peu plus loin mes questions, aussi prudemment que possible. J'appris alors que ses relations avec sa mère avaient été très difficiles ; elle n'avait jamais eu confiance en elle, aussi loin qu'elle puisse remonter, et sans pouvoir en trouver la raison.

Un peu plus tard, je lui demandai si, au moment de la naissance de sa fille, elle pensait avoir été déprimée. Elle se troubla ; son mari répondit à sa place, avant qu'elle aussi en convienne.

Au cours des consultations suivantes l'idée lui est venue, et le projet s'est formulé, sans que je l'ai évoqué, de consulter une psychothérapeute, non pas pour sa fille comme elle l'avait d'abord envisagé, mais pour elle.

Il faut pouvoir penser qu'on a été désirée, et aimée

« Elle m'a toujours battue, même au berceau.
Mais moi, je l'adorais, je la trouvais merveilleuse ».

Beaucoup de femmes racontent des conflits éternels, parfois violents, avec des mères dont elles ne sauraient pourtant se passer.

J'ai vu plusieurs filles, maintenant des jeunes femmes, que j'ai suivies de la naissance à l'âge adulte, afficher depuis le tout début une haine profonde pour leur mère. Elles disent qu'elles ne l'ont jamais aimée. Pour aucune d'elles je n'ai jamais réussi à comprendre ce que pouvait signifier ce sentiment si violemment exprimé : la haine, ou son contraire ? Une identification, ou le refus de s'identifier ? J'aimerais avoir l'occasion de voir comment elles seront mères à leur tour, mères de filles peut-être…

Il n'est pas facile pour un enfant de grandir sans être aimé, d'attendre sans cesse, puis de parvenir à l'âge adulte sans pouvoir penser qu'il a été aimé comme enfant.

S'il a compris, s'il a été sûr, au moins une fois, que sa mère l'aimait, s'il peut en avoir la certitude, il pourra s'alimenter longtemps de ce souvenir.

Caroline Eliacheff disait à propos de sa mère, Françoise Giroud : « *Je lui ai été très précieuse, ce qu'elle ne m'a jamais dit, mais que je ressentais.* »[13] Nul doute que de tels sentiments doivent donner du souffle aux enfants qui les éprouvent.

On accueille plus sereinement son enfant si l'on sait qu'on a été l'enfant de quelqu'un, et mieux encore, qu'on peut encore être cet enfant si on en ressent le besoin.

Il est sûrement très rassurant de pouvoir se dire qu'on peut encore être, ne serait-ce que pour quelques instants de repos, un bébé dépendant, et qu'il y a quelqu'un, un père ou une mère qui, sans le dire, est prêt à nous accueillir dans cette dépendance. Ça ne peut pas durer bien sûr, et ça n'arrivera peut-être pas, mais l'imaginer est déjà reposant.

Il peut suffire de savoir que c'est possible, si jamais...

Il sera plus facile de s'occuper de son bébé si l'on est en confiance avec soi-même ; lui aussi prendra plus naturellement confiance en lui.

Mais on n'échappe pas facilement à sa mère… Si vous avez essayé, et si vous pensez avoir pu l'oublier, elle saura revenir vers vous, de préférence à des périodes sensibles de votre vie, peut-être précisément quand à votre tour vous deviendrez parents. Ce sont des moments où vous auriez eu besoin d'elle, mais pour lesquels vous ne souhaitez surtout pas sa présence, d'aucune façon.

---

13. *Les Matins de France Culture*, 16 mars 2013.

J'ai connu Gaspard peu après sa naissance.

Ses parents ? Un père attentif à sa femme et à leur bébé, une mère très disponible pour son fils. C'était leur premier enfant. Tous deux semblaient partager le bonheur de cette naissance. La vie de Gaspard semblait s'installer harmonieusement. Une histoire simple en apparence.

Après quelques mois, je remarquai que son langage n'évoluait pas très vite. Il était quotidiennement confronté à deux langues, dont l'une que sa mère n'utilisait qu'avec lui ; cela pouvait, à mon sens, dans un contexte relationnel chaleureux et tendre, expliquer ce différé, qui ne m'inquiétait pas.

Nos consultations ont longtemps été ponctuées par les récits que faisait sa mère de sa propre enfance. De récits banaux au début, elle en était venue à raconter et à revenir sans cesse sur la grande violence de sa mère à son égard, une violence physique. Cette femme très dure battait aussi son mari, le père de cette jeune femme, qui n'osait se défendre, et qui ne pouvait donc être un recours pour sa fille, tant il témoignait de sa faiblesse. Elle aurait pourtant eu besoin que quelqu'un la protège.

D'abord elle y fit seulement allusion.

Peu à peu ses souvenirs, qui l'envahissaient de plus en plus, ont parasité la sérénité de son lien à son fils. Ses récits étaient toujours empreints d'une profonde douleur, et quand elle évoquait son histoire elle ne pouvait retenir ses larmes.

Après quelques mois, je sentis qu'elle avait très peur, peur d'être débordée, c'est ainsi qu'elle le formulait, débordée par le comportement de Gaspard, mais surtout par le sien propre. Elle finit par dire un jour qu'elle craignait d'en venir à le maltraiter, de ne pas pouvoir s'en empêcher. Elle en ressentait une véritable panique.

Je tentai de la rassurer, l'attachement qu'elle témoignait à son fils ne pouvait prêter à confusion, et je l'assurai qu'il n'y avait pas de risque qu'elle en vînt à le maltraiter comme sa propre mère l'avait fait pour elle.

J'appris à cette occasion qu'encore maintenant, alors qu'elle était adulte, elle subissait cette violence, sans avoir la force d'y résister, quand il lui arrivait, heureusement exceptionnellement, de voir sa mère. Elle dit un jour qu'elle avait très peur de devenir folle.

La situation s'est brusquement dégradée aux alentours des deux ans de Gaspard.

Sa mère se montra très surprise quand le personnel de la crèche attira son attention sur son comportement, sur son langage également, et sur l'absence de propreté, ajoutant qu'il était hors de toute relation.

En fait – je l'exprimerai d'une façon peut-être peu habituelle – il me sembla qu'il décompensait la dépression de sa mère. C'était une décompensation dans la décompensation.

Elle n'allait pas bien, son fils le percevait. Il le vivait avec elle, et, en partie, à sa place ; sa sécurité s'effondrait, minée de l'intérieur, comme un immeuble implose. Il était brutalement assailli par une double et profonde angoisse : voir sa mère se défaire, et perdre alors toute sécurité ; pour lui, plus de soutien.

Tandis que nous essayions de comprendre ce que cela signifiait, je lui ai demandé quelles limites elle se sentait capable d'opposer à son fils, car à l'évidence il tentait de la pousser à bout.

À cette question, elle fondit en larmes.

Puis, se reprenant, elle évoqua d'abord la crainte qu'elle éprouvait pour lui, et très vite revint sur sa propre enfance, sur les drames auxquels elle avait été violemment confrontée.

Une fois de plus elle parla de sa mère, avec effroi, et sans pouvoir prendre la moindre distance.

En l'écoutant, j'entendais une petite fille me raconter sa peur, sa terreur de ce qu'elle était en train de vivre, comme si les coups pleuvaient. J'étais presque gagné par cette peur, j'avais l'impression que sa mère allait faire irruption dans mon bureau pour la frapper à nouveau.

Mais alors qu'elle avait été battue tout au long de son enfance, que sa mère la battait déjà dans son berceau, elle n'avait pris conscience que vers l'âge de vingt ans de cette situation dramatique. Je l'entendis me dire que jusqu'alors, elle adorait sa mère, qu'elle la trouvait merveilleuse !

Elle me dit qu'après ce qu'elle avait vécu elle ne savait comment être mère, qu'elle avait essayé, mais n'y parvenait pas. Elle était persuadée qu'elle ne saurait jamais.

Elle craignait surtout de devenir violente avec Gaspard comme sa mère l'avait été avec elle, comme elle pouvait l'être encore.

J'étais perplexe ; au début, le comportement de Gaspard n'avait pas attiré mon attention ; mais maintenant j'étais troublé par l'accentuation de ses difficultés, parallèlement à ce que je découvrais chez sa mère qui, submergée par la peur, accusait de plus en plus celles de sa propre vie.

Je me demandais avec un peu d'inquiétude si mon appréciation avait été émoussée, si, fasciné par son récit, j'étais passé à côté d'un trouble réel et important de la relation, ou si Gaspard, percevant que c'était pour l'instant la seule porte de sortie pour elle, et probablement pour lui, ne s'imposait pas de toutes ses forces afin de protéger sa mère de ce qui l'accablait avec tant de violence.

Pour certaines femmes, leurs filles sont des rivales

« Qui est la plus belle ? » demande la reine à son miroir.
« C'est Blanche Neige », lui répond-il.

Certaines femmes peuvent, en premier lieu, éprouver un vif sentiment d'étrangeté parfois même une sorte de méfiance, puis elles semblent s'ouvrir naturellement à leur fille, se faire confiance et lui faire confiance.

D'autres, au contraire, voient dans la naissance d'une fille l'avènement d'une rivale ; mais pas d'une rivale amoureuse, c'est leur narcissisme qui est attaqué, comme si le miroir se troublait.

Quand ce même miroir répond à la reine que Blanche Neige est la plus belle, elle n'y va pas par quatre chemins, charge un chasseur de la tuer, et de lui ramener son foie et ses poumons. Il est vrai que cet exemple n'est pas tout à fait juste, Blanche Neige n'était pas vraiment la fille de la reine. Dans les contes de fées ce sont en général les belles-mères qui sont cruelles. Ça protège l'image des mères qui, elles, semblent y mourir jeunes.

Il y a, par bonheur, des façons moins radicales d'affronter la rivalité, même si elle est importante. Cependant, on ne peut ignorer qu'elle peut faire souffrir, les mères comme les filles, et pousser pour longtemps chacune à bien des extrémités…

Comment une femme pourra-t-elle attendre un bébé, comment saura-t-elle l'accueillir, si elle appréhende que cet enfant à venir, ou qui vient de naître, ne la prive de la possibilité d'être elle-même un bébé, de rester un peu le bébé qu'elle a été et qui vit encore en elle, toujours présent, en arrière-plan ?

Elle peut craindre que, peu à peu, ce bébé ne prenne sa place de petite fille. Elle n'est plus tout à fait une petite fille, bien sûr, mais c'est encore si proche ! Aussi n'est-elle pas toujours d'accord pour se laisser prendre la place !

Il y a des femmes, quand elles parlent de leur bébé, qui adoptent, ou retrouvent une voix et une diction de toute petite fille. Elles peuvent aussi parler à la première personne, comme si elles étaient le bébé, ou la petite fille qui répond à mes questions. Elles peuvent dire, par exemple, devant leur bébé qui pleure : « Je pleure parce que j'ai très faim » ; ou, comme je l'ai entendu un jour : « J'ai fait pipi sur moi, je suis toute mouillée ! » Il s'en suivit un bref instant de stupeur partagée !

Ce bébé qui vient de naître prive-t-il sa mère de la possibilité d'être encore un bébé ?

Au contraire, peut-il être pour sa mère un reflet d'elle bébé ?

Le désir d'enfant pourrait-il être aussi, et parfois avant tout, un désir de soi enfant ?

Dans ce cas, la présence du bébé peut-elle être satisfaisante, et rassurante, ou au contraire, sera-t-elle une source permanente d'inquiétude ?

Par ailleurs, pourrait-on imaginer que cette ambiguïté puisse être si forte qu'elle soit parfois un empêchement de concevoir ?

Il en est pour qui leur fille restera une rivale perpétuelle.

Au début, c'était un bébé et sa mère ne la percevait pas comme rivale.

Mais au fil du temps, sa féminité s'est affirmée ; ses goûts, ses attitudes, les mots qu'elle emploie, semblent témoigner d'une féminité presque outrée, souvent un peu agaçante pour sa mère qui peut s'en amuser comme elle peut en prendre ombrage.

Il faut dire que les filles n'ont pas la partie facile.

Dans la période de leur vie qu'on appelle « œdipienne », il arrive que les garçons déclarent, avec emphase ou discrétion, leur amour à leur mère. Souvent, ils le ressentent sans oser le proclamer ; il n'en est pas moins fort.

Ils prennent donc le risque de trouver en leur père un rival. Le danger existe, mais ils peuvent l'affronter. Leur sécurité n'est pas menacée, car c'est leur mère qui l'assure depuis le début, il n'y a donc pas de raison pour que cela cesse. En attaquant leur père, ils ne remettent pas en jeu ce socle de confiance sur lequel ils se sont construits, et qui préserve la continuité de leur vie.

Pour les filles, c'est très différent. Quand elles envisagent, entre extase, conquête, et don de soi, que leur vie amoureuse ne peut probablement être vécue avec bonheur qu'avec leur père, elles vont devoir affronter leur mère, qui leur fera certainement comprendre qu'elle n'est pas vraiment décidée à céder sa place ! Il faut donc qu'elles aient le front d'attaquer celle qui assure depuis le début leur sécurité, qui les a protégées si efficacement de toutes les attaques de l'environnement quand elles étaient des bébés, dans cette période, maintenant révolue, de grande dépendance et de vulnérabilité.

Le combat, s'il a lieu, sera peut-être sans merci, elles ne pourront compter que sur elles-mêmes. Au contraire de ce qu'elle a toujours fait, leur mère ne prendra plus leur défense. Et si la question se pose à elles de la continuité d'exister, elles devront probablement y répondre seules, et assurer par elles-mêmes cette continuité, seules encore ; elles avanceront sans bouclier sur un terrain hostile.

Il doit être très inquiétant de se résoudre à abandonner ce qui nous a soutenu sans faille quand on était bébé. Cela participe sûrement à fonder certains aspects de la personnalité des filles et des femmes.

Le déroulement plus ou moins harmonieux de cette période dépend beaucoup de l'accueil que réservent leurs pères à ces manifestations. Il est préférable qu'ils se montrent un peu rugueux et n'aient pas de regret de voir en ce domaine s'envoler les derniers espoirs de leur fille.

À la fin du dîner, Manon, elle n'avait pas tout à fait quatre ans, me montra sa poupée, posée sur ses genoux, se désignant et me désignant tour à tour de l'index. Je lui demandai ce qu'elle voulait me dire. « C'est notre enfant », me dit-elle, très fière. Je lui rétorquai que non, que c'était sa poupée, qu'elle était, elle, mon enfant, et que ma femme, qui était sa mère, était dans la pièce à côté. J'ajoutai qu'elle pouvait jouer si elle voulait, mais que ce n'était pas vrai.

Elle partit furieuse. Le lendemain elle fit une nouvelle tentative, vaine elle aussi. Deux jours plus tard, elle revint, toute souriante, me tendit sa poupée, et me la présenta de la façon suivante : « Papa, c'est ton petit-fils ! »

Les mères des petits garçons ne verront pas leurs fils comme des rivaux

Vous connaissez ce mot de Freud :
Celui qui est aimé par sa mère sera un conquistador.
Philip Roth[14]

Avec les petits garçons, il en va autrement. Je n'ai jamais perçu dans la relation d'une mère à son fils cette part de rivalité que l'on peut observer parfois entre une mère et sa fille. On a parfois l'impression que la naissance d'un garçon fait de sa mère une femme, c'est-à-dire que cette venue au monde a pour effet de lui révéler ou de confirmer un aspect de sa féminité. Certaines le

14. Cité dans *Arte Magazine*, n° 38, du 17 au 23 septembre 2011, p. 5.

disent, ou le montrent, très clairement. Il est vraisemblable que la relation qu'elles ont eu avec leur père quand elles étaient petites joue à ce moment un rôle important.

J'ai vu arriver dans mon cabinet une toute jeune femme très timide, on aurait dit une toute petite fille ; je me demandais presque comment elle avait pu faire un enfant.

Elle venait d'avoir un fils, et, littéralement, elle exultait.

Elle eut quatre enfants en sept ans, et chaque grossesse, chaque naissance, faisait d'elle une femme un peu plus sûre, un peu plus affirmée, un peu moins petite fille, un peu plus femme. Plus elle était mère, plus la femme se construisait.

De ses quatre enfants, seule sa fille, née la deuxième, s'opposa à elle, avec vigueur. La féminité de sa mère, qui s'affirmait de grossesse en enfant, bridait peut-être la possibilité de laisser s'épanouir la sienne.

Certaines donnent l'impression, surtout si ce garçon est leur premier enfant, de vivre une expérience sensuelle très intense ; elles savourent cette rencontre avec leur bébé, comme une expérience qui semble pour elles sans précédent.

J'ai parfois noté que la naissance et la présence d'un garçon pouvaient provoquer une excitation vive, même un peu démesurée.

Après la naissance d'un de leurs enfants, on voit se révéler chez certaines femmes une sensualité apparemment exacerbée, comme si ce bébé leur révélait brusquement qu'elles étaient femmes, et la qualité du plaisir.

Il est parfois difficile de renouer avec une vie sexuelle harmonieuse et agréable. Celles-ci, au contraire, semblent entraîner leur compagnon dans ce microclimat sensuel, joyeux et intime. Il en est bénéficiaire. Aucun ne semble s'en plaindre.

Il m'a semblé, mais on ne saurait en faire une généralité, que ce mouvement se développait plus volontiers chez des femmes qui avaient accouché d'un garçon.

Les petites filles sont certainement porteuses d'autres révélations.

Une jeune femme, entièrement captive de cette rencontre sidérante avec son fils, me racontait, nous faisions tout juste connaissance, son fils avait un mois, ce qu'elle ressentait, en disant qu'« elle n'en pouvait plus de douceur ».

Je l'écoutais ; il me vint en mémoire un récit de Léo Ferré. Un enfant, lui peut-être, jouait à cache-cache, quand une femme qui tricotait l'invita à se cacher sous sa jupe. À l'abri de « *la jupe lâche de cette dame ombrelle* », et à la lueur de ce qu'il entrevoyait, il éprouva des sensations qu'il définit comme « *stridentes de douceur* ».

Je me demandais si les émotions et les sensations que ressentent les femmes, au contact de leur bébé, ont cette stridence, si elles sont elles aussi stridentes de douceur.

L'exemple suivant, même s'il est caricatural, montre que des bébés garçons peuvent être des objets de jouissance et de plaisir. Quand c'est le cas, ça ne leur réussit pas. Et si leur mère en est au début très heureuse, elle déchantera certainement par la suite.

Quelque chose me mettait mal à l'aise ; de prime abord, je n'aurais su dire quoi…

Ils avaient eu un fils, Martin, tard dans leur vie ; il était clair qu'il resterait leur seul enfant.

Après quelques consultations, je réalisai que cette femme tenait et gardait son fils encastré entre ses cuisses écartées, affichant une attitude très crûment sexuelle. Elle ne parlait de lui qu'en l'appelant « mon p'tit bout ».

J'en restais un peu interdit… Je trouvais ce surnom ambigu, et puis j'étais perplexe quant à la place qu'à divers titres Martin occupait, comme une prothèse phallique, affirmée par le maintien entre ses cuisses et par le vocabulaire grivois qu'elle utilisait pour parler de lui.

Je m'interrogeais aussi sur la place qu'elle accordait à son mari. Il était présent à toutes les consultations, restait silencieux à côté d'eux, regardant sa femme d'un air dédaigneux, et ne cherchait jamais à prendre son fils dans ses bras. Il est vrai que pour cela, il aurait dû l'arracher à sa mère. Il les quitta quelques mois plus tard, ce que sa femme vécut comme une trahison.

Sigmund Freud aurait dit, cité par Philip Roth, que *« celui qui est aimé par sa mère sera un conquistador »*. Mais l'enfant, lorsqu'il est utilisé comme faire-valoir, n'est pas vraiment aimé, ce n'est pas le mot ; il y a peu de chances qu'il devienne un jour un conquistador.

Installé malgré lui dans une position sexuelle et presque mis en demeure de générer du plaisir, il est en danger, parce qu'il n'est pas à sa place, et parce que l'excitation que déclenche sa présence le déborde et prend valeur d'attentat.

Cette confusion des langues, et des gestes, génère d'abord une sidération, puis une très forte angoisse. Il ne peut pas exister comme enfant ; il existera mal comme adulte…

Dans un roman de Daniel Woodrell, *La mort du petit cœur*, Shuggie, qui vit avec sa mère, est victime de cette confusion. Il dit alors, à la fin du livre : « *Si vous voulez mon avis, aucune aube correcte ne s'est plus jamais levée pour elle, ni pour moi.* »

Le « p'tit bout », Martin, est maintenant adulte. Il règle par les coups et la violence le passé peut-être, et les conflits qui ne cessent de l'opposer à sa mère ; c'est presque leur seul mode de communication, dont les témoins sont souvent les gendarmes.

Il ne rit jamais, il est très sérieux, et aussi triste et susceptible. Pour lui non plus, aucune aube correcte ne s'est plus levée.

C'est bien étrange, un garçon

Avec la mère de Laurent, nous nous sommes rencontrés très régulièrement pendant plus d'un an ; elle m'amenait son fils, parfois, mais elle semble avoir maintenant oublié qu'elle venait souvent seule, et qu'il était plutôt question d'elle.

Elle avait déjà une fille, alors âgée de sept ans, qui n'avait jamais présenté que des maladies simples ; rien qui pût l'inquiéter. Elle s'était fait confiance et avait eu confiance en sa fille. Elle n'avait pas eu besoin de le dire, ni de se le dire, les choses s'étaient faites intuitivement. Je l'avais donc suivie pendant quelques mois, puis elle n'était plus venue.

La naissance de Laurent a tout changé.

Après plusieurs consultations chez différents médecins, et de nombreux traitements, elle me demanda de les recevoir. Il pleurait « sans arrêt », et elle était épuisée.

J'avais cependant la curieuse impression qu'elle venait un peu à contre-cœur. Je crois qu'elle avait d'abord eu envie de changer de pédiatre.

Elle m'expliqua qu'il était « inconsolable » et qu'avoir un garçon, finalement, c'était décevant.

Devant ce petit bébé qui me regardait tranquillement, je me retins de poser la question qui me brûlait les lèvres ; je me demandais si ce n'était pas elle qui, à ce moment, était inconsolable…

Elle me décrivit la vie de son fils, leur vie, comme un cauchemar. Pendant sa grossesse, déjà, elle avait cru faire une « fausse couche ». De plus, ne le voyant pas bouger lors des échographies, elle avait acquis la certitude qu'il avait une anomalie. Elle craignait en particulier, sans pouvoir se l'expliquer, une atrophie des membres. Elle put constater à la naissance qu'il était « entier ». Il avait « tous » ses membres, c'était bien un garçon.

Elle venait d'apprendre que sa mère, la grand-mère de Laurent, se faisait soigner parce qu'elle ressentait des douleurs dans la région du cœur. Elle savait que ce n'était pas grave, mais l'inquiétude la tenaillait. Sa grand-mère maternelle avait elle aussi des soucis de santé, de cœur.

À cette même époque, elle présenta, juste après sa mère, quelques troubles du rythme cardiaque, également sans gravité. D'ailleurs elle fit d'elle-même avec humour le lien entre ces diverses manifestations, des histoires de cœur disait-elle, survenant simultanément chez les femmes, et dans cette chronologie filiale.

Pour Laurent, elle disait qu'il avait mal tout le temps, que ces douleurs étaient croissantes, que c'était un engrenage. Personne n'avait de solution, et, elle en était sûre maintenant, ça ne s'arrêterait jamais. Ses craintes ne s'apaisaient pas, et son fils ne semblait moins souffrir que lorsqu'elle allait dormir avec lui chez ses parents.

La situation s'était nouée, me dit-elle, deux jours après leur retour de la maternité ; c'est à ce moment, sans qu'elle puisse en comprendre la raison, qu'il avait commencé à pleurer.

Mais dès notre première rencontre c'est d'elle qu'il a été question, c'est d'elle qu'elle a parlé ; elle était intarissable sur sa vie de petite fille, puis de femme, sur ses parents et son attachement pour eux.

Pour sa mère, elle n'avait pas de crainte ; elles étaient « de la même trempe », elle était comme elle, résistante dans un monde où visiblement seules les femmes pouvaient présenter une certaine solidité.

Ce qu'elle craignait par-dessus tout, c'était la mort de son père. Car dans cette famille les hommes étaient destinés à mourir, laissant les femmes seules, et tristes. C'est ce qui était arrivé à sa grand-mère, à sa tante aussi, dont les maris étaient morts récemment, dans les mois qui avaient précédé sa grossesse, cette grossesse qui avait donné naissance à Laurent, à un homme…

Mais elle se rasséréna, en convenant qu'il s'agissait de gens âgés, et que les maladies qui les avaient emportés étaient somme toute liées à l'âge.

Les consultations se multipliaient. Elle continuait à se plaindre du fait que Laurent pleurait toujours.

Mais je ne l'ai jamais vu pleurer. Il reposait toujours dans la même position, le dos et la tête sur le ventre et les seins de sa mère, qui se prêtait à cet appui. Il me regardait intensément. Ce regard si appuyé m'intriguait, j'y voyais comme une lueur amusée.

Sa mère, elle, continuait de penser et de dire qu'avoir un garçon c'était décevant, et que d'ailleurs elle n'avait jamais imaginé qu'elle pourrait avoir un garçon. Je me fis la réflexion qu'elle disait toujours un « garçon », jamais « mon fils ».

Laurent, lui, était installé dans sa chaleur, il profitait d'elle.

Elle ne parvenait pas à se rassurer, et reprenait sans relâche la description de ce qu'elle ressentait devant ce petit garçon qui n'avait pas très envie de dormir.

Elle disait qu'il « aurait sa peau ». Elle revenait également sans cesse sur le récit, dramatique, de son accouchement (qui s'était toutefois déroulé sans incident). « J'avais l'impression qu'on m'arrachait les tripes », disait-elle.

Elle me précisa qu'elle venait me voir, « qu'elle faisait ce truc », pour qu'il aille bien. D'ailleurs ce bébé, c'est surtout pour sa fille qu'elle l'avait fait, et maintenant, ajoutait-elle en riant, elle le donnerait volontiers à qui en voudrait. Elle me le proposa. Je refusai.

Et puis, un jour, elle me dit qu'il y avait autre chose ; elle avait toujours voulu, et voulait encore, faire plaisir à tout le monde, en particulier à ses parents, mais elle se rendait compte qu'en fait ça ne faisait plaisir à personne.

Ses commentaires restaient très durs pour Laurent qui avait maintenant trois mois, mais son ton n'était plus le même. Les consultations suivantes furent différentes. Elle ne le portait plus de la même façon ; c'était comme si quelque chose en elle s'était enfin creusé, arrondi.

C'est à ce moment qu'elle commença à interroger sa mère sur sa propre enfance, dont elle se disait très nostalgique, puis à se poser des questions, à voix haute pendant notre consultation, sur ce que pouvait représenter pour elle la mort des parents, ajoutant que l'idée qu'ils mourraient un jour lui était insupportable. D'ailleurs, sa fille lui avait elle-même demandé quand mourraient ses grands-parents. « Si elle demande ça, ajouta-t-elle, c'est parce qu'elle sait qu'elle va beaucoup pleurer. »

À plusieurs reprises, elle revint sur la fragilité de la famille, plus exactement de la génération de ses parents, et plutôt celle des hommes. Je savais qu'elle craignait beaucoup pour leur santé, et j'avais constaté que lorsque cette peur augmentait, les difficultés qu'elle éprouvait avec Laurent s'épaississaient.

Un jour, elle me dit qu'elle était désespérée à l'idée qu'elle ne parviendrait jamais à donner à son fils ce que ses parents lui avaient donné. Elle ajouta qu'elle ne s'était pas posé cette question pour sa fille, ou pas en ces termes.

Mais j'avais compris qu'avoir une fille ne l'avait pas mise en danger. Elle disait avoir vécu avec sa fille « comme une communauté de filles » ; elle connaissait déjà, elle le tenait de sa mère et ça ne la déroutait pas.

Avec Laurent, elle était perdue car, disait-elle, c'était l'inverse de ce qu'elle avait vécu. En la faisant mère, son fils la privait de son enfance. Ce qu'elle racontait d'elle, dans ses rapports avec ce petit garçon, résonnait comme s'il s'agissait d'une rivalité féroce entre enfants. Elle me dit un jour qu'elle perdait sa place de bébé près de sa mère, et que c'était lui qui lui volait cette place.

« Je me retrouvais bien dans un bébé fille, c'est comme soi-même bébé. Et puis on peut choisir des vêtements, la coiffer ; avec un garçon, ce n'est pas drôle ! C'est toujours pareil. » Sa fille, présente ce jour-là, ne manqua pas de profiter de l'occasion, affirmant : « Moi, j'aime bien les garçons ! »

Laurent regardait beaucoup et intensément sa mère, qui s'inquiétait de cette « hyper-attention ». Je lui dis qu'à sa manière il veillait sur elle, tout en me demandant plutôt s'il ne la surveillait pas.

Il ne m'inquiétait nullement. Il ne semblait pas non plus s'inquiéter.

Il était contre elle, dans le creux de ses bras, sur son ventre, au chaud ; il se portait bien, et faisait ses choux gras des difficultés de sa mère…

En même temps, et du fait de divers petits désagréments, elle ne pouvait abandonner la crainte que sa grossesse, puis la naissance de ce garçon, n'aient déclenché chez elle une maladie qui ne guérirait jamais, une maladie du cœur sûrement…

Alors même qu'elle venait d'exprimer cette appréhension, elle se mit à fredonner pour elle-même la mélodie d'une chanson d'enfance. Je lui demandai si elle en connaissait les paroles, et, comme elle me dit ne pas s'en souvenir, je les lui rappelai : « Ah vous dirai-je maman, ce qui cause mon tourment ! »

« Ça alors, oui, dit-elle, c'est vrai ; j'avais complètement oublié ! »

Quelque temps plus tard, elle me dit qu'avec sa fille ça avait été simple, parce qu'elle était comme un prolongement, mais que maintenant qu'elle avait un fils, elle aimerait redevenir enfant, que ce serait pour elle une façon de protéger ses parents et de leur permettre de vieillir.

Laurent grandit, il commença à parler, et eut moins à se justifier d'être un garçon. Il était présent, et faisait sa place dans ce monde de filles. D'un commun accord, nous convînmes que nous pouvions espacer nos rencontres.

Huit ans plus tard, elle se souvient être venue me voir et avoir parlé de son fils, qui avait si mal ; c'était le ventre probablement, mais il va beaucoup mieux maintenant.

D'elle, il n'avait jamais été question !

Quand elle revient, avec lui, c'est parce qu'il est malade. Il n'est pas dupe. Et chez elle, je sens une étrange et discrète connivence, comme si brûlait une petite flamme, et comme si, dans mon bureau de consultation, quelque chose, qui ne peut se définir, ni se dire, lui appartenait.

Avoir un enfant sans l'avoir vraiment souhaité

« Marie Thèrèse, comment avez-vous pu rester cinq mois sans me dire la vérité.
Mais madame, j'vous jure, que j'ai jamais couché avec un garçon.
Marie Thérèse, ne jurez pas. »
Étienne Chatiliez, La vie est un long fleuve tranquille

Je suis sûr qu'il y a des gens, des hommes et des femmes, qui ont eu des enfants alors qu'ils n'en avaient pas du tout, mais pas du tout envie.

Des femmes déçues, ou des mères déçues… C'est ce qu'elles disent, « déçues ».

Elles disent que ce n'était pas à « ça » qu'elles s'attendaient…

Il est bien évident que, pour certaines femmes, devenir mère n'est pas un plaisir. Elles le pressentaient parfois auparavant, ne ressentaient pas l'envie d'avoir un bébé, et elles appréhendaient d'être enceinte. Ou encore, elles disent qu'elles n'y avaient jamais pensé.

Il ne s'agissait cependant pas de grossesses de hasard, ni d'échec de contraception. Elles ont cédé au désir de leur compagnon, pour le satisfaire, ou parfois pour ne pas le perdre, tout autant qu'elles ont cédé à la pression sociale et familiale. C'est ce qu'elles disent. Et cette naissance les déçoit ; elles en prennent conscience en regardant leur bébé tout nouveau-né.

Ensuite, en général, tout cela s'estompe ; pour la plupart, elles sont happées par des sentiments dont elles ignoraient l'existence, et qu'elles découvrent avec leur bébé. Elles semblent oublier leurs réticences. C'est la force des bébés, ils savent faire la conquête de leur mère ; et sans devoir consentir à de trop gros efforts !

Mais l'épreuve de réalité, inévitable, ne tourne pas toujours en faveur du bébé… Il y a des mères qui continuent pour longtemps d'éprouver une sorte de déception, une nostalgie ; le poids que prend leur enfant est toujours celui d'un fardeau.

Il m'est arrivé de rencontrer cette situation chez des femmes qui ont vécu, lors d'une union préalable, une histoire passionnelle très violente, qu'elles décrivent, non sans regret toutefois, comme dévastatrice et invalidante. Meurtries par l'échec de cette passion, elles épousent un homme qu'elles pensent aimer, ou qu'elles se résignent à aimer, et avec qui elles décident tout naturellement d'avoir un enfant. Il soldera les amours mortes.

Mais la nostalgie est trop forte, le souvenir trop présent, et le présent trop fade. Elles sont déçues de leur union, et déçues souvent par leur enfant dont la présence ne suffit pas à combler le vide laissé par cette passion.

D'autres, c'est assez comparable, ne sont pas satisfaites du bébé qui leur est né ; elles le voulaient bien, mais « elles ne s'attendaient pas à ça » : rivalité, déception, blessure du corps et blessure psychique, crainte ou dégoût de ce produit de leur ventre, du bébé petit.

J'ai suivi longtemps une petite fille dont la mère disait qu'elle ne pouvait se faire à cette présence d'un bébé, ni auprès d'elle, ni – encore moins – dans son couple. Ce n'était pas une histoire de passion, plutôt une histoire de miroir, et de temps.

Elle était très jolie, sa peau était très blanche et semblait très lisse ; son visage était finement et uniformément maquillé. Son corps ondulait quand elle parlait.

Mais elle bougeait peu, comme si quelque chose risquait de se fendiller, ou de s'effriter. Juste quelquefois, au détour d'une phrase, un discret rejet de la tête en arrière, une petite contraction d'un côté de la bouche, une brisure dans son maintien et son contrôle.

Si elle avait accepté d'avoir un bébé « c'était vraiment pour faire plaisir à son mari », plus jeune qu'elle de quelques années, « qui n'arrêtait pas de l'embêter avec ça. » Mais elle « aurait préféré avoir un enfant de cinq ans à peu près, un bébé déjà fait, ou alors adopter… »

« Pour moi, c'est une question de corps, c'est le fait d'être enceinte. Parce qu'après, c'est difficile de récupérer son corps, le ventre, les seins, tout ça… Ce n'est pas comme avant, c'est plus pareil… » En disant cela, elle désignait son corps d'un geste résigné.

Il n'y avait pas de place pour deux, pour deux femmes. Une rivalité implacable s'était installée d'emblée, dès la naissance, peut-être avant.

Un peu plus tard, elle ajouta qu'elle en « avait ras le bol, qu'il n'y avait plus de week-end, plus de vacances, plus de grasses matinées, et que ça prenait trop de temps ».

Elle était triste, et même en colère ; le miroir ne lui disait plus qu'elle était la plus belle ; d'ailleurs, elle le voyait bien dans les yeux de son mari.

C'est vrai, après tout, il y a des enfants qui vous volent votre narcissisme, qui vous en dépossèdent. Mais pour en faire quoi ? Qu'est-ce qu'ils font de votre beauté ?

Si l'on pouvait garder intact ce narcissisme, sans fêlures, ni fissures, eh bien ! on ne ferait pas d'enfant, peut-être même qu'on ne pourrait pas en faire. De toute façon, on n'en aurait pas besoin… Ou peut-être qu'on resterait un peu une petite fille, et qu'on ne pourrait pas vieillir, comme les enfants dans Peter Pan, ceux qui habitent au Pays de Nulle part !

Mais tout ça n'est pas nouveau. Au XVIIe siècle, beaucoup de femmes de la bourgeoisie des villes répugnaient à donner les soins dont avait besoin leur bébé, ce « poupard », comme on les appelait. Elles confiaient ces soins, et particulièrement l'allaitement au sein, auquel il n'y avait pas d'alternative fiable, à des nourrices appointées.

De nos jours, le métier de nourrice a disparu ; mais il faut le signaler, car ça ne manque pas de piquant, si votre bébé ne dort pas bien, vous pouvez engager une « régleuse » ; plusieurs associations proposent ce type de service. Elle s'installe chez vous, et quand vous êtes fatiguée, elle vous relaie pour que vous passiez une bonne nuit et pour « régler » le sommeil de votre bébé ; ça peut prendre deux, trois mois. Elles ne connaissent pas d'échec, et vous serez reposée.

Personne n'a réglé mon sommeil. Je n'ai pas eu de régleuse. Rien que d'y penser, j'en ai froid dans le dos… Heureusement, il y avait la chaleur de ma mère. C'est pour ça que je n'ai pas eu froid dans le dos.

Il y a des femmes qui ne veulent pas de cet enfant

« En fait, j'en avais pas envie ».
Julie, mère de Barthélémy (quatre mois)

Elles ne souhaitaient pas être mères, ou pas de cet enfant, et elles ne se sentent pas capables de l'aimer. De façon qui peut sembler surprenante, et pour des raisons probablement très intimes, cela peut ne concerner qu'un seul d'entre eux, sans qu'elles l'aient ressenti pour les enfants qui l'ont précédé.

Une femme avait rencontré et épousé assez tard dans sa vie un homme avec qui elle avait décidé de vivre et d'avoir un enfant. Elle dit avoir traversé une période très difficile après avoir appris qu'elle attendait des jumeaux. Elle se demanda si elle aurait la force de poursuivre sa grossesse, décida de l'interrompre, puis se ravisa.

Quand ils furent nés, garçon et fille, elle s'occupa avec beaucoup d'attention de son petit garçon, mais ne pouvait approcher sa fille, se déclarant incapable de s'occuper d'elle, plus grosse, plus vigoureuse que son frère. C'était, disait-elle, au-dessus de ses forces.

Elle affirmait aussi qu'elle ne pourrait l'aimer, ajoutant qu'elle éprouvait un sentiment proche de la haine, une vraie répulsion pour cette petite fille. Je remarquai qu'elle lui ressemblait beaucoup, alors que son fils ressemblait, lui, à son mari.

Pendant plusieurs mois elle ne put l'approcher. Elle se disait incapable de la prendre dans ses bras, de la porter comme elle savait porter son fils. C'était donc son mari qui s'en occupait, l'habitude s'était installée, et dans ce couple de parents circulait cette phrase étrange, glaçante : « On a chacun le nôtre ».

Les choses auraient-elles été différentes si elle avait eu des jumeaux de même sexe, ou si, au lieu de jumeaux, elle avait donné naissance à un seul enfant, une petite fille. Est-ce qu'elle l'aurait aimée ?

Barthélémy n'est pas un jumeau, mais son histoire est assez comparable aux précédentes. J'avais fait sa connaissance lorsqu'il avait quatre mois. Une femme pédopsychiatre avait rencontré cette famille quelques jours avant parce que leur bébé « pleurait sans fin » ; elle leur avait proposé de venir à ma consultation.

Son père et sa mère me racontèrent l'accouchement, qu'ils décrivirent comme un cauchemar, exprimant des reproches amers à l'encontre des soignants, se plaignant des soins donnés au bébé et à sa mère pendant le séjour à la maternité : « Personne ne s'occupait de moi ; elles ne venaient pas, personne ne voulait rien lui donner. »

Dans cette même consultation, cette jeune femme raconta qu'elle avait immédiatement pensé que son bébé présentait un problème psychologique, qu'il était peut-être autiste ; c'est cette idée, l'autisme, qui s'était imposée à elle.

Nous nous sommes rencontrés, souvent, avec le souhait qu'ils comprennent que leur fils allait très bien, et qu'au contraire de ce qu'ils imaginaient tous les deux, ils étaient capables de rassurer leur petit garçon, et ainsi, faisant bouger le regard des uns sur les autres, de favoriser une relation teintée de plaisir.

Mais il n'y avait visiblement pas de plaisir.

Le père de Barthélémy aurait volontiers reconnu le sien, mais il n'osait s'y abandonner car le comportement de sa femme l'inquiétait et le tenait en alerte.

Pour trouver une explication à ces pleurs, nous avons tout évoqué, reflux alimentaire, type de sucette, coliques et changements de laits ; il fallait une explication, il fallait absolument donner « corps » à ces plaintes.

À huit mois, Barthélémy continuait de pleurer, beaucoup et souvent, et sa mère s'accrochait coûte que coûte à l'idée que seule une maladie, et de la douleur, pouvaient expliquer ses pleurs. C'est vrai, il pleurait encore, souvent. Pourtant, il me semblait, au fil des consultations, que ces pleurs n'étaient plus les mêmes.

Je leur dis qu'il les regardait bien maintenant, qu'il gazouillait en les regardant, qu'à sa façon, certainement, il leur parlait.

Je leur dis aussi que le temps avait passé, qu'il avait peut-être désormais d'autres choses à leur dire, et que s'il pleurait encore, ce n'était peut-être plus pour les mêmes raisons qu'auparavant. Pour moi, c'était un progrès évident ; pas pour eux, pas pour elle.

Mais, à dater de cette consultation, cette jeune femme commença à exprimer des sentiments dont elle n'avait jamais parlé, soulignant essentiellement sa profonde déception ; une déception qui me semblait masquer quelque chose. Dans mon for intérieur j'imaginais une dépression ancienne, ravivée par la naissance et la présence de ce bébé : « Déjà que je n'imaginais pas avoir un enfant, alors en plus, tu pleures tout le temps ! Vous voyez, il n'arrête pas de pleurnicher. Mais arrête ! Tu veux un bouchon ? Un enfant ? Non, je ne voyais pas ça comme ça, je ne vois vraiment pas l'intérêt ; je n'aurais pas dû le faire, ce n'était pas le moment. En plus, c'est infernal pour nous ; surtout quand on est tous les deux ; d'ailleurs, on n'y est plus jamais. Mon mari, il n'en peut plus. Il faut faire quelque chose, on va craquer ! C'est vraiment une contrainte, ce n'est pas du tout un plaisir de s'occuper de lui ; en plus, il faut lui donner à manger. Mais maintenant qu'il est là, il est là. »

Elle me dit un jour qu'elle voulait reprendre une activité, mais qu'elle voulait un travail au bord de la mer. Au bord de la mère ? Est-ce que cela pouvait signifier qu'elle se rendait peu à peu à elle-même, qu'elle était au bord, juste au bord, d'être mère ? Quelle idée saugrenue !

Un jour, elle s'est trompée et m'a dit : « Je ne pleure plus. Euh ! Il ne pleure plus ! »

C'est ce jour-là qu'elle commença à pleurer.

Il peut même arriver qu'on accouche sans avoir été enceinte

« Je ne sais pas comment je suis tombée enceinte !
Je l'ai embrassé sur la bouche, c'est vrai,
mais j'ai pas pris d'aspirine après. »
Valérie, dix-neuf ans, mère célibataire en foyer

Une grossesse sans être enceinte ; un bébé sans grossesse, venu de nulle part, pas conçu, pas pensé, jamais imaginé ni attendu.

J'ai reçu en consultation une très jeune femme, vingt-trois ans ; elle m'amenait son petit garçon, né un mois plus tôt. Sa mère l'accompagnait ; son compagnon, le père de l'enfant, n'était pas venu.

Toutes deux me racontèrent avec étonnement ce qui leur était arrivé, toutes surprises encore d'avoir vécu cette étonnante aventure. J'avais l'impression qu'elles racontaient, presque amusées, en tout cas peu affectées, l'étrange histoire d'une autre femme, une histoire qui ne les concernerait en rien, une anecdote.

La jeune femme vivait chez ses parents avec son compagnon. Ils étaient tous les deux étudiants. L'été se terminait, qu'ils avaient passé au bord de la mer avec les parents et les frères de la jeune femme, dans la maison familiale. Un beau temps continu leur avait permis de fréquenter assidument la plage. Elle y était, bien sûr, en maillot de bain, « un deux-pièces » me précisa-t-elle. J'avais maladroitement posé la question de sa tenue pour tenter de comprendre comment cette situation étrange avait pu être possible, comment elle avait pu dissimuler aux yeux de tous, et se dissimuler, sa grossesse.

J'étais abasourdi ; force fut de me rendre à l'évidence.

En l'écoutant, je compris soudain qu'elle n'avait pas tenté de cacher quoi que ce soit. Son corps pouvait bien dire ce qu'il voulait, elle n'avait pas été enceinte, ni dans son esprit, ni dans l'esprit de quiconque autour d'elle. Sur le plan psychique, une tâche aveugle !

Trois jours après leur retour de vacances, au cours du repas du soir, elle fut prise de violentes douleurs abdominales ; elle avait mal dans le bas du ventre, des spasmes, presque réguliers. Très inquiets, ils appelèrent un médecin de garde. Il examina cette jeune femme qu'il ne connaissait pas, et leur dit, heureux de pouvoir les rassurer et de leur annoncer l'imminence de la naissance, que le travail avait commencé et qu'elle aurait accouché avant la fin de la nuit. À n'en pas douter, un heureux événement !

Devant un diagnostic aussi fantaisiste, et bien évidemment inepte jusqu'à en être choquant, ils le prièrent sans aménité de partir. Comment peut-on être médecin et à ce point incompétent ? On l'appelle parce qu'on a mal, il vous dit que vous êtes enceinte !

Deux heures plus tard, elle sentit que du liquide s'écoulait ; ses parents, inquiets, l'amenèrent aux urgences de l'hôpital, où elle accoucha effectivement avant la fin de la nuit.

Littéralement, elle n'avait pas été enceinte, elle n'avait pas attendu de bébé. Personne, ni la jeune femme, ni son compagnon, ni ses parents et frères et sœurs, ne s'étaient aperçus de sa grossesse. Elle n'avait pour ainsi dire pas pris de poids ; bien sûr elle n'avait plus ses règles, mais c'était habituel et elle ne s'en était donc pas inquiétée.

J'examinai son petit garçon, je lui montrai qu'il allait bien, et répondit aux questions sur les tétines et les biberons, somme toute une consultation habituelle.

J'étais cependant très mal à l'aise. Pour elle, à l'évidence, ce bébé n'était pas d'elle, pas le sien, et sa mère était là pour qu'on ne puisse prétendre le contraire.

Elles partirent, emmenant avec elle cet enfant venu de nulle part, dont je n'eus plus aucune nouvelle. Mais, fantasme pour absence de fantasme, j'étais persuadé qu'elle allait l'abandonner.

Qu'une femme puisse mener sa grossesse dans un déni absolu, je le savais, je pouvais le comprendre. Mais que ce déni soit partagé par toute une famille, y compris par le compagnon de ses nuits, me laissait abasourdi.

A contrario, je rencontre de très jeunes femmes, devenues mères très tôt ; seize ans pour deux d'entre elles. De culture rom, toutes deux sont entourées, portées, et aidées par leurs familles respectives. Elles sont aussi entraînées par un tissu social et religieux communautaire très bien tissé ; leur mère les protège, mais également l'ensemble du groupe, qui veille sur elles et sur leur bébé dont elles prennent soin avec une attention et un savoir-faire presque surprenants chez de si jeunes femmes, encore des adolescentes.

J'ai demandé à une autre jeune femme, dix-neuf ans et une allure d'enfant, qui n'était pas rom mais de milieu bourgeois, ce qu'elle avait ressenti quand elle s'était aperçue qu'elle était enceinte alors qu'elle ne vivait pas avec son ami : « Eh bien, d'abord, je me suis sentie bête, très bête, et seule. Et puis quand j'ai vu que mon copain était content, mes parents aussi, que personne ne voulait me forcer à avorter, j'ai été rassurée, et je me suis sentie heureuse. De toute façon, je l'aurais gardé. »

Des grossesses inconcevables

Jeter le bébé avec l'eau du bain.
Proverbe français du XXe siècle

Mille façons de devenir mère…

Un tout autre aspect de la maternité, qui n'est probablement pas le plus fréquent.

Il est possible que certaines femmes, à un moment de leur vie, ne puissent pas concevoir d'avoir un petit bébé. Elles mènent une vie de couple, mais ne prennent pas nécessairement de contraception puisqu'un bébé est inconcevable.

Si elles débutent une grossesse, elles ne cherchent pas toujours à en interrompre le cours. Mais elles ne pourront pas accepter la présence d'un bébé. Il leur restera étranger et ne sera pas leur bébé. Si quelques-uns d'entre eux ont la capacité de rendre une femme mère, d'autres n'y parviennent pas avec le même bonheur.

Quel en est le mécanisme, ou l'alchimie ? C'est difficile à dire, on pourrait naïvement imaginer que tous les bébés ont le même pouvoir de faire d'une femme une mère, qu'il suffit pour cela d'être son bébé.

Cette histoire s'est déroulée en trois temps. Elle me paraît déborder un peu le cadre de ce que Winnicott reconnaissait avec tendresse comme une sorte de folie des mères, cette folie qui permet d'aménager le temps et rend ainsi service aux bébés et à leur mère.

C'est un enfant troisième né qui, paradoxalement, a pu, a su, plus que les deux autres nés avant lui, faire une mère de la femme qui l'avait mis au monde.

Ni le premier, ni le second, sans le savoir, n'y étaient parvenus. Le premier y est arrivé, mais partiellement, comme s'il avait tracé une esquisse. Le deuxième n'a pas eu l'occasion de vérifier s'il saurait lui aussi tracer des esquisses…

Cette jeune femme, cadre bancaire, était mariée depuis plusieurs années. Elle arrivait d'une autre région, à l'occasion d'une mutation professionnelle de son conjoint. Je fis sa connaissance après qu'elle eut accouché de son premier enfant.

Il est important pour la suite de préciser qu'elle était mince et longiligne.

Très investie dans son travail, elle ne dépassa pas d'un jour la fin de son congé de maternité. Ça ne pouvait attendre. Son bébé allait très bien, elle s'occupait de lui avec plaisir et attention, il avait une place en crèche. Il n'y avait aucune raison de différer quoi que ce fût.

Jusque-là, rien d'extraordinaire.

Deux ans plus tard, au terme d'une grossesse passée inaperçue de tous, mais pas d'elle, ni de son mari, elle accoucha, sans presque avoir pris de poids, d'un deuxième enfant ; un garçon à nouveau, qu'elle décida immédiatement d'abandonner. Elle m'expliqua très clairement, et posément, quelques jours plus tard, qu'il lui était impensable, « inconcevable », d'avoir un bébé.

Non, elle n'avait pris aucune contraception. Oui, elle se savait enceinte. Oui, son mari était le père de cet enfant. Non, elle n'avait pas souhaité interrompre cette grossesse.

Allant au bout de sa logique, elle persévéra dans sa décision de ne pas garder cet enfant et entama une procédure d'abandon.

Son mari fut sommé de respecter sa décision. Pour sa famille, pour ses amis également, les choses devaient bien être un peu floues, mais elle s'arrangea pour qu'on ne lui posât pas de questions et pour ne pas avoir à s'expliquer.

Elle n'est pas revenue sur ce choix, même si elle disait en comprendre la gravité.

Les choses auraient-elles été différentes si ce deuxième enfant avait été une fille ?

Cette situation m'inquiétait beaucoup. Je craignais d'abord pour elle, et je lui proposai de rencontrer un psychothérapeute. Il ne s'agissait nullement de tenter de la dissuader, je respectais sa décision. Mais il me semblait nécessaire de la protéger d'elle-même, et de ce que j'appréhendais comme on craint un retour de flamme.

Elle accepta ma proposition, tout en me disant qu'elle n'en ressentait pas vraiment le besoin. Après quelques séances, elle y mit un terme, très précisément dès que fut écoulé le délai légal au cours duquel elle pouvait revenir sur sa décision.

Nous nous sommes revus souvent, avec pour accord de pouvoir parler, elle comme moi, de ce bébé, puisque j'étais, excepté son mari, la seule personne connaissant leur histoire, et qu'elle acceptait de maintenir un lien. De son fils aîné, elle disait qu'il ne savait rien.

À vrai dire, j'étais d'abord très inquiet pour elle. Je craignais que la tristesse ne la gagnât, sourdement, mais profondément. Une mélancolie.

Il n'en fut rien.

Environ deux ans plus tard, à l'occasion d'une consultation, elle m'annonça qu'elle était enceinte, qu'elle attendait un deuxième enfant, et qu'elle était très heureuse.

J'hésitai quelques instants, puis je lui fis remarquer que ce serait le troisième. Elle me rétorqua sèchement que non, que pour elle c'était le deuxième.

Dans la logique qu'elle avait adoptée, elle avait raison…

Très vite, elle prit du poids, grossissant, sans en paraître soucieuse, de près de vingt kilos.

Elle accoucha d'un garçon qui, à ma surprise, réalisa une prouesse que les deux autres n'avaient pu réaliser.

Il la captiva, la captura. Il la fit mère. Je crois qu'il y était déjà parvenu avant de voir le jour. Elle fut happée par lui, entièrement ; elle ne pouvait le quitter des yeux, des bras, du ventre, ni des lèvres.

Avant même cette terrible histoire, je ne l'avais pas vue aussi émue par son premier fils. Au fil du temps, elle manifesta une disponibilité émotive, une douceur, une maternalité, dont je ne la savais pas capable. Elle s'étonnait avec un bonheur évident des réactions de son bébé, de son regard, de ses gazouillis. Un enchantement, comme si c'était la première fois.

Il fallut plusieurs mois avant qu'elle ne se décidât à retrouver son poids antérieur ; si mince auparavant, elle avait préféré rester grosse quelque temps ; grosse de son enfant, grosse après la grossesse, grosse de sa découverte.

Elle m'amena son fils pendant quelque temps ; néanmoins, je sentais bien que quelque chose s'était interrompu. Ils oublièrent un rendez-vous, revinrent une fois, puis je ne les revis pas.

Je pensai qu'elle me signifiait que ce deuxième enfant effaçait pour elle le second, qui n'en avait pas été vraiment un. Elle faisait avec lui, par lui, table rase du passé, un passé dont je faisais partie, et auquel j'étais trop étroitement associé.

D'étranges stérilités et des fertilités bizarres

Il ne faut jamais couper les oignons au-dessus de la marmite,
sous peine de devenir stérile.
Marie-Rose Moro, Dominique Neuman, Isabelle Réal[15]

L'enfant n'est pas toujours celui qu'on croit. Dans certaines structures familiales, la responsabilité, ou le devoir, de prendre soin d'une mère malade, voire invalide, revient à ses filles ou à l'une d'elles, tacitement désignée par sa fratrie ou sa famille,

15. Marie-Rose Moro, Dominique Neuman, Isabelle Réal, *Maternités en exil*, Grenoble, La pensée sauvage, 2008, p. 164.

et souvent sans discussion possible si elle est fille unique. Il en résulte une sorte d'interdit ; il n'est pas signifié, mais se pose de lui-même, par l'intermédiaire du corps.

Elles sont amenées à s'occuper de leur mère comme on prend soin d'un petit enfant, et il leur est souvent difficile de concevoir un enfant tant qu'elles ont la charge de cette mère dépendante. En quelque sorte, elle est leur bébé.

Concevoir est inconcevable.

« Il arrive que la mère glisse en position de fille pour se faire réparer par sa fille du dommage qu'elle appréhende, dans une sorte de chantage à la maladie ou à la mort. Les enfants, nés ou à naître, sont souvent négociés dans ce chantage. »[16]

Une jeune femme, mariée depuis peu, avait en charge quotidienne sa mère, affligée d'une maladie d'Alzheimer. Elle ne parvenait pas à être enceinte et consulta à de nombreuses reprises pour tenter de remédier à son infécondité. Ses démarches restèrent vaines ; les médecins étaient d'accord sur un point, aucune raison objective ne permettait d'expliquer cette infertilité.

La charge devenant trop lourde, elle se décida, la mort dans l'âme, à engager, en la rémunérant, une femme étrangère pour s'occuper de sa mère.

Elle en fut très malheureuse ; se résoudre à cette solution était un échec cuisant.

Pourtant, après ces années de tentatives infructueuses, et de bilans décevants, elle devint enceinte très simplement et sans aucun traitement.

Elle accoucha d'une fille qu'elle prénomma Marina.

---

16. Marie-Magdeleine Lessana, *Entre mère et fille : un ravage*. Paris, Hachette Littératures, 2002, p. 12.

Le choix de ce prénom, donné à cette petite fille si longtemps non attendue, et si longtemps attendue, retint mon attention. Dans Marina, on entend la mer ; la mère, aussi, s'y dessine. Et puis il y a une idée de protection ; c'est au sein des marinas que trouvent refuge les bateaux en danger.

Sa propre mère, qui ne la reconnaissait pas toujours, s'étonnait sans cesse de la présence d'un bébé dans sa maison. « Pilar, j'ai trouvé un bébé dans la maison ! Une petite fille ! À qui est-elle ? Qui a eu un bébé ? » Qui pouvait bien être la mère de cette petite fille ?

Lorsqu'elle mourut, quatre ans plus tard, son mari, le père de la jeune femme, se trouva contraint de vivre seul dans un village de montagne éloigné de tout. Par commodité, et parce qu'il n'était pas envisageable qu'il restât seul, dans des conditions de vie si dures, il fut convenu qu'il irait vivre en ville chez sa fille et son gendre. Celui-ci ne se plaignait jamais de cette situation, pas plus qu'il ne s'était plaint de la charge qu'avait représentée sa belle-mère pendant presque six ans.

Mais quelques mois plus tard il quitta sa femme, et alla vivre avec une autre femme, plus jeune, mais à qui il n'a pas fait d'enfant… je ne crois pas qu'ils en aient eu envie.

Devenir mère confronte aussi à la mort

« Arrête de me dire que je ressemble à ma mère !
Ça finit par être énervant, à la fin ! »
Sophie, plusieurs fois au cours de notre vie commune

La naissance d'un enfant bouleverse la chronologie, et la famille.

Mère, père, grands-parents, tout le monde change de génération et se trouve inévitablement confronté à la perspective de la vieillesse et de la mort ; la jeunesse se flétrit, les parents vieillissent. « *Mener à terme une grossesse sous-entend assumer que le miroir se trouble, que l'image de la jeunesse que jusqu'alors il reflétait se brise pour laisser entrevoir un autre reflet, le reflet identificatoire à la mère vieillissante, l'approche implicite de sa propre mort.* »[17]

Mais cette confrontation n'est pas directe, ni immédiate ; elle est progressive, et plutôt sournoise.

Quand on est enceinte, on pense à la mort sous diverses formes.

On y pense pendant la grossesse ; elle peut aussi rôder lors de l'accouchement. Si l'on n'y pense pas, c'est parce qu'on évite ce qui peut l'évoquer.

On peut craindre pour la vie de son bébé, mais c'est autre chose.

Et bien sûr on pense à la mort possible de ses propres parents.

Lorsqu'une femme a un bébé, elle se dit avec émotion que ses parents deviennent grands-parents ; elle se dit aussi, même si elle ne préfère ne pas y penser, que cela les rapproche de la mort.

Puis c'est son propre vieillissement qui lui vient à l'esprit, et sa mort future. Est-ce que son tour approche ?

D'abord, cette idée l'effleure seulement ; elle ne s'y arrête pas. Et puis, sans l'aborder vraiment, elle y revient tout de même, car le jeu des identifications est en marche. Elle pousse sa propre mère à occuper la place de grand-mère, celle qu'occupait jusqu'alors sa grand-mère, qui est un peu vieille.

Et elle donc ? Eh bien ! elle prend la place qu'occupait sa mère, la place de mère.

---

17. Monique Bydlowski, *La Dette de vie, itinéraire psychanalytique de la maternité*, Paris, Puf, 1997, p. 80.

C'est très nouveau, et surprenant, parce qu'elle n'y avait jamais pensé ainsi ; jusqu'à présent elle était habituée à regarder les mères comme les enfants les regardent.

Manon a deux frères, elle est la plus jeune des trois. Justine, sa nièce, l'a toujours regardée comme un personnage charnière entre les adultes et les enfants, deux mondes si différents. Elle lui demandait « Manon, toi, tu es une adulte ou une enfant ? » Elle était rassurée de pouvoir compter sur Manon un peu enfant, un peu de son côté. Elle fut sidérée de la voir enceinte, et je crois que, pendant quelques instants, elle s'est sentie un peu trahie.

Avec la naissance de son enfant, c'est donc la fille qui devient mère, mère comme l'était la sienne, dont elle pensait parfois qu'elle vieillissait, ou même que maintenant elle était vieille.

Avant cela, elle s'était posé une question, tout en se persuadant que c'était impossible : Peut-on mourir au cours de l'accouchement ? Est-ce que cela arrive ? Elle avait bien sûr un peu peur, mais elle avait vite chassé cette pensée. On peut le craindre, mais c'est inimaginable.

Si, pendant qu'on accouche, on perçoit tout à coup alentour une sorte de fébrilité, un discret changement de rythme, si les choses ne suivent plus tout à fait le cours prévu et que l'urgence s'impose… quand l'accoucheur devient chirurgien, la naissance, si bien préparée, si douce, se met à faire frémir. La crainte de mourir, jusqu'alors tenue en respect, à distance, peut s'imposer, violente et menaçante, monstrueuse. Il est très inquiétant de voir l'attente se transformer en crainte, et l'accouchement devenir une maladie.

On se croyait immortelle, ou plutôt, on n'y pensait pas. La naissance d'un bébé nous rend tous mortels.

Certaines circonstances particulièrement dramatiques peuvent faire qu'une femme se trouve violemment confrontée à la mort. Devenir mère est alors pour toujours incertain et douloureux.

Quand une femme perd son enfant en cours de grossesse, il arrive qu'elle entretienne une sorte de familiarité, de longue durée, un peu troublante, avec ce bébé qu'elle a perdu.

Pour elle, sa fausse couche, si c'était le cas, n'était pas une fausse couche. Et s'il y a eu interruption, elle n'a pas mis fin à tout. Et la mort était bien la mort de son enfant.

Une seule chose compte : son bébé a existé. Mais elle n'a pas su devenir sa mère, elle est déchirée, elle a perdu son enfant. D'une certaine façon il reste présent en elle, dans son ventre dont il n'a pu sortir vivant. Il y a une plaie en elle, au ventre et au cœur, et devant elle un gouffre. Des béances ; elles ne se ferment pas.

Il arrive aussi qu'une femme mette un bébé au monde alors qu'elle a perdu un enfant en bas âge. Elle avait à peine eu le temps d'être sa mère, tout juste celui d'être reconnue comme telle. À peine le commencement, les balbutiements, soupçonner l'existence de la douceur, et l'espoir brutalement anéanti. La vie se marque du sceau de la mort. Elle venait de prendre confiance en elle et en son bébé ; et cette confiance est ruinée, elle ne peut imaginer aucun avenir. Ce qui est perdu, c'est le futur.

Les femmes, quand elles sont confrontées à ce deuil terrible, pensent qu'elles n'ont pas su protéger leur enfant, et craignent que celui qui vient de naître ne leur échappe également.

Alors, il n'est pas facile de devenir mère.

Lorsqu'un bébé arrive dans le contexte d'une maladie

Il peut s'agir d'une maladie de la mère, ou d'une maladie du bébé.

Il peut s'agir aussi de la peur, sans raison objective, d'être malade ou que le bébé soit malade ; ou encore de la crainte de voir une maladie survenir, ou s'aggraver du fait de la grossesse.

Quelquefois, les maladies sont réellement graves. Pas toujours.

Il arrive aussi que les parents, ou l'un d'entre eux, pensent qu'une maladie est grave alors qu'elle ne l'est pas vraiment. Dans ce cas, le risque de mort ou de complications somatiques est bien sûr exclu. Néanmoins, même si le corps, la grossesse, et le bébé ne risquent rien, la gravité peut être réelle, car ce qui est subjectif pèse aussi son poids dc risque, qui n'est pas négligeable.

Les enjeux habituels, les attentes, se trouvent évidemment modifiés si la mort rôde à l'entour, si devenir mère crée ou accentue un danger pour l'un ou pour l'autre.

Certaines maladies, parce qu'elles sont graves, ou si leur pronostic est incertain, mettent en question l'avenir du bébé, ou celui de sa mère, ou des deux ensemble.

Parfois, elles sont connues ou prévisibles ; d'autres, s'invitent de façon inopinée, et entrent sans frapper. Toutes peuvent engager la vie elle-même, ou la qualité de la vie après guérison, notamment si elles grèvent la possibilité d'avoir d'autres enfants, ou si le risque est si grand qu'elles ne laissent persister des séquelles.

Prenons l'exemple d'une hémorragie de la délivrance. C'est un accident imprévisible, qui survient au décours de la naissance, lorsque la femme qui vient d'accoucher évacue son placenta, devenu inutile ; on disait autrefois « le délivre », et la délivrance n'est pas la naissance du bébé, sauf en anglais.

Cette hémorragie met immédiatement la vie de la femme en danger, et il est en général obligatoire, pour la sauver, d'enlever son utérus ; c'est la seule et violente solution pour la préserver.

Situation paradoxale s'il en est ; elle a donné la vie, elle est en passe de perdre la sienne. Et pour être sauvée, elle doit perdre ce qui, précisément, a permis cette vie, et accepter d'abandonner en même temps l'espoir d'avoir un jour un autre enfant.

La violence de ce contre-sens, qui s'impose au moment même de la naissance, résonne comme un deuil.

Certains couples, quand ils ont traversé l'épreuve de la maladie, c'est peut-être plus vrai encore pour les mères, ont du mal à décider de concevoir un autre enfant. D'abord ils n'y pensent pas, beaucoup s'y refusent, tous hésitent. À l'idée de redevenir parents, l'angoisse les submerge.

Lorsque Ludovic est né, les choses n'ont pas été simples. Elles ne l'ont été, ni pour lui, ni pour ses parents. Il pesait neuf cents grammes ; malgré ses efforts sa mère n'avait pu le garder en elle plus de trente semaines.

Il a dû mener de rudes combats pour affirmer qu'il voulait vivre. Les médecins ont eux aussi livré bataille.

Avec lui, avec eux bien sûr, ses parents se sont battus ; malgré leur inquiétude, ils ne se sont jamais démontés, et ont encaissé sans battre en retraite des coups très rudes dans ce combat qui leur semblait bien inégal.

Après sa naissance chaotique, Ludovic est resté longtemps à l'hôpital. Pour ses parents, il n'y avait plus de place pour la peur ; il fallait venir souvent, le toucher, l'encourager, l'arrimer à la vie. Il fallait lui donner à manger, s'occuper de lui, lui parler, lui raconter, justement, combien on avait eu peur. Maintenant, la prématurité est finie, Ludovic a deux ans. Il va très bien et s'applique à le montrer à ses parents.

Ils ont envie d'avoir un autre enfant. Mais ils ne partagent pas cette envie de la même façon. Son père semble la souhaiter ardemment ; mais à cette seule évocation sa mère éprouve une très vive angoisse. Dès qu'elle y pense, dès qu'elle en parle, les larmes lui montent aux yeux. Elle a fait face à toutes les péripéties, mais au fil du temps, imperceptiblement, elle a perdu confiance en elle, et son incertitude va grandissant. Comment savoir faire un autre enfant ? Elle croyait être guérie du passé, et pensait, sans trop y réfléchir, qu'avoir un autre enfant serait naturel et rassurant. Mais à la seule pensée d'être enceinte, malgré son souhait, elle est envahie par une peur qu'elle ne parvient pas à surmonter.

Ils n'ont été parents que dans l'inquiétude, et elle se demande si elle sera capable d'aborder une nouvelle grossesse. Elle ne pourrait supporter que ce soit à nouveau une épreuve.

Elle semble triste, défaite, et dit qu'elle se sent un peu déprimée.

Je crois qu'elle a raison d'y penser. L'inconscient se joue probablement du temps et de l'ordre des choses ; cette dépression est peut-être celle qu'elle avait su éviter, qu'elle n'avait pu s'autoriser après la naissance de Ludovic, et qui la rattrape, maintenant que tout est plus calme, qu'il n'y a plus de raison de lutter.

Cette histoire m'évoque celle d'une autre femme qui, après la naissance prématurée, par césarienne, et le début de vie de ses jumelles, avait repris immédiatement son travail à la ferme.

Du travail de la terre au travail en salle d'accouchement, puis, presque sans transition, à la terre à nouveau. Son travail ne s'était finalement jamais interrompu.

Elle me dit un jour : « Je ne comprends pas, je n'ai pas eu ma dépression ! » Surpris par le propos, un peu amusé, je lui répondis bien sûr que ce n'était pas obligatoire.

Trois ans plus tard, elle accoucha, facilement cette fois, d'une fille qui allait très bien.

Quelques semaines après cette naissance, « sa » dépression lui tomba dessus comme s'abat la grêle sur ses champs, au point qu'elle dut tout laisser, les champs et ses filles, pour un séjour dans un établissement de soins.

Parfois, la grossesse débute alors qu'on connaît l'existence d'une maladie préalable, qui risque de s'aggraver pendant la grossesse, ou d'en entraver le cours.

Il peut aussi arriver que la grossesse révèle une affection qui met la vie en jeu, avec le risque réel d'y succomber.

C'est ainsi qu'une jeune femme de trente et un ans vit sa joie se muer en effroi, alors qu'elle s'apprêtait à accoucher de sa deuxième fille.

Pour une raison inconnue, le travail ne progressait pas, et son accoucheur décida de pratiquer une césarienne. L'intervention, qui permit de faire naître sa fille, révéla un cancer étendu du col de son utérus.

Quand elle se réveilla, sa fille était née, mais il fallut aussi lui expliquer qu'elle n'avait plus d'utérus et qu'il fallait traiter ce cancer. Pendant de longs mois, elle dut faire face au poids de cette maladie angoissante, aux complications des cures de chimiothérapie, à l'incertitude, en même temps qu'elle faisait connaissance avec sa petite fille dans un partage douloureux de leurs vulnérabilités.

Une autre jeune femme avait présenté un cancer du sein à vingt-cinq ans, très tôt dans sa vie. Six ans plus tard, elle était enceinte de six mois quand survint une récidive de son cancer ; elle attendait son premier enfant. Comment faire ?

Devenir mère et risquer de voir sa maladie s'aggraver ?

Interrompre sa grossesse et ne jamais être mère ?

Elle opta pour la première solution.

Peu après la naissance du bébé, le chirurgien enleva son sein malade ; il enleva aussi le deuxième qui risquait d'être prochainement atteint. Dans quelques années elle devra encore renoncer à ses ovaires, avant d'avoir atteint l'âge de la ménopause, compte tenu du risque important de voir survenir un autre cancer, lié au précédent…

Elle ne pourra pas concevoir un deuxième enfant.

Tandis que devenir parent s'installe et s'impose cahin-caha entre douceur et appréhension, ces situations dramatiques mêlent la joie et l'angoisse, et changent souvent la douceur en effroi.

Pour le couple, la qualité de leur vie commune est remise en question.

Pour la femme, dont la maladie bafoue la féminité, c'est toujours, au-delà de la seule image, la perception intime de son identité qui est mise à mal.

Son corps lui avait permis d'être mère. Il va maintenant falloir l'amputer de ce qui représente une part de sa féminité et de la possibilité de devenir mère. Dans l'espoir de vivre, elle doit y renoncer.

On peut alors se demander, quand la survie devient une priorité, et une incertitude, quel sens peuvent prendre, pour l'homme comme pour la femme, la présence de l'enfant, et ce projet, jusqu'alors intrigant et attirant par son mystère, de devenir parents ?

Quelquefois la situation est tout autre ; c'est l'enfant qui est malade.

Sa mère en éprouve toujours une très vive culpabilité, et se trouve confrontée à une double responsabilité.

D'abord, bien sûr, celle, essentielle, d'avoir donné la vie ; mais de surcroît, celle de devoir assurer et protéger son enfant de ce qui le menace. Avant toute autre chose, elle s'efforce d'assurer et de garantir sa sécurité. Cette tâche peut prendre l'allure d'un défi, un défi à la vie, un pied de nez à la mort. La vulnérabilité s'impose plus que jamais.

Beaucoup de couples ne résistent pas à des épreuves aussi violentes.

Certaines femmes s'y désespèrent ; mais la plupart trouvent immédiatement en elles la ressource d'une attention infinie. Une seule idée, un but unique s'imposent : le protéger, et qu'il vive.

Elles peuvent être amenées, selon les étapes de la maladie ou les exigences des soins, à organiser leur vie différemment, pour être présentes sur tous les fronts de ce champ de bataille, et répondre corps et âme aux besoins de leur enfant. Sans hésiter bien longtemps, certaines cessent de travailler, car elles ne peuvent accorder leur confiance à personne. Elles changent radicalement leur mode de vie, pour se consacrer exclusivement à leur enfant.

Prendre soin de lui devient un travail de tous les instants ; il y a des choses que seules les mères peuvent faire, qui ne se délèguent pas.

Elles s'exposent alors à sa place, pour lui épargner toute autre souffrance que la maladie dont il souffre et qu'elles tentent de combattre. La souffrance de leur enfant devient la leur ; la culpabilité le dispute à la responsabilité. Parfois elles doivent lutter, et lutter encore, pour sa vie, pour son confort, lutter avec les médecins, et quelquefois lutter contre eux.

Plus que jamais, dans de telles circonstances, les mères ont mal à leur bébé…

Bien sûr, les bébés malades en ont besoin, et pour leur mère, accablée par la maladie et ses risques, c'est une façon de rester entière et de protéger son bébé, de se protéger.

C'est tout ce qu'elles peuvent lui offrir pour le contenir, et s'offrir pour ne pas être écrasées par le poids du chagrin qui les mine.

Bien souvent, leur conjoint s'associe à ce qui prend peu à peu l'allure d'un véritable sacerdoce ; toute la famille se trouve investie, au service de cet enfant abîmé. Dans certaines maladies, les grands handicaps, les affections chroniques, cela durera des années. La vie a changé de sens, elle n'a plus grand-chose à voir avec ce qu'ils avaient envisagé.

Cette fois, l'histoire est un peu différente ; les deux sont malades. Plus exactement, la maladie de l'enfant, bien que différente dans ses manifestations, résulte de celle de sa mère.

Pour prévenir les complications de sa malformation cardiaque, la mère de Célia était soumise à un traitement anticoagulant incompatible avec une grossesse. Elle devait donc, avant d'interrompre sa contraception, organiser avec son médecin un traitement mieux adapté. Cela impliquait bien sûr l'intrusion de la médecine et des médecins dans sa vie de femme et sa vie amoureuse.

Quand elle se maria, elle préféra imaginer que son désir exorciserait le risque ; elle n'avait pas envie, m'a-t-elle dit par la suite, d'expliquer qu'ils avaient choisi d'avoir un bébé, ni d'exposer au grand jour les moments et les secrets de leur amour. Ils pensaient qu'en préservant leur intimité ils seraient protégés, que l'amour serait plus fort que la maladie, et qu'il en aurait raison.

C'était il y a très longtemps, ils n'avaient peut-être pas pris toute la mesure de cette information donnée plusieurs années auparavant.

Leur amour ne les a pas protégés, pas du tout.

Célia présenta une hémorragie pendant la grossesse. Lorsqu'elle naquit, son cerveau n'avait pas supporté la gravité de ce saignement. Je l'ai suivie quelques mois, jusqu'à sa mort. Sa mère n'avait survécu que parce qu'on avait enlevé son utérus.

Romuald et sa mère.

Parfois, le bébé va très bien, c'est sa mère qui est malade. Les circonstances sont alors un peu différentes.

Il ne s'agit pas toujours de maladies qui affectent le corps. Même autres, elles ont leur poids de gravité et de danger. Si on ne parvient pas à les soigner, ou à les aménager, il y a des risques qu'à la longue elles ne retentissent sur le développement du bébé. Il ne pourra accorder crédit aux interactions indispensables à son épanouissement. Sa mère ne sera pas en mesure de le protéger de l'environnement à ce moment de sa vie où il en a tant besoin ;

elle ne saura pas filtrer les informations, ni doser l'excitation à laquelle il se trouve exposé sans encore être capable d'y résister.

La mère de Romuald n'avait mal nulle part.

Mais pour elle, devenir mère ne pouvait s'imposer comme une évidence. Ses évidences étaient ailleurs. Attendre, et ensuite avoir un bébé aurait pu être une épreuve insurmontable.

Ça a été une épreuve, mais elle n'a pas été insurmontable.

Romuald était né depuis moins de vingt-quatre heures lorsque j'ai fait sa connaissance. Cette grossesse, la première, s'était bien déroulée, mais elle avait été très difficile pour cette femme, traitée depuis longtemps pour une maladie psychiatrique qui entravait toute sa vie. Elle avait été hospitalisée à plusieurs reprises et était soumise à un traitement très lourd.

Sur demande de son accoucheur, je vins les voir, elle et son bébé, très vite après la naissance. J'avais été informé des difficultés et que la consultation ne serait peut-être pas facile.

Lorsque j'ai frappé à la porte de la chambre, personne ne m'a répondu.

Je suis entré. Je ne vis que ses yeux, écarquillés de terreur.

Elle tenait son drap à deux mains devant son visage, restait prostrée et mutique.

Son mari, assis à côté d'elle dans un fauteuil, ne parlait pas ; il me regardait.

Le bébé était dans un berceau, à distance du lit.

Je demandai comment il s'appelait ; Romuald, me répondit son père.

Je leur expliquai en quoi consistaient ma visite et mon examen ; je pris soin ensuite d'en détailler chacune des étapes, confirmant par les mots que Romuald allait très bien.

Je revins tous les jours, jusqu'à leur sortie qui avait été soigneusement aménagée pour prévenir tout danger, pour elle et pour son bébé, et les aider à faire connaissance aussi sereinement que possible.

Étant donné la précarité de cette situation, la question se posait de l'opportunité d'organiser un placement en famille d'accueil, mais il nous a semblé qu'il était possible, sous réserve de mettre en place un environnement robuste, de les laisser rentrer chez eux. Il était primordial de parvenir à instaurer et de maintenir un lien de confiance mutuel. Nous avons donc mis en place un véritable maillage médical et social.

Nous avions convenu avec son mari, et sans qu'elle s'y opposât, qu'ils viendraient à mon cabinet, une fois par semaine au début, plus si cela s'avérait nécessaire. Je leur donnai mon numéro de téléphone personnel afin qu'ils puissent me joindre s'ils en ressentaient le besoin.

Au début, elle ne me parlait pas du tout, ne me quittait pas une seconde du regard. Je voyais bien que peu à peu elle faisait connaissance avec Romuald, à sa façon, très retenue, presque distante. Mais elle était visiblement stupéfiée par la présence à ses côtés, en elle, de ce bébé.

Je ne pouvais définir la nature de l'émerveillement qu'elle affichait ; pendant un temps j'ai été inquiet de la place qu'elle accordait à son fils : était-elle émerveillée de voir à quel point il parvenait à la soigner ? Cette éventualité n'était pas pour me rassurer.

Je crois qu'elle était surtout heureuse d'avoir un enfant, ce qu'elle n'aurait jamais cru possible, et de ce qu'il lui révélait de lui-même et d'elle-même. Car il la regardait.

Un jour, nous avons parlé de ce regard, de ce qu'il portait. Nous avons évoqué comment chacun pouvait être un miroir pour l'autre, et nous avons parlé de son émerveillement.

Elle avait beaucoup de mal à croire que son bébé avait besoin d'elle, et encore plus à imaginer qu'elle pouvait lui suffire, mais elle convint qu'elle allait mieux depuis la naissance de Romuald, admettant aussi qu'il n'était pas là pour la soigner.

Chaque fois que nous nous rencontrions, je tentais de lui montrer que c'était elle qu'il regardait, qu'il s'adressait à elle, et qu'elle savait lui répondre. Elle se sentait si transparente qu'elle avait bien du mal à imaginer que quelqu'un pouvait la regarder.

À la longue toutefois, il me sembla que sa confiance, si difficile à gagner, commençait à s'installer ; elle paraissait accorder crédit à ce que je lui disais. J'ai pu lui dire un jour qu'elle semblait maintenant beaucoup plus responsable de son petit garçon et que, du coup, le regard qu'elle portait sur lui n'était plus le même, et donc celui qu'il lui renvoyait et portait sur elle.

Au fil du temps, de la femme malade soignée par son bébé, j'ai vu poindre une mère, un peu brinquebalante, bien sûr chaotique, mais capable de le reconnaître comme son fils et de lui offrir la trame nécessaire au maintien d'une continuité.

Romuald comprenait sa façon, même atypique, de le rassurer, et il en tirait profit. Il s'était mis à parler, après une longue période sans langage. Lorsqu'il eut atteint quatre ans, il allait bien, il était scolarisé avec plaisir.

Nous avions dessiné et découpé tant de crocodiles, d'éléphants, et de lions en papier... J'ai pensé pouvoir espacer nos rencontres qui restaient hebdomadaires depuis sa naissance. Après quelques jours il a manifesté une anxiété si subite, et si violente, que j'ai vite repris le rythme de nos rencontres.

Il réclamait très justement sa part. Je la lui donnai. Je m'en voulais ; j'étais soucieux de sa mère et j'avais négligé l'importance que pouvaient avoir pour lui ces rencontres.

Il a six ans, nous nous voyons moins souvent, mais nous ne nous perdons pas de vue ; quand il me parle, il m'appelle « pédiatre ! » Il va bien. Il a des copains ; je le sais, car il est invité à des goûters d'anniversaire ; ça ne trompe pas !

Sa mère va un peu mieux. Elle n'a pas beaucoup d'amies et n'est pas invitée à des anniversaires. Mais elle a un mari très attentif qui veille sur elle.

Je garde de côté papier et ciseaux pour que nous réanimions le cas échéant les crocodiles assoupis et rameutions les éléphants dispersés. Les lions, qui lui faisaient un peu plus peur, nous ont quittés pour d'autres combats. D'un commun accord, nous avons décidé de les laisser partir, d'accord sur le fait que nous ne tenons tout de même pas un zoo !

Un homme voit sa femme devenir mère ; et devient père

Adam était fragile ; il avait été façonné avec de la glaise. Il n'avait pas très envie de rester seul, même au paradis, qui était d'ailleurs terrestre. C'est pourquoi Dieu est venu pendant qu'il dormait et, sans l'avoir prévenu, lui a pris une côte ; avec cette côte il a formé une femme. C'était Ève.

Personne n'a oublié cette histoire, pourtant très ancienne puisqu'elle date du début du monde. Eh bien ! beaucoup plus tard, certains ont pensé que le processus de conception des enfants était un peu similaire : « *Il semblerait qu'une portion du flambeau de la vie de l'homme a passé dans le sein de la femme avec sa liqueur prolifique pour allumer une vie nouvelle.* »[18]

Les choses seraient-elles si simples ? Je n'en suis pas persuadé. Il me semble plutôt qu'un homme, quand il voit sa femme devenir mère et qu'il devient père, n'est pas toujours très à l'aise, souvent pas très sûr de lui non plus, et qu'il perd un peu ses repères. Tout à coup il ressent l'étrange impression que « *deux et deux ne font plus quatre.* »[19]

Même s'ils sont profondément troublés par la naissance de leur enfant, peut-être plus qu'ils ne le laissent voir, les hommes s'engouffrent en général avec plaisir et fierté dans la paternité.

Mais quand même, peut-être pas au point de faire leur cet aveu que réclamait Gustave Droz en 1866 dans son livre à succès *Monsieur, Madame et Bébé* : « *Avouez-le franchement, vous tous qui*

18. Auguste Debay, *Hygiène et physiologie du mariage*, cité par Laure Adler, *Secrets d'alcôve. Histoire du couple 1830-1930*, Paris, Hachette Pluriel, 1982, p. 93.
19. Stanislaw Jerzy Lecz, *Nouvelles Pensées échevelées*, Paris, Les Éditions Noir sur Blanc et La Librairie polonaise, 1993, p. 64.

avez entendu le cri de votre nouveau-né et qui avez senti votre cœur tinter comme un verre qu'on va briser, avouez, à moins que vous ne soyez idiots, avouez que vous vous êtes dit : je suis dans le vrai, je suis dans le beau, dans le bon… Je soulève de mes pieds la poussière où mon père a mis les siens. Mon enfant, sur cette route, retracera la trace de mes pas.[20]

Pourtant, à bien y regarder, tout y est, la joie – prescrite – la transmission, la filiation… Les mille et un secrets d'une paternité réussie !

En attendant, même s'ils peuvent être vaguement inquiets, les pères apprennent peu à peu à faire connaissance avec ce bébé, qui est leur enfant, et avec sa mère, qui est la femme avec qui ils l'ont fait, et avec qui ils vivent.

Ils se posent des questions sur leur bébé, sur eux-mêmes, sur leur compagne et leur couple ; des questions auxquelles ils apprendront à répondre au fil du temps, et plutôt tranquillement pour la plupart d'entre eux, si tout se passe bien. Mais ce n'est pas toujours simple, pas pour tous, ou pas de façon continue et linéaire.

Certains ne parviennent pas à trouver leur place. Il peut leur être difficile, par exemple, de voir en leur compagne une mère, quand cette image se superpose par moments à celle de leur propre mère.

D'autres vivent cette paternité comme une situation intolérable, ou hésitent à accepter ce qui s'impose à eux et leur semble tout à coup irrémédiable.

D'autres encore craignent d'avoir définitivement perdu ce qui faisait leur bonheur et leur plaisir.

---

20. Cité par Laure Adler, *Secrets d'alcôve, op. cit.*, p. 112.

Quelle place pour un homme ?
Doit-il « faire sa place » ?

S'il trouve facilement sa juste place, et s'y installe sereinement, il ne se plaindra de rien.

À l'inverse, il se peut qu'il soit exclu, ou qu'il ait l'impression de l'être, et il aura du mal à le comprendre.

Devant le bouleversement qu'il observe chez sa compagne, devant la force du ravissement qu'il constate, il se demande, non sans inquiétude, quelle est, et quelle sera sa place, quelle place lui octroie sa femme, et ce qu'elle souhaite partager avec lui.

Et ce d'autant plus que quelque chose semble s'être noué, parfois dans l'exclusivité, voire l'exclusion, entre la mère et son bébé.

Il peut avoir un peu de mal à se situer. Et il n'y aura pas grand monde pour l'aider, car les regards sont tournés vers la mère et son bébé.

Ni dans l'histoire, ni par la tradition, les hommes n'ont jamais eu beaucoup de place dans les affaires qui concernent les femmes ; et surtout pas dans les histoires du ventre et du sexe.

La grossesse et ses alentours constituaient, et constituent encore parfois, le monde des femmes, un monde privé, jalousement protégé ; les hommes n'y avaient pas accès.

Il y a toujours eu, presque partout, un interdit du regard sur l'accouchement ; aucun homme n'était admis dans la chambre de la femme qui mettait son bébé, leur bébé, au monde. De façon générale, les hommes ne doivent pas voir le sang des femmes, car ça porterait malheur à la mère ou au bébé, parfois aux deux. Mais on peut aussi penser que cette coutume représente, partout où elle est en vigueur, la marque d'un interdit du regard de l'homme sur le sexe de la femme qui accouche.

C'est pour cette raison peut-être que dans de nombreuses cultures, la présence, voire la proximité du père sont réputées dangereuses pour l'enfant qui naît, et souvent pour sa mère.

C'est bien la médecine, par le biais de l'obstétrique et de ses techniques, qui a entrouvert aux hommes la porte des lieux d'accouchement. D'abord ils y sont entrés furtivement, puis la porte leur en a été largement ouverte.

Lorsque j'étais interne en pédiatrie néonatale, j'étais souvent appelé en salle d'accouchement. Il y avait huit salles ; et dans le hall d'attente, l'antichambre des salles de travail, huit hommes tournaient en rond, fumant nerveusement, jusqu'à ce qu'une sage-femme vienne appeler l'un d'eux par son nom pour l'avertir que la naissance avait eu lieu et l'amener voir son bébé nouveau-né. Il pouvait même arriver qu'elle appelle le père en citant le prénom du bébé. C'était donc quelquefois de la bouche de la sage-femme que certains entendaient pour la première fois le prénom de leur bébé qu'elle avait vu, mais qu'ils ne connaissaient pas encore.

Ce sont ensuite les femmes elles-mêmes qui ont invité leur compagnon à être présent lors de la naissance.

Il a fallu attendre le début des années 1950, il n'y a pas si longtemps, pour que les hommes aient la possibilité d'assister à la naissance de leur enfant. Cela restait encore du domaine de l'exception, mais le premier pas était fait. Actuellement, il leur est facile, s'ils le souhaitent, de participer et d'apporter leur touche personnelle au début de cette vie familiale encore toute neuve.

Cependant, le métier de sage-femme n'a été ouvert aux hommes qu'en 1982 ; il a fallu attendre assez longtemps avant que l'un d'eux n'ose se risquer dans ce monde protégé, ou défendu, en tout cas, un monde secret.

Depuis quelques années, un certain nombre de naissances ont lieu à domicile, sous la conduite d'une sage-femme. Fréquent et organisé aux Pays-Bas, par exemple, ce mode d'accouchement reste assez marginal en France et éveille souvent la méfiance des structures traditionnelles.

Le choix d'accoucher à la maison résulte, selon ceux ou celles qui le pratiquent ou le choisissent, de la volonté de restaurer une intimité qui leur paraît insuffisante dans les autres lieux de naissance, de mobiliser le futur père, de modifier également le contexte médical, participants, lumière, bruit, position...

Mais surtout, et c'est là me semble-t-il le véritable enjeu, et une sorte de petite révolution, c'est une réintroduction du père dans une volonté commune de partage des tâches.

Après avoir activement participé à la préparation tout au long de la grossesse, le conjoint, pas encore tout à fait père, est invité par sa compagne et par la sage-femme à participer à l'accouchement, à y tenir un rôle. Seul, entre femme et sage-femme, il ne peut résister au chant des sirènes... Le déroulement au domicile et le caractère privé, délibérément intime, de cet accouchement l'amènent assez naturellement à une implication inhabituelle dans les lieux de naissance. Il lui est parfois proposé, s'il l'accepte, de se placer derrière sa compagne pour exercer de ses mains une pression progressive sur son ventre et aider ainsi à la progression du travail. Dans le passé, ce travail était réservé aux matrones.

Il est juste de préciser que dans quelques régions ou certaines ethnies du monde, rares il faut bien le dire, le père est sommé d'être présent et parfois physiquement participant. Cela reste exceptionnel, mais les Ewés du Togo, ou les Indiens Jivaros d'Amazonie, peuvent être accoucheurs de leur femme. Et l'on attend du père Jivaro qu'il réalise l'accouchement lui-même avec l'aide de sa belle-mère[21]. Pour nous, c'est le monde à l'envers ! En général les hommes, lorsqu'ils sont présents, ont un rôle de soutien, moral par les encouragements, physique s'ils se prêtent en appui au dos de leur compagne.

De nos jours, en Europe, les hommes qui revendiquent cette participation active ont souvent été dans leur couple les initiateurs de ce mode d'accouchement. Il faut toutefois s'assurer auparavant qu'ils sont bien préparés à cette participation, et notamment prêts à voir ce qu'ils vont voir.

Il n'est pas facile d'être confronté aux lieux de l'amour hors de l'amour… Pas simple non plus de voir chez sa compagne cet aspect du sexe féminin, différent de ce qu'il en a vu jusqu'alors, semblable à celui où nous avons été fabriqués et par où nous sommes sortis.

Au-delà du seul moment de l'accouchement, les aménagements de la vie sociale et professionnelle, notamment l'instauration d'un congé de paternité, permettent maintenant aux hommes, dès l'arrivée de leur bébé, de s'investir dans des domaines qui leur sont longtemps restés inconnus et tout à fait étrangers. C'est ainsi qu'ils assistent plus souvent à certaines consultations pendant la grossesse, et beaucoup plus, ensuite, aux examens de leur bébé.

S'ils donnent l'impression de se tenir en retrait, c'est sans doute par pudeur et respect pour leur compagne. Mais il ne faut pas se tromper, ils sont très attentifs à ce qui se dit et se passe dans la consultation. Et un peu plus tard, lorsque les conditions matérielles l'imposent et si la charge s'avère épuisante, comme c'est le

21. Lise Bartoli, *Venir au monde*, Paris, Payot, 2007, p. 136.

cas par exemple après la naissance de jumeaux, tous, ou presque tous, s'investissent largement et assument une part de la tâche.

Mais il faut reconnaître qu'on ne leur a pas facilité les choses, il a fallu du temps pour que leur rôle d'homme et leur rôle de père soient acceptés ; du temps aussi pour qu'on reconnaisse que leur présence est importante pour eux comme elle l'est pour leur compagne ; du temps enfin pour comprendre que cette participation s'inscrit dans le processus affectif qui débute, pour le père comme pour la mère, dans le désir même d'avoir un bébé, qui s'élabore ensuite pendant la grossesse, et prend corps, non sans ambivalence, avec la naissance de leur bébé.

De nos jours, personne ne trouverait plus saugrenu le fait qu'un homme assiste à l'accouchement de sa femme, et partage le « travail » avec elle, en quelque sorte.

De façon surprenante, c'est lorsqu'il refuse d'y assister qu'il devient suspect. On s'oppose difficilement aux injonctions de la société. Pourtant, cette même société, peu de temps auparavant, veillait encore très scrupuleusement au respect de l'interdit de ce qui est maintenant proposé ou vivement conseillé.

Il est préférable qu'il soit présent, c'est vrai. Mais il y a une condition à respecter. Il faut qu'il le souhaite et ne s'y sente pas contraint.

Ils n'en ont pas tous envie, ce n'est en rien une obligation, mais ils n'osent pas toujours le dire. S'ils ont participé à quelques-unes des séances de préparation, leur présence à l'accouchement devient plus naturelle, et moins angoissante pour eux. Eux aussi ont pu se préparer ; il ne s'agira plus d'un moment ponctuel, entre défi et spectacle, mais bien d'une continuité d'attention et d'une implication personnelle.

Ce qui est devenu habituel en France, par exemple, reste impossible dans bien des pays, pour des raisons diverses, culturelles ou religieuses en particulier. En Chine ou au Vietnam, au Japon, et bien sûr dans la majorité des pays de religion musulmane, les hommes ne sont pas admis dans la pièce où leur femme accouche. Les médecins y sont d'ailleurs majoritairement des femmes.

Lorsque j'entrai dans la salle, c'est l'accoucheur que je vis en premier.

Il était assis sur un petit tabouret, la tête entre les jambes écartées d'une femme allongée sur son lit de travail. Il l'encourageait : « Poussez, madame, poussez comme si vous alliez à la selle ! »

Je n'étais pas tout à fait d'accord avec cette formule qui m'a toujours semblé résulter d'un amalgame douteux, mais je ne venais pas pour expliquer ma vision des choses, ni pour proposer de remplacer un vocabulaire sans doute efficace par des métaphores poétiques.

C'est alors que, m'avançant dans la pièce pour vérifier le bon état de mon matériel, je vis, debout derrière le médecin, un peu à distance, un homme, blême, visiblement terrifié ; il se tenait immobile, presque figé, agrippé des deux mains à son caméscope, avec lequel il ne parvenait pas à cacher son visage, pour filmer cette scène, pour la voir, et ne pas la voir. Je me souviens avoir remarqué que les jointures de ses articulations étaient toutes blanches tellement il serrait sa caméra.

À ce moment me revint en mémoire la façon dont l'un de mes enfants, il avait quatre ou cinq ans, conjurait la peur lorsqu'il regardait un film à la télévision. Si une scène tout à coup s'avérait inquiétante, ou s'il craignait qu'elle le devînt, il mettait lui aussi ses mains devant ses yeux, les doigts arrondis en forme de tubes, comme s'il s'agissait de jumelles. C'était sa façon d'éloigner ce qui l'effrayait.

Pour cet homme, son caméscope était sa seule protection, la seule façon de garder une distance entre lui et ce qu'il découvrait, d'éloigner, sans la quitter, cette scène à laquelle il ne s'attendait pas, cette peur qui le tenaillait.

Il allait devenir père, il avait très peur, et il était tout seul.

Je ne savais pas où était sa vraie peur ; était-ce l'accouchement ? Ou la naissance ? Ce bébé qu'il devinait sans encore le voir tout à fait ? Ou sa femme, qui mettait son enfant au monde ?

Je crois que s'il n'avait pu interposer ce filtre, il se serait effondré.

Subitement je me sentis très mal à l'aise.

M'approchant, je le pris par le bras : « Venez vous asseoir auprès de votre femme, vous serez mieux ! »

Il se laissa guider, s'assit à côté d'elle ; plus exactement il s'affaissa pendant quelques instants, les yeux fermés. Puis, prenant appui sur le lit, il saisit la main de sa compagne et la serra, pour ne la lâcher qu'après la naissance de leur bébé.

Ce fut elle qui le réconforta.

Installés côte à côte, il leur sera plus facile de partager leurs émotions, et certainement leur inquiétude ; une inquiétude bien compréhensible, qu'il n'est pas bon d'affronter seul. Ils inventeront peut-être ensemble, et l'un pour l'autre, des mots et des gestes nouveaux, afin de partager cette entrée, si bouleversante pour chacun, dans leur vie de parents.

Si l'on peut assister à la naissance de son bébé, il n'est pas souhaitable d'être spectateur de l'accouchement de sa femme. La situation est toujours inconfortable, « *Voir naître, regarder la naissance en face et jusqu'au bout... Un étrange effroi m'a saisi, un effroi concernant celui qui arrivait et dont le galop sonore du cœur obligeait mon cœur à galoper aussi.* »[22]

L'engagement des hommes dans la vie de leur bébé, et de sa mère

On ne peut réduire le rôle des pères aux quelques actes symboliques que sont, par exemple, la section du cordon ombilical, ou le premier bain de leur bébé en salle de naissance.

Il est évident que les pères occupent une vraie place ; presque tous le savent, il serait bien évidemment injurieux de prétendre le leur expliquer.

D'autres, qui n'osent le penser dans un premier temps, le comprennent, pas à pas, au fil de l'expérience qu'ils font progressivement. De nombreux pères viennent maintenant régulièrement aux consultations de pédiatrie avec leur compagne et leur enfant. Il y a trente ans, lorsque j'ai débuté cette activité, c'était tout à fait inhabituel, je pense même que ce n'était pas envisageable, sinon pour quelques rares pionniers bien aventureux.

Il n'est pas exceptionnel qu'ils y amènent seuls leur fille ou leur fils. La salle d'attente, majoritairement peuplée de femmes, n'en est pas troublée, personne ne semble s'en étonner. De certaines familles, je ne connais pour ainsi dire pas la mère.

Les comportements étaient différents, mais il faut les situer dans le contexte de l'époque. Les journées de travail étaient

22. Pierre Péju, *Naissances*, Paris, Gallimard Folio, 2003, p. 103.

plus longues qu'aujourd'hui, et les pères n'avaient pas toujours le temps de rentrer chez eux avant de conduire leur femme et leur bébé à mon cabinet. Ils restaient à l'extérieur, et si je leur proposais d'assister à la consultation, ils prétextaient volontiers, pour expliquer leur retenue, qu'ils ne se sentaient pas propres et n'osaient pas se présenter en tenue de travail.

Ils ne se sentaient peut-être pas autorisés comme leur femme semblait l'être, et affichaient souvent une appréhension pudique, ou une réticence craintive, à toucher et à prendre dans leurs bras leur tout petit bébé. Ils disaient que les bébés, ce n'était pas pour eux, qu'ils préféraient attendre un peu, qu'il soit un peu plus grand, ou prétextaient qu'ils avaient peur de lui faire mal.

Ça passait par les femmes. C'était leur tâche, leur compétence ; ils n'auraient osé s'y risquer.

Il est important de préciser que si beaucoup d'hommes, encore maintenant, restent un peu à l'écart des questions de changes, repas, et horaires, tous sont très présents quand apparaissent des difficultés : maladie grave, grande prématurité, troubles du comportement ou retard des acquisitions…

Il est évident que beaucoup de parents cherchent d'abord à se situer, à s'orienter. Chacun tente de comprendre qui il est, et ce qu'il devient, qui est l'autre, et ce qu'ils sont en train de devenir dans ce nouveau chapitre de leur histoire.

Pour les hommes, comme pour les femmes, il peut donc arriver que « l'orient ne soit plus tout à fait à l'est… ». Il est même parfois complètement décentré, et ils peuvent se retrouver, eux, tout à fait désorientés !

Il leur faut peut-être aborder une femme inconnue

J'ai fait souvent ce rêve étrange et pénétrant,
d'une femme inconnue, et que j'aime et qui m'aime.
Verlaine, Mon rêve familier

Tout le monde comprend aisément que les femmes puissent être déconcertées.

Curieusement, tout le monde est également surpris de voir que les hommes ne sont pas non plus tout à fait dans leur assiette. Pourtant, il n'y a là rien de très étonnant. Si l'on y réfléchit, le fait de se connaître père n'est certainement pas immédiat pour la plupart, ni très naturel.

Qui plus est, il est souvent difficile pour un homme de retrouver la femme qu'il connaît dans celle qu'il découvre mère.

Très logiquement, il se demande quelle place il peut occuper, et celle qu'il occupera auprès de cette femme dont il découvre une facette qu'il n'avait jamais aperçue.

Il connaissait sa compagne, il croyait la connaître, et il s'aperçoit avec étonnement qu'il ne la connaissait pas très bien.

Ils sont désormais tous les deux différents de ce qu'ils étaient auparavant.

Dans cette situation si nouvelle, si déconcertante, il va peut-être avoir affaire à une femme inconnue, et à coup sûr à une mère qu'il ne connaît pas. Jusqu'alors il avait bien évidemment rencontré des femmes qui avaient des enfants. Mais de mère, il ne connaissait que la sienne.

Pour se retrouver dans cette aventure, et retrouver l'autre, il faudra prendre le risque de se confronter à l'inconnu, à l'inconnue, à l'inattendu.

Des questions brûlantes se posent. Pourront-ils renouer avec la vie qu'ils aimaient ensemble ? Jouir à nouveau d'une sexualité partagée et satisfaisante ? Est-ce que tout reprendra comme avant, facilement, ou bien, est-ce qu'au contraire tout pourrait être changé, à jamais ?

Il y a beaucoup de crainte dans cette période.

On craint pour son bébé, c'est bien compréhensible, parfois on craint pour sa femme, il peut y avoir des raisons. Et, sans se le dire vraiment, on craint un peu pour soi. On n'en mène pas large, l'expression est explicite.

Il y a la peur de l'avenir, elle s'impose sourdement, et avec elle la crainte de ne plus être aimé, et celle de ne plus aimer. La peur aussi que ce bébé n'occupe trop de place, qu'il n'en laisse aucune.

Pour certains c'est fini, ça y est, ce ne sera plus jamais comme avant ; les choses sont définitivement changées.

Il y a des circonstances qui, effectivement, changent durablement la vie, peut-être définitivement.

Lorsqu'un enfant présente un handicap lourd, nécessitant des soins et une attention continus, son père comme sa mère peuvent être totalement absorbés. Leur vie peut être totalement consacrée à cette tâche très lourde et très douloureuse. Ce qu'ils avaient imaginé de leur vie avec leur enfant n'aura pas lieu. Leurs projets passés n'ont plus cours, ils ne se réaliseront pas.

Les parents de Bénédicte sont entrés presque immédiatement dans leur nouveau mode de vie. Dès la naissance, le médecin ne leur avait pas laissé grand espoir, ils ont vite compris qu'elle ne serait jamais autonome et que son handicap la contraindrait, et les contraindrait avec elle, pour elle, à une dépendance absolue.

Ils ne s'y attendaient pas. Ce n'était pas ainsi qu'ils avaient imaginé leur vie avec leur toute petite fille, leur première enfant. Presque naturellement ils s'engouffrèrent ensemble, d'un même élan, dans leur double fonction, soignants et parents. Cela dura 12 ans.

Un jour, Bénédicte était morte depuis quelques semaines, ils me racontèrent qu'à force de se consacrer à leur fille, de se relayer jour et nuit à son chevet, ils s'étaient un peu oubliés.

Ils vivaient ensemble sans déplaisir, ils s'aimaient, mais se rendaient compte que peu à peu leur vie sexuelle s'était étiolée, puis qu'elle avait disparu silencieusement, sans même qu'ils en aient pris conscience.

Leur désir et leurs besoins s'étaient estompés, ou déplacés. Leur énergie était investie ailleurs, ils ne ressentaient pas de manque. Ils étaient entièrement pris par autre chose, et ils fonctionnaient bien ensemble.

Maintenant elle est morte, ils sont seuls, ils vont devoir réapprendre à vivre tous les deux, sans elle.

Parfois, il n'est pas facile de devenir père

Quand on parle de la naissance et de ses parages, il faut bien reconnaître qu'on ne parle pas souvent du père. Plus précisément, on ne parle pas beaucoup du fait qu'un homme devient père, ni du fait qu'il voit sa femme devenir mère.

D'ailleurs, la littérature n'abonde pas à leur sujet, au regard de ce qui est écrit à propos des mères. Est-ce bien étonnant ? De toute évidence, chacun perçoit qu'il ne saurait déployer les audaces dont sa femme est capable avec leur enfant.

C'est elle qui a porté leur bébé dans son ventre ; elle qui vient d'accoucher ; elle, encore, qui le nourrit au sein de son lait. Elle qui se lève la nuit parce qu'elle l'entend pleurer…

Et puis il y a quelque chose qu'elle est peut-être seule à savoir faire ; elle sait mettre en route, et faire durer, cette « basse continue », cette attention soutenue dont les bébés ne pourraient se passer. La basse continue, comme une corde qu'on frôle et qui ne cesse de vibrer, sur une seule note, assure une stabilité, la continuité sur laquelle les bébés peuvent s'appuyer pour jouer en sécurité leur mélodie. Elle les protège des dissonances ; elles peuvent advenir, mais ne mettent pas en danger l'harmonie de la mélodie qui s'improvise.

Les bébés peuvent ainsi évoluer, à la lisière d'un environnement dont ils ne peuvent encore prendre la mesure, et dont ils ne savent pas encore se garantir par eux-mêmes. Ils sont à l'abri.

Sous la protection de leur mère, ils apprendront progressivement à se passer de cette continuité, à en faire une discontinuité acceptable et dépourvue de risque. Elle leur montrera qu'elle peut s'absenter et revenir, ne pas être là et pour autant continuer d'exister, et ils apprendront à l'attendre sans souffrir de son absence.

Elle a toutes ces compétences. Son compagnon, s'il les a également, a moins l'occasion de les exercer. Il n'a pas porté cet enfant dans son ventre, ce n'est pas lui qui a accouché ; ce n'est pas non plus lui qui lui donne le sein ; il n'entend pas toujours son bébé qui pleure la nuit…

Alors c'est vrai, on accorde moins d'attention au père du bébé ; il n'occupe pas le devant de la scène.

Le mouvement qui le soulève, qui peut l'emporter, est peut-être moins spectaculaire que celui qui bouleverse sa femme. Il me semble surtout qu'il est moins immédiat, et plus progressif.

Ce n'est peut-être pas toujours vrai. Pour lui aussi cette naissance peut être un véritable tremblement de terre. S'il n'a pas été ébranlé par la première secousse, les répliques le feront peut-être basculer.

J'ai suivi un enfant qui présentait un handicap moteur sévère. Son père était ouvrier forestier, bûcheron : « Jusqu'à maintenant, me disait-il, quand je coupais des arbres, c'était seulement pour faire mon travail. Au début, quand Julien est né, je ne me rendais pas compte. Maintenant, je ne sais pas pourquoi, mais ça n'est plus pareil, c'est devenu autre chose. Chaque fois que je coupe un arbre, c'est pour Julien que je le coupe. »

C'est ainsi qu'il vivait et exprimait son émotion, et son respect pour son petit garçon. Sa vie avait changé de sens.

Malheureusement, je lui dois d'expliquer comment un jour, malgré lui, il a laissé Julien et sa femme : un des arbres qu'il coupait pour son fils est tombé sur lui, et l'a écrasé.

Tout autant que leurs compagnes, les hommes qui deviennent pères sont confrontés à des incertitudes, et à bien des questions qu'ils n'osent poser.

Ces questions, ou la façon de les formuler, sont différentes de celles que posent les femmes. Leurs sujets de préoccupation ne sont pas les mêmes, et quand ils sont les mêmes, ils ne surgissent pas au même moment.

Il est probable qu'au début un homme qui devient père se trouve confronté plus à ses parents qu'à sa femme. Il faut du temps pour réaliser et admettre le fait que de fils de son père, on devient à son tour père d'un enfant.

On parle bien souvent des relations qu'ont entretenues et entretiennent les hommes avec leur mère, ou l'inverse. Je crois aussi qu'il est plus facile, peut-être moins déroutant, de devenir père si l'on a eu la chance d'avoir une bonne relation avec son père. On peut alors aborder la paternité de façon moins heurtée, avec plus de douceur ; on peut en accepter plus tranquillement les incertitudes ; le chemin existe, même s'il faut le découvrir.

Je connais un homme, père de quatre enfants, qui ne réussit pas à trouver la bonne mesure dans sa relation avec ses enfants, pas plus d'ailleurs qu'il n'avait su la trouver avec sa femme. Il est pris dans un carcan éducatif dont il a beaucoup souffert lorsqu'il était petit, et ne parvient pas à parler avec eux, ni à les écouter. Il voudrait bien faire autrement ; mais quand il parle, les mots qui sortent de sa bouche sont ceux qu'il entendait quand il était enfant. Il ne peut les retenir.

Lorsqu'il veut exprimer ses sentiments à l'un de ses enfants, sa position oscille entre la maladresse et l'autorité, pas toujours à bon escient.

De façon imagée, sa femme dit qu'il ne peut être père que « sur prescription ». Mais, si elle ne le comprend pas bien, ou si elle a du mal à accepter ces manifestations pataudes, ses enfants, eux, semblent comprendre ces sentiments qui restent en deçà des mots, et je crois qu'ils essaient de le protéger de lui-même.

Dans ce domaine des difficultés que peut rencontrer un homme qui devient père, il y a un chapitre un peu particulier ; il retient mon attention parce qu'il parle d'un malaise souvent, d'une incertitude, et toujours d'une appréhension.

Lorsqu'une femme met au monde un bébé né d'une insémination par donneur anonyme, il n'est pas toujours aisé pour son compagnon de savoir comment il est père, ni comment sa femme, qui a donné son ovule et son ventre, l'aidera à devenir père, et le respectera dans cette fonction.

Lorsqu'un homme a traversé la dure épreuve de la confirmation de son infertilité, l'angoisse des tentatives vaines, et a fini par accepter que sa femme porte un enfant issu de la semence d'un autre, il reste souvent silencieux lors des premières consultations.

Les mêmes questions me viennent toujours à l'esprit. S'est-il senti père pendant la grossesse de sa femme ? L'enfant qu'elle portait était-il déjà le leur ? Ou bien préférait-il attendre que ce bébé soit né pour le reconnaître et se laisser aller à la paternité ?

Beaucoup souhaitent que nous ne soyons pas informés, préférant peut-être faire comme si de rien n'était. Plus tard ils en parleront, incidemment, et s'étonneront que nous ne soyons pas au courant.

Au début, ils sont comme intimidés devant leur femme et leur bébé, leur paternité leur semble précaire. Mais surtout ils éprouvent un malaise flou, ne savent pas comment trouver la juste distance avec leur bébé, et comment devenir, et être, son père.

La consultation peut les aider à trouver cette confirmation. Si nous les associons à l'examen, par le mouvement et le toucher, ils s'apercevront que ce n'est pas le seul fait des femmes, qu'ils comprennent ce bébé, que lui aussi semble les comprendre, et qu'entre eux peuvent exister un lien et une continuité. Plus que jamais l'attention à la circulation des regards, qui donne leur poids aux interlocuteurs, revêt toute son importance.

Il est leur bébé parce qu'il leur devient familier ; l'amour peut enfin être filial.

Avoir un fils, est-ce que ça peut rendre malade ?

Julien a six semaines. Le désarroi de son père est immense.

Il n'ose pas approcher son fils, encore moins le toucher, et semble très anxieux, comme interdit de tout.

Il me dit qu'il est épuisé, précise qu'il ne sait pas ce que c'est qu'être père, ni comment être père, qu'il ne peut imaginer ce que ça engage, et que ça le terrorise.

Je vois bien que son monde vacille, que sa vie se fendille.

Au fil de notre conversation, nous en venons à évoquer son père. Je lui demande s'il est vivant. Troublé par ma question, il me répond qu'il est mort, d'un cancer de la prostate, onze ans plus tôt.

Il me vient de lui répondre qu'il est difficile pour une femme, lorsqu'elle donne le jour à un bébé, de ne pouvoir se référer, d'une manière ou d'une autre, à sa mère vivante, et qu'il me paraît tout aussi douloureux pour un homme, quand il devient père, je parle d'expérience, de ne pouvoir se référer à son propre père, surtout s'il a à son tour un fils.

Je comprends qu'il se sente perdu. C'est un vrai manque, une vraie absence ; cruellement orphelin, à nouveau. Il ne peut pas présenter son enfant à son père, lui dire que son ancien petit garçon est devenu père, comme lui, d'un fils.

Quelques jours plus tard, la mère de Julien me dit que peu avant son accouchement, son mari avait présenté des coliques néphrétiques et qu'il avait eu très peur, envahi par la certitude qu'il débutait à son tour un cancer de la prostate.

Au moment où naissait son fils, il craignait d'être terrassé par la maladie dont son père était mort.

Son père à qui il ne peut plus parler.

Un fils à qui il ne pourrait pas parler.

Je crois, je l'ai dit plus tôt, que, précisément lorsqu'on a un bébé, il faut pouvoir s'assurer qu'on peut être encore, fût-ce pour quelques instants, l'enfant de ses parents, quitte à abandonner bien vite cette position.

À l'inverse, les parents peuvent éprouver un sentiment comparable ; quand ma fille attendait son premier enfant, une petite fille, j'ai éprouvé le besoin, quelques jours avant la naissance, d'aller la voir ; j'aurais presque pu ne rien lui dire, juste la regarder quelques instants, elle, mon ancienne petite fille, avant qu'elle ne soit tout à fait mère, encore un peu seulement mon enfant.

Qui assiste à la consultation ? Le conjoint ? Ou le père ?

Lors des premières rencontres de consultation, les deux parents viennent souvent ensemble. C'est un aspect spécifique des consultations de pédiatrie ; elles ne se déroulent pas comme les autres consultations de médecine parce que nous avons toujours affaire à plusieurs interlocuteurs simultanément : le bébé bien sûr, et l'un de ses parents, ou les deux.

Il n'est pas facile de s'adresser à tous en même temps, on ne peut accorder une attention équivalente à chacun.

Qui regarder ? À qui parler ?

C'est toute la question de la circulation du regard, car elle participe à orienter le déroulement de la consultation. La façon dont le regard est adressé confère une présence à chacun des deux parents, ou peut au contraire exclure l'un d'eux, parfois de façon prolongée. De même, nous nous apercevons tout à coup que nous parlons presque toujours au même.

Dès les premières minutes de l'entretien, l'orientation de la consultation est donnée, et peut-être aussi celle des rencontres à venir. L'abord sera différent, sans que rien n'en soit dit, selon que le père se positionnera, ou que nous le percevrons, comme conjoint, ou comme père.

Habituellement, quand les bébés sont tout petits, nous échangeons plus naturellement avec les mères ; ce sont elles qui parlent, elles, plus souvent, qui posent des questions. Elles abordent des sujets d'ordre pratique, horaires, rations alimentaires et quantités de lait, nous interrogent sur l'hygiène et les soins courants, sur le sommeil, et l'insomnie…

Les pères peuvent se sentir exclus de cette situation inattendue ; elle peut en imposer pour une sorte d'intimité, ou de connivence, entre leur compagne et le médecin. C'est certainement très rassurant pour elles, moins pour eux. Ils restent alors un peu en retrait et risquent de se voir accorder moins d'attention. Il se peut qu'ils soient en marge de ce qui se dit et se passe.

L'un d'eux, très agacé, m'a dit un jour qu'il se demandait bien ce qu'il faisait là. J'avais pourtant l'impression d'être attentif à sa présence. Probablement m'étais-je laissé abuser, malgré moi, par une identification excessive, et emporté par la fascination qu'exercent quelquefois sur les pédiatres les mères et le couple insolite qu'elles forment avec leur bébé. Winnicott disait que « les pédiatres sont capables de s'identifier à un nourrisson et de le maintenir », et que « cette capacité explique peut-être l'attirance des gens pour la pédiatrie ». Moi, je croyais que c'était à cause du fourgon des postes, mais ça ne suffisait peut-être pas.

S'identifier ? Être fasciné ? L'identification peut être subvertie par la fascination, qui modifie les enjeux et dénature le processus de soins.

Ce déplacement aboutit toujours à l'exclusion relative de l'un de ceux, le père ou la mère, qui assistent à la consultation. Ça ne leur est pas agréable, et ça peut les opposer. En général, nous ne le percevons pas bien, ou pas tout de suite. Eux s'en aperçoivent très vite.

Les pères se résignent donc, en général, à ce qu'on leur parle moins, du moins tant qu'on reste à débattre de sujets plutôt matériels dont ils peuvent accepter qu'ils concernent plus volontiers leur femme.

En premier lieu, il faut avoir répondu à ces questions d'ordre matériel et à ce qui a trait au corps ; c'est habituellement au nom du corps que la consultation est demandée. Pour pouvoir aborder d'autres thèmes, qui ne manquent pas d'émerger dans la consultation, il faut avoir résolu les problèmes simples, la gestion du quotidien, et répondu à la crainte des maladies. Les autres questions ne pourront émerger que si elles se fondent sur ce socle de confiance.

C'est alors que les pères se sentent beaucoup plus concernés.

Si leur demande est centrée sur le bébé, nous comprenons vite qu'elle a souvent plusieurs entrées, et concerne des questions et des hésitations qui débordent largement le cadre du seul examen pédiatrique.

Ils s'inquièteront bien sûr des maladies éventuelles ; mais ils nous interrogeront surtout sur le développement de leur bébé, justement soucieux de la qualité de ses acquisitions. Mais les hommes qui deviennent pères ont, comme les femmes, d'autres sujets de préoccupation que ce qui concerne le seul bébé ; des questions plus personnelles leur viennent, plus difficiles à aborder, parce qu'elles ont trait à leur place, et autant à leur identité de père qu'à leur identité d'homme.

Ils sentent bien que s'ils commencent à en parler, ils s'exposeront. De plus, c'est difficile à exprimer, tout est si soudain ! Comment formuler cette impression qu'on ne parvient pas même à définir pour soi, qui se traduit d'abord par une sorte de malaise ; c'est impossible à expliquer. Les mots ne leur viennent pas.

Presque toujours, ces interrogations ont trait à la « reconnaissance ». Ils se demandent comment leur compagne les reconnaît. Ils se demandent aussi comment ils sauront reconnaître cette femme dont certaines réactions sont si inattendues qu'elle leur paraît étrangère. Il s'agit également de savoir comment leur bébé va les reconnaître, et comment ils vont, eux, parvenir à le « reconnaître ».

Un père, venu seul avec son bébé âgé de deux mois, semblait hésiter, puis, comme s'il se jetait à l'eau, m'a posé une question bien étonnante, je ne l'attendais pas : « J'ai… j'ai quelque chose à vous demander. Quand est-ce que ça devient humain ? »

Je fus d'abord interloqué. Et puis je compris qu'au-delà de cette formulation maladroite, il voulait savoir comment, par quels signes, cet enfant, encore si étrange, s'inscrivait dans le même monde que lui. Il me demandait de lui donner des clés qui lui permettraient d'être certain que ce bébé se rattachait bien à son monde, le monde des vivants, identifiable et rassurant, celui des humains.

C'est cela, il voulait que je lui donne des garanties « d'humanité ». Il cherchait donc à découvrir ce qui faisait de ce bébé un « petit d'homme », qu'il pourrait inscrire sans crainte dans sa vie et sa filiation, qu'il pourrait présenter sans hésitation et avec fierté à son père et à sa mère, et dont il pourrait dire « c'est mon fils, votre petit-fils ».

Je rencontre des hommes, des femmes aussi, moins souvent, qui regardent, effarés, leur bébé qu'ils ne connaissent pas encore très bien, et se disent « mais, qu'est-ce que j'ai fait ! »

La familiarité n'est pas encore installée. Quand, ensuite, on est un peu habitués les uns aux autres, et à la situation, on peut anticiper, prévoir, et mieux comprendre ce qui arrive. Au début, tout est surprenant, et si déconcertant !

Beaucoup de cultures, je l'ai évoqué un peu plus tôt, gardent actifs des rituels qui ont pour fonction de rattacher les bébés naissants au monde des vivants, de les extraire de celui des esprits ou des ancêtres, et de faire en sorte qu'il ne leur prenne pas l'envie d'y retourner, ou que les esprits ne puissent s'emparer d'eux, d'aucune manière.

La mort, la folie… Des mondes étranges.

Dans le film *Little Big Man*, Peau de la vieille hutte, le vieux sachem, sent qu'il va bientôt mourir ; il adresse au Grand Manitou, une requête, une seule : « *Prend soin de mon fils, et garde le toujours de la folie* ».

Nos superstitions et nos rêves secrets sont-ils si éloignés de telles requêtes ? À qui les adressons-nous ? Et sous quelle forme ?

Nos cauchemars les côtoient ; ils restent tapis dans l'ombre, méconnus, à fleur de raison ou de sommeil. Si l'on n'y prend garde, un bébé suffit à les réanimer.

Chez les Moken, dans l'archipel malais, la mère ne regarde jamais son bébé dans les premiers jours, elle ne s'en occupe pas et surtout feint l'indifférence afin d'éviter que les esprits ne s'en emparent et ne l'empêchent d'accéder au monde des vivants. Aucune marque de tendresse, aucun signe d'attachement ; le père ne l'approche pas non plus. Seule une sage-femme le nourrit discrètement en faisant couler de l'eau d'un linge mouillé qu'elle tord au-dessus de sa bouche.

Pour les hommes, la confirmation aux yeux de tous de leur virilité

J'espère que ça va tenir sur mes épaules pas bien carrées,
pas bien gaulées, pas bien baraquées, pas balaises.
Albin de la Simone, chanson, 2013

Dès la naissance de leur enfant, les hommes sont confrontés à une double nécessité.

Ils doivent affirmer leur nouvelle identité, celle qui est publique.

Ils doivent également se confronter à la surprise d'en découvrir la dimension intime, y compris dans sa signification sexuelle. Mais pour une part, ce qui les saisit leur est propre, et ne concerne peut-être pas directement la femme avec qui ils ont eu ce bébé.

Ce n'est pas facile car, précisément dans cette période de leur vie, il leur vient des idées qui ne les avaient jamais effleurés ; par exemple, il peut leur arriver de penser que chez eux aussi il peut y avoir quelque chose de féminin, des sentiments ou des comportements qui ressemblent à ce qu'ils connaissent plutôt chez les femmes. Ça fait bizarre, au début, quand on n'y a jamais pensé, ou presque pas, et qu'on le comprend tout à coup !

La dynamique familiale prend forme petit à petit ; elle est encore volontiers menacée, car les identités sont fragiles, et pour un temps, incertaines.

Pour Pierre Péju, « *l'immense précarité de la paternité n'est jamais donnée, comme la maternité, mais conquise, de jour en jour, d'instants partagés en instants partagés... d'émotions en habitudes, de confiance en énigmes.* »[23]

---

23. Pierre Péju, *Naissances, op. cit.*, p. 106.

L'évidence de la paternité est moins criante que celle de la maternité, les hommes gardent donc confusément présent à l'esprit le fait qu'ils ont à confirmer que cet enfant est bien le leur.

D'ailleurs, jusqu'en 1972, le droit s'est appuyé sur le vieil adage du droit romain : *Mater semper certa est, pater semper incertus.*[24]

L'après-midi finissait sur la plage ; je regardais mes enfants qui jouaient avec leur mère. Je venais d'arriver, j'étais un peu à distance, ils ne m'avaient pas encore vu. Juste derrière moi, se tenaient deux femmes un peu âgées ; elles connaissaient ma belle-famille, mais ne m'avaient jamais rencontré. Elles étaient assises sur le sable, mieux assises encore dans un persiflage qui leur était coutumier.

L'une d'elles dit à sa voisine : « Tu as vu ces deux garçons, comme ils sont blonds ? Tu sais, ce sont les petits-enfants de Geneviève. Sophie, leur mère, est très blonde ! Il paraît que leur père est très brun ! Le pauvre garçon ! Il n'a pas dû comprendre ce qui lui est arrivé ! »

La surprise passée, je pensai un peu tristement que la preuve restait toujours à faire. *Pater incertus* ? Par chance, mes enfants me ressemblaient, et par chance encore, ils me ressemblent toujours.

Si les hommes ne sont pas capables de porter les enfants, ni de les mettre au monde, ils devront au moins confirmer qu'ils en sont les pères.

Et puis en général, on ne plaisante pas avec le genre ! Chez nous, après la naissance d'un garçon, on entend parfois parler de « l'héritier ». On ne parle pas d'héritière lors de la naissance d'une fille.

---

24. La mère est toujours certaine, le père toujours incertain.

Dans certains pays, une femme qui ne fait pas de garçon est répudiée. Dans ces mêmes pays, il reste préférable que l'enfant premier né soit un garçon, doublement garant de la virilité de son père. Il en témoigne, et saura en assurer la pérennité.

Au Liban, quand naît un garçon, il arrive que le père offre à ses amis un long et gros cigare serti d'une bague sur laquelle figure la mention : « *It's a boy.* » On fumera le cigare, mais on conservera la bague.

Lors de la naissance, il est donc très important aux yeux de tous de préciser les appartenances et de contrer les incertitudes. C'est bien sûr pour cette raison que les familles restent si sensibles au jeu des ressemblances et s'y adonnent dès leur première visite à la maternité.

Il faut trouver à qui ressemble ce bébé, de qui il est le portrait craché. Il faut qu'il ressemble à quelqu'un, à quelqu'un de la famille.

Il est à peine né ; dans les deux familles, les commentaires vont bon train : « Il a les yeux de quelle couleur ? Tiens, c'est étonnant ! Pourtant, dans la famille, les yeux… Non, en fait, je crois qu'ils seront verts, comme ceux de grand-père ; tu te souviens des yeux de grand-père ? Mais la bouche, non, c'est sûr ! Regarde, c'est celle de son père, c'est frappant !

Mais s'il n'a rien de son père, s'il ne ressemble à personne à qui on puisse le référer ? Mais alors ? D'où vient-il ? Un peu d'inquiétude…

On trouvera toujours, *in extremis*, quelqu'un dont il a un petit quelque chose. Bien sûr ! « Comme ça, on n'aurait pas dit… Évidemment, c'est son sourire ; à s'y méprendre ! »

Alors ? Alors, il peut faire partie de la famille. Entre doute et plaisanterie, il s'agit bien de savoir de qui est né ce bébé, qui l'a « fait », et d'affirmer de qui il « descend ».

Très clairement, il faut pouvoir être sûr que son père est bien son père.

Mais au-delà de cette interrogation un peu simpliste sur l'auteur des jours d'un bébé, se pose une vraie et importante question symbolique, la question de l'humain, de la nature humaine, et des filiations qui en assurent la pérennité.

Il faut pouvoir éloigner l'étrangeté et tirer ce nouveau-né du côté de l'humain ; c'est chez nous, et c'est rassurant…

Au bébé qui vient de naître, plus ou moins consciemment, on reconnaît une appartenance, et on lègue une histoire ; il aura pour charge d'en écrire la suite et, à son tour, de la transmettre.

Un petit garçon de trois mois était hospitalisé à l'Hôpital des enfants. Les box étaient vitrés. Soudain, je vis son père gifler violemment sa femme et quitter la pièce. Elle m'expliqua en pleurant qu'il lui avait dit : « Mais ! Il louche ! Avec qui tu l'as fait ? »

Il présentait lui-même un strabisme ; certaine de plaisanter, elle lui avait répondu : « Ben, avec le facteur ! » Il travaillait à La Poste®, mais n'y était pas facteur, et n'avait pas supporté cette réponse. Quelques mois plus tard, ils se sont séparés. Tout le monde n'octroie pas les mêmes vertus au fourgon des postes !

Passer de la vie de couple à celle de parents

Ne sois pas si bête !
Voyant qu'il était si bête, je l'ai embrassé !
France Gall, 1963

Cette difficulté est commune aux hommes et aux femmes.

Jusqu'alors, leur seule référence à la vie de parents était probablement ce qu'ils avaient retenu de leur enfance et perçu de leurs propres parents.

S'ils éprouvent parfois une certaine perplexité, on voit bien que dans l'ensemble les hommes savent s'installer peu à peu et sans grandes difficultés à leur nouvelle place. Tout d'abord timides avec leur bébé, attentifs à leur femme dont ils pressentent le bouleversement, ils apprennent peu à peu un nouveau langage, des gestes nouveaux, pour partager avec elle cette émotion nouvelle et envahissante.

Par chance, les bébés sont « attendrissants », et généralement attirants… De ce fait, ils savent venir chercher leur père dans des replis de terrain qui lui sont encore inconnus ; ils lui font même brûler les étapes et, sans avoir besoin de mots, lui désignent sa place.

Et puis les hommes ne le savent pas toujours, mais leurs femmes, dans leur tête, leur ont en général déjà fait une place de père.

Quand ils le comprennent, ils perçoivent aussi qu'elles ne tarderont probablement pas à renouer avec l'intimité de leur couple, à les désirer de nouveau. Pour la plupart, ils acceptent avec simplicité de penser que ce qui appartient à leur femme, à la mère de leur bébé, n'est pas exactement sur leur terrain, et ils comprennent que leurs temps sont différents de ceux des femmes, des mères.

Conscients des priorités, ils savent, sans s'absenter ni rien perdre de vue, s'effacer à bon escient, pour soutenir ce qui est à l'œuvre, confiants dans le fait qu'ils vont savoir inventer leur propre mode d'expression, différent de celui de leur femme.

Sans même s'en rendre compte, ils sont en appui, et cela représente pour leur femme une aide réelle, celle dont elle a besoin. Cet appui, elle l'attend de son compagnon. Et lui le comprend, en même temps qu'il prend conscience de la responsabilité nouvelle et sérieuse qui lui incombe.

Elle attend de lui qu'il « se comporte en homme » ! Mais, s'il peut aussi être un peu « maternel » avec elle, s'il peut tenir un peu un rôle de mère, pas pour le bébé, mais pour elle, quand elle en a besoin, s'il peut l'envelopper, la tenir dans le creux, elle pourra s'y reposer et se laisser aller au fil de la confiance.

Appelons ça de la tendresse. En plus, finalement, ça se partage. Ça ne se commande pas ; s'il le fait, il ne s'en rend pas compte. Cela dépend de plusieurs choses, de la relation qu'il a eue avec ses parents, de celle qu'ils ont élaborée tous les deux, de la place qu'elle lui reconnaît auprès d'elle mère, et femme, et de l'accès plus ou moins spontané qu'il peut avoir à sa propre féminité. À certains moments de la vie, il faut savoir « être une mère pour soi », comme me l'a suggéré un ami un jour où je n'allais pas très bien. Depuis, je m'y suis appliqué.

Mais quelquefois, ils ne parviennent pas à se comprendre.

Il y a des choses auxquelles les hommes ne parviennent pas à s'accoutumer, qu'ils ne parviennent pas à accepter.

Alors, ils se sentent très seuls. Ils sont dépossédés ; il leur semble que leur bébé s'est approprié ce qui leur appartenait !

Et ce sont eux qui ont besoin d'aide.

C'est en général de leur compagne qu'ils l'attendent, de celle avec qui ils ont fait ce bébé. C'est souvent elle qui donnera l'impulsion, mais il s'agira d'un travail commun ; il est préférable qu'ils inventent ensemble ces nouveaux chemins amoureux. La tendresse n'est pas l'apanage des femmes, mais elles sont souvent plus à l'aise pour faire le premier pas.

Quelque chose de Tennessee, c'est une chanson de Johnny Hallyday ; au début on entend Nathalie Baye citer une phrase de Tennessee Williams : *« À vous autres, hommes faibles et merveilleux, qui mettez tant de grâce à vous effacer du jeu ; il faut qu'une main posée sur votre épaule vous pousse vers la vie, cette main tendre et légère… »*

Les femmes peuvent dire à leur conjoint perplexe que, pour l'instant, elles sont un peu occupées, et même que leur bébé prend toute la place. Elles peuvent aussi lui dire qu'elles ne l'oublient pas, et qu'à nouveau, bientôt, elles sauront « le pousser vers la vie ». Mais pour cela, il faut qu'elles puissent donner à certains moments quelques signes propres à les rassurer, des mots, et de la tendresse. Tennessee Williams avait raison, il faut qu'elles posent leur main sur son épaule.

En consultation, j'en suis venu à évoquer assez couramment ces difficultés, avec les femmes, parce qu'elles en parlent d'elles-mêmes, mais aussi avec les hommes, qui en parlent moins volontiers. Par le passé, je ne le pouvais pas ; j'étais plus jeune, je ne présentais probablement pas mes questions de la même façon ; je sentais bien qu'elles pouvaient prêter à confusion. Mais aussi, je ne percevais pas les mêmes choses. Il m'a fallu du temps pour réaliser l'importance de la dynamique familiale au regard du seul examen de l'enfant.

Les pères semblent en général éprouver un vif soulagement quand ils comprennent qu'ils ne sont pas seuls, que d'autres hommes vivent des difficultés similaires, et quand ils voient que ces questions, brûlantes pour eux, et d'autant plus enfouies, peuvent être abordées sans malaisance dans le cadre d'une simple consultation. Du coup, ils sont moins soucieux.

Jusqu'alors, ils n'osaient en parler à personne, et surtout ils n'en parlaient pas avec leur compagne, de peur de ne pas être compris, ou par honte, ou encore par pudeur. Les hommes, comme les femmes, ressentent de la honte devant certains des sentiments qu'ils éprouvent, et pensent qu'il serait mal venu, ou dangereux, d'oser exprimer des doutes. Dans cette période, traditionnellement, il est malséant d'exprimer autre chose que la joie, sans mélange.

Mais alors ? Suis-je le pédiatre des papas ? Il y a peu de temps, alors que je venais d'examiner un bébé pour la première fois, sa mère m'a dit, avec un peu d'hésitation : « Je suis venue… parce que plusieurs mamans m'ont dit que vous êtes aussi le pédiatre des mamans. » Quelques années plus tôt, j'aurais compris cette phrase comme un reproche un peu ambigu, chargé de sous-entendus, ou un commentaire un peu égrillard sur ma façon de travailler.

Le temps a passé. Je l'ai plutôt reçue comme l'aveu d'un soulagement, l'idée qu'elle pouvait trouver là une ressource pour se rassurer et des éléments pour répondre à son bébé. Je lui ai répondu que je pouvais aussi être le pédiatre des papas, mais surtout que l'on n'est pas uniquement le pédiatre d'un enfant, mais plutôt pédiatre dans une famille.

Leur femme devient mère : ils vont l'apprendre progressivement

Il est préférable que cette découverte ne soit pas trop brutale ; il peut s'agir d'une grande violence pour un homme qui découvre subitement dans toute sa crudité ce qui fait aussi partie de la maternité, cette dimension du corps de sa femme et du sexe féminin.

C'est bien pour cela que les hommes se sentiront mieux d'assister à la naissance de leur enfant plutôt qu'à l'accouchement de leur femme.

Une jeune femme, que son compagnon avait quittée brusquement peu après la naissance de leur petite fille, expliquait ainsi ce départ : « Il a assisté à l'accouchement ; et il a vu beaucoup plus que ce qu'il aurait voulu voir ! »

La grossesse, puis l'accouchement, peuvent confronter les hommes à une vision inattendue du corps de la femme, une vision à laquelle ils ne sont pas du tout préparés ; « voir le dedans » en quelque sorte.

Cette vision brusquement révélée peut conduire les hommes à une perception différente et conflictuelle du corps des femmes, mais aussi de leur corps d'homme, et à une remise en question brutale de la vie sexuelle avec cette femme, voire des fondements mêmes de leur sexualité.

« *Inter faeces et urinam nascimur* », disait saint Augustin, nous naissons entre les selles et l'urine. C'est aussi un des aspects de la naissance, mais il vaut mieux le savoir avant !

Si leur femme devient mère, que deviennent-ils ? Est-ce la même chose pour tous ?

Beaucoup d'hommes présentent, à la fin de la grossesse de leur femme, et aux alentours de son accouchement, des douleurs abdominales inhabituelles, des crampes ou une constipation, et même parfois de véritables tableaux chirurgicaux.

En psychologie, on parle de « couvade » à propos d'hommes qui, au cours de la grossesse de leur compagne, se plaignent d'avoir mal au dos, ou au ventre, ou sont accablés de nausées, par exemple. Ce terme a été inventé en 1865 par Sir Edward Taylor qui avait observé des coutumes comparables autour de l'accouchement dans diverses populations et à des époques différentes.

Hérodote décrivait déjà des rituels similaires chez les Scythes, et les mêmes coutumes ont longtemps existé dans de nombreuses populations, en Chine, en Inde, ou en Amérique du Sud.

Elles étaient également en vigueur en France jusqu'à la fin du XIXe siècle au Pays Basque ou dans le Béarn voisin.

Les hommes étaient tenus à des comportements précis. Le but officiel en était de protéger la grossesse de leur femme, mais probablement aussi de faire l'expérience, même partielle, de ce que pouvaient être la grossesse et l'accouchement. Ils devaient par exemple s'abstenir d'absorber certains aliments, éviter de manipuler des objets tranchants. Lorsque la femme enceinte sentait approcher le moment d'accoucher, elle s'éloignait et s'isolait ; l'homme prenait alors le lit, imitant par ses geignements les douleurs de l'enfantement jusqu'à ce que l'enfant soit né ; puis il recevait les hommages du village et de son entourage, accompagnés de cadeaux et d'encouragements.

La « couvade » n'était, ou n'est peut-être, dans sa dimension traditionnelle, que la traduction ritualisée de la dimension féminine de la paternité.

Un homme se présenta en début de matinée au service des urgences chirurgicales, amené par sa femme. Il présentait une hernie, elle s'était étranglée, et depuis le petit matin, il souffrait beaucoup.

Tandis qu'on l'opérait, leurs enfants, restés seuls à la maison, furent attirés par des cris dans un appentis. Un chat, pensèrent-ils. Ouvrant le placard d'où semblaient venir les cris, ils furent stupéfaits de découvrir, dans une boîte de carton, non pas un chat, mais un nouveau-né enveloppé dans du coton ! Personne n'avait accouché, tout le monde se demandait donc d'où pouvait bien venir ce bébé, et surtout qui avait pu le déposer là, et en plus, dans une boîte !

Ce fut une surprise pour tout le monde ! Une violente surprise.

Après quelques heures et dans la stupéfaction générale, le malade étant opéré et guéri, sa femme s'exclama « mais je me souviens ! C'est mon bébé ! C'est moi, j'ai accouché cette nuit ! »

Bien sûr, cette histoire est un peu particulière ; elle fait référence à ce qui semble être un déni familial de grossesse, qui s'installe peut-être lorsqu'il est inconcevable… de concevoir. Mais elle montre aussi qu'un homme, hors de toute conscience bien sûr, a pu mener à terme « sa » grossesse, et que c'est donc lui qui, tout à fait logiquement, est entré en travail.

À l'occasion d'une consultation, j'ai rencontré un homme dont la femme était enceinte pour la troisième fois. Il me dit avoir pris sept kilos depuis le début de cette grossesse, tout comme lors des deux précédentes, et qu'en général à la fin de la grossesse il atteignait neuf à dix kilos. Il plaisanta, disant qu'il était lui aussi enceint.

Un peu gêné, il ajouta que c'était sa manière d'accompagner et de soutenir sa femme. Quelque temps plus tard, après la naissance, il souhaita rencontrer un psychothérapeute, car il se demandait comment il pouvait grossir et maigrir ensuite si vite, et ce que cela pouvait signifier.

Peut-il être insupportable de devenir père ?

No milk to-day ; my love is gone away.
Chanson. Herman's Hermitt, 1966

Certains hommes, même quand ils n'ont pas assisté à l'accouchement de leur femme, se trouvent confrontés à des sentiments insupportables, par le seul fait de se retrouver pères.

Je ne sais si ces sentiments résultent du fait de devoir affronter la paternité, cette responsabilité nouvelle. Je ne le pense pas. Je crois que la prise de conscience de cette responsabilité serait plutôt une aide pour aborder ce nouveau rôle.

Le problème est ailleurs ; ils découvrent subitement en leur femme une mère ; et, comme le révèlerait un hologramme, ils se trouvent tout à coup confrontés à l'image de leurs propres parents, de leur mère.

Ils sont alors amenés malgré eux à s'identifier à ces images, et sont contraints d'affronter cette bouffée résurgente, au parfum soudainement suffoquant, de la période infantile de leur sexualité.

Souvent ces hommes partent, assez brutalement, dans un mouvement qui, tel qu'ils l'affichent, ressemble à de la colère. Ils font en général porter le poids de leur décision à la mère de leur bébé, et l'accablent de reproches, des reproches amers. La sexualité en est bien souvent le motif plus ou moins allégué. C'est comme s'il fallait qu'ils la détruisent, en l'attaquant sur les terrains qui les ont unis, leur plaisir. C'est une manière de justifier leur départ, c'est ainsi qu'ils trouvent la force de partir.

Plusieurs de ceux que j'ai rencontrés, même si ce n'était pas la raison de leur départ, ont ensuite noué assez rapidement une relation amoureuse avec une autre femme, et ont eu avec elle un enfant. Il m'arrive donc de recevoir en consultation les enfants nés de la seconde union d'hommes que j'avais vu quitter leur femme après la naissance de leur premier enfant

Malmenés, mais soignés peut-être par leur première expérience, ils semblent aborder plus sereinement leur deuxième paternité, dont ils s'étonnent quelquefois comme s'il s'agissait de la première. Pour la plupart, le souvenir de ce qu'ils avaient éprouvé lors de cette naissance est flou.

Certains d'entre eux ne gardent aucun contact avec leur premier enfant, et n'en parlent pas, comme s'ils voulaient littéralement biffer cette période, ou comme si elle n'avait pas eu lieu. Mais les enfants, eux, ne s'effacent pas ; pas plus qu'ils n'effacent ; devenus adultes, ils partent souvent à la recherche de leur père, qu'ils n'ont jamais vu, et qui ne les a reconnus d'aucune façon. Il est crucial pour eux de le voir, au moins une fois. C'est tout du moins comme cela qu'ils justifient leur démarche.

Parmi ceux que j'ai connus, aucun ne semblait nourrir de projet de revanche, ni de rachat. Il s'agit d'être vu par son père, et de le voir, au moins une fois. Ils veulent le connaître afin d'être d'une certaine façon reconnus, ou au moins reconnaissables.

L'un d'eux avait pris cette décision alors qu'il venait de perdre son fils, leur premier enfant, mort à l'accouchement. Il n'avait lui-même jamais rencontré son père, et ressentait le besoin pressant de rétablir une continuité, après cette rupture insupportable qui faisait de lui, plus encore qu'avant, un enfant abandonné.

Il fit pour cela un très long voyage, se rendant au Mexique après avoir écrit à son père. En vain ; celui-ci, qui avait reçu cette lettre mais n'y avait pas répondu, refusa de le recevoir.

Un autre, lui aussi déjà adulte, attendit d'avoir eu un premier enfant pour accomplir ce dont il rêvait depuis longtemps. Il traversa toute la France, et se posta devant la maison de ce père qu'il n'avait jamais rencontré. Il s'approcha lorsqu'il le vit sortir, et se présenta. Celui-ci, d'abord interdit, c'est bien le mot, le dévisagea quelques instants, puis fondit en larmes. S'étant ressaisi, il dit qu'il avait une femme et des enfants, qu'ils étaient à la maison, et lui demanda donc de ne pas rester. Il lui proposa de le rencontrer pour le déjeuner le lendemain.

Ils déjeunèrent ensemble. Au décours de ce repas, au moment de se quitter, ils évoquèrent le projet de se revoir. Ils ne se sont plus revus…

Je crois que ce n'était pas nécessaire, et que ce n'est pas ce qu'il venait quérir. Il s'était présenté à cet homme parce qu'il l'avait en tête depuis toujours, et qu'il avait besoin de vérifier son existence, de voir enfin son visage, d'entendre sa voix. Il l'avait vu, et lui avait parlé. Il ne voulait pas en savoir plus, et ne souhaitait pas donner suite à cette rencontre. Après avoir si longtemps imaginé ses traits, après avoir si souvent cherché dans le reflet de son propre visage celui de son père, il lui avait enfin donné une réalité tangible.

De ce fait, il n'avait plus besoin de cet homme pour père.

Il est difficile d'imaginer à quel vide, à quel néant, peuvent être soudain confrontés certains hommes juste après la venue au monde de leur bébé. Difficile également d'imaginer la profondeur de l'angoisse qui les étreint subitement.

Brusquement disqualifiés, ils ne peuvent pas rester ; ils partent, se sauvent, au double sens du mot. Dans la violence du moment ils ne peuvent s'en expliquer, et ne le tentent pas en général. Il leur semble qu'il n'existe pas d'autre solution. Probablement sont-ils happés par un mouvement psychique très archaïque et d'une extrême brutalité, comme si un gouffre béant s'ouvrait tout à coup sous leurs pieds.

Une chute peut-être, et une solitude, un isolement sans aucun recours, comme dans les cauchemars les plus terrifiants. Ces cauchemars, nous les connaissons ; ils nous laissent terrorisés, jusqu'à ce que l'éveil nous rassure.

La violence, la force destructrice de ces mouvements psychiques, évoquent les angoisses « disséquantes », ou ces « agonies primitives » dont parle Winnicott à propos de la fragilité des tout petits enfants : « S'en aller en morceaux, faire une chute sans fin, mourir, mourir… »

Il en va sûrement de leur vie, dans un dilemme qu'il faut résoudre de toute urgence car le risque de « mort » est grand, le risque soudain de s'anéantir. Ils ne mourraient probablement pas, c'est leur vie psychique et leur équilibre qui sont en question.

Partir est alors leur seule possibilité d'échapper à l'angoisse, pour survivre.

Je me demande souvent si les hommes qui vivent ainsi cette violence sont les mêmes qui ont été confrontés dans leur toute petite enfance à des angoisses probablement très dangereuses et qui ont pu survivre à de violentes ruptures de continuité : abandon, séparations précoces, indifférence ou désamour en ont-ils été la cause ?

Lorsque j'étais interne, j'ai reçu en service de néonatologie trois bébés nouveaux-nés, des triplés.

Leur père est aussitôt venu les voir. Il m'a dit leur joie, celle de sa femme, la sienne, d'être enfin parvenus à avoir ces enfants après dix ans d'infertilité et de démarches éprouvantes. Il est resté un long moment à les contempler, passant de l'un à l'autre, revenant, mais sans oser les toucher dans leurs couveuses. Puis il me dit qu'il rentrait chez lui prendre quelques affaires et qu'il reviendrait ensuite. Il me demanda s'il pourrait venir le soir dans le service pour voir ses enfants. Il est allé voir sa femme.

Il est retourné chez lui, comme il l'avait dit. Il y a fait ses bagages, et n'est jamais revenu. Sans jamais donner d'explications, il a brusquement quitté femme et enfants, définitivement.

Certains hommes partent plus tard, de façon inattendue, alors qu'ils paraissaient investir avec plaisir leur rôle de père, et prenaient un soin attentif de leur bébé et de leur femme.

Il m'a souvent paru clair qu'ils prenaient conscience brutalement qu'ils ne pouvaient plus envisager de poursuivre une vie sexuelle avec la femme qu'ils avaient rendue mère.

Comme si, tout à coup, quelque chose s'était inversé, « évaginé », entraînant peut-être chez eux la reviviscence de perceptions très anciennes, dont le souvenir brusquement résurgent est insupportable ; comme si la culpabilité le disputait à une sorte de dégoût.

C'est également pour cela, je crois, que les hommes peuvent assister à la naissance, mais pas à l'accouchement. Encore une fois, il n'est pas souhaitable qu'ils voient, ou aient l'impression d'avoir vu l'intérieur du ventre de leur femme, de la femme avec qui ils ont une relation amoureuse.

Le dedans doit pouvoir faire partie du supposé, de ce qu'on imagine, il n'est pas bon qu'il soit mis au dehors ; les sensations et l'amour risquent d'en venir à s'inverser.

Tu veux bien me laisser un peu de place ? Je vais tomber !

Plus dure sera la chute.
Film de Mark Robson, 1956

Il peut être très difficile pour les hommes de trouver leur place. Quelquefois, ils ont beaucoup de mal. Il arrive même qu'ils craignent qu'on ne les laisse tomber !

Lorsque leur bébé s'installe à la maison, au retour de la maternité, quand s'impose le remaniement de la vie quotidienne, il leur faut trouver leur place auprès de ce petit garçon, ou de cette petite fille, et une place auprès de leur femme.

D'autres surprises les attendent parfois. L'aventure ne s'arrête pas après les péripéties de la grossesse et de la naissance.

Certains n'ont aucune place, pour la simple raison que leur femme ne leur en concède aucune et procède d'une certaine façon à une sorte de confiscation. Il ne leur sera pas facile dans ces conditions d'être rassurés, et assurés dans leur rôle.

Il n'est peut-être pas aisé pour un homme de se faire une idée de la place qu'il peut tenir auprès de sa femme quand il l'entend dire, serrant dans ses bras leur petite fille : « Si je ne la tiens pas comme ça, je n'existe plus ».

Jules Michelet écrivit qu'*« avec l'arrivée de l'enfant les relations entre époux se transforment. L'instinct maternel éclipse l'amour conjugal. La mère est accaparée par son enfant et chasse l'époux. »* Il précise que *« le but de la femme étant l'enfant, l'époux n'est qu'un moyen de pouvoir réaliser son désir et, l'enfant étant là, l'époux n'a plus la même place dans le foyer ».*[25] Eh bien, voyons !

Ce n'est pas, bien sûr, un projet conçu d'avance, mais il arrive qu'après la naissance de leur bébé, certaines femmes n'aient plus besoin ni envie de la présence d'un homme auprès d'elles, et, curieusement, surtout pas de celui avec qui elles ont fait ce bébé.

L'une d'elles m'a dit récemment : « Je voulais un enfant de lui, mais je n'ai pas besoin du père. » Celui-ci l'a rapidement compris, il est parti de lui-même lorsque son fils avait quatre mois.

Peut-être s'agit-il d'un effet parallèle et temporaire de cette période de préoccupation maternelle primaire ; les hommes n'y sont pas très à l'aise, quelque chose leur échappe, et ils ont parfois du mal à le comprendre.

Beaucoup d'entre eux s'attendent peut-être à ce qu'après l'accouchement tout redevienne rapidement comme avant, ou même ils n'y pensent pas, comme si ça allait de soi. *« Avant vous ne faisiez qu'un. Maintenant c'est chacun dans son coin, lui dans celui des hommes, toi dans celui des femmes, lui dans celui des éternels enfants, toi dans celui de l'enfance révolue. Au matin, vous ne vous comprendrez plus. »*[26]

Après la naissance d'un bébé, les couples doivent être inventifs pour retrouver un langage amoureux. On ne sait pas… On ne sait plus ; et puis on est fatigués. Les mots ne viennent plus, les gestes ont perdu leur fluidité. Une forme de spontanéité a disparu ; il paraît difficile de la retrouver.

---

25. Cité par Laure Adler, *Secrets d'alcôve, op. cit.*, p. 110.
26. Agnès Desarthe, « Les heures et les minutes », *in Naissances*, Paris, L'Iconoclaste, 2006, p. 58.

Qui plus est, pendant leur grossesse et à la naissance de leur bébé, il arrive que les femmes rétablissent symboliquement un lien un peu confus avec leur propre père, ce qui risque dans ce cas, au moins pour un temps, de ne pas laisser une bien grande place à celui qu'elles avaient avec leur conjoint.

Alors, la fatigue aidant, et le manque de sommeil, celui-ci, presque chassé du lit, va dormir sur le canapé de la salle de séjour ; leur bébé, qui a tant besoin et qui exige tant, s'installe alors sans coup férir dans la chambre conjugale… L'incompréhension s'y installe avec lui, devant ce qui peut en imposer pour de l'indifférence, ou une inappétence, comme si le désir était éteint. Le père ne parvient pas à comprendre pourquoi sa femme, jusqu'alors si attentive à lui, s'occupe exclusivement de son bébé et semble ne plus lui faire aucune place.

Elle, ulcérée par ces reproches qui lui paraissent injustes, ne comprend pas du tout pourquoi son compagnon reste étranger à ce qui se déroule, ou même s'en détourne, jusqu'à se réfugier hors de la maison.

Accueillir un bébé ?
Ça dépend aussi de la manière dont on s'aime

« C'est toi mon bébé, je n'en ai pas besoin d'un autre. »
Monique Ayoun[27]

Certaines modalités relationnelles, comme certains aspects de la vie amoureuse, sont très gratifiants pour les hommes comme pour les femmes, mais peuvent rendre difficile l'accueil d'un bébé.

Ainsi des couples développent-ils une relation de grande proximité, dans laquelle les femmes occupent spontanément une

27. Monique Ayoun, *Histoire de mes seins. Lectures amoureuses*, Paris, La Musardine, 2008, p. 73.

position très maternelle. Beaucoup d'entre elles s'y engouffrent naturellement, entières et généreuses, et y prennent plaisir. Les hommes qui le recherchent savent le solliciter sans avoir à le demander.

Ce mode relationnel semble faire le socle de leur relation amoureuse, et leur sexualité commune s'épanouit, chacun y trouve son content de chaleur et de douceur.

Au début, sur le mode de la plaisanterie, ils s'appellent volontiers « Maman », et « Bébé » ! Puis l'habitude est prise, alors ils continuent, ça fait partie de leurs secrets.

Quelques-uns de ces couples, allant au bout de leur logique, ne font pas d'enfant ; ils n'en éprouvent pas le besoin, ils n'en ont pas l'envie.

Mais tout de même, après un certain temps passé à vivre dans cette douceur et cette autarcie, beaucoup décident qu'il est temps, maintenant, d'avoir un enfant. Même si c'est plutôt la femme qui en exprime l'envie, ils le décident ensemble.

Projet commun, décision commune ? Réellement ? Et d'un commun accord ? Quoi qu'il en soit, ils ne réserveront peut-être pas tout à fait, l'un et l'autre, le même accueil à leur bébé.

L'une veut avoir un bébé, elle y pensait déjà quand elle était petite, et elle n'a jamais cessé d'y penser.

L'autre souhaite un enfant ; le bébé, il n'y tient pas trop, il connaît bien et ne tient pas à partager.

Mais c'est bien un bébé qui arrive. Il vient rapidement combler chez sa mère une attente ; alors, elle se donne tout entière, avec un enthousiasme aussi généreux que celui qui animait leur vie amoureuse. Elle n'imaginait pas être à ce point, et si vite, emportée ! Devenir mère s'impose comme une évidence ancienne.

Elle n'a plus aucune raison, et plus du tout envie, d'avoir avec son compagnon ce mode de rapports qui faisait pourtant leur plaisir commun. Elle n'y pense même plus, et ne comprendrait pas qu'il le lui demande à nouveau. Sans transition, elle attend de lui qu'il soit homme et père.

Mais lui, il est privé de ce qui faisait leur amour. C'est un enfant abandonné. Sa femme lui confisque sa jouissance, son bébé se l'approprie. Peut-être ne l'aimera-t-elle plus ?

Imperceptiblement, elle peut cesser de l'aimer, pour la raison même qui les avait attirés l'un vers l'autre, et qui, brusquement, s'est inversée. Il peut arriver qu'on n'aime plus, pour les raisons exactes qui nous avaient fait aimer.

La mère de Maxime, très triste, commença en me disant qu'elle et son mari avaient toujours eu une relation fusionnelle. « On ne se quittait pas, on s'était connus au collège, et on était très dépendants l'un de l'autre. » Vivant ensemble depuis plusieurs années, ils partagèrent avec plaisir le projet d'avoir un bébé.

Elle me raconta que, dès la naissance de Maxime, son mari avait radicalement changé d'attitude. Il manifestait une vive jalousie, entretenant avec leur bébé une rivalité qu'il ne pouvait contrôler. Il disait souvent : « Il s'est mis entre nous ; ça ne peut pas durer, il faudra que chacun aille de son côté. » Les reproches récurrents qu'il formulait à sa femme étaient plutôt contradictoires, entre critiques humiliantes, « tu n'es plus une femme », et exigences injustifiées, comme lui demander de porter un pantalon et non une jupe, ou lui reprochant ses jupes trop courtes…

Elle était venue seule avec son fils ce jour-là.

Subitement, les larmes lui vinrent aux yeux. « Je suis en détresse », me dit-elle.

Les choses se sont détériorées très vite. Ils ne partagent plus le même lit, ils n'ont plus l'occasion de se toucher, il ne la recherche plus. C'est Maxime qui a élu domicile dans la chambre de sa mère.

Je lui fais donc remarquer qu'il a bel et bien pris la place de son père qui, de ce fait, peut avoir de bonnes raisons d'en prendre ombrage. Elle ne s'en défend pas ; ce constat ne semble pas réellement l'ennuyer.

Nous convenons que, bien sûr, cette situation est douloureuse, pour son mari aussi probablement, mais que si elle souhaite rester avec lui, et si lui aussi le désire, elle peut contribuer à améliorer cette situation.

Elle me parle à nouveau de ce qu'elle appelle « la tyrannie de son fils », confondant visiblement ce qu'il lui impose, et qu'elle prend pour de l'amour, et ce que son compagnon lui fait subir, et qu'elle n'accepte plus.

D'ailleurs, elle ajoute que l'opposition est si forte son mari provoque parfois de véritables disputes avec son fils, un bébé. Il l'affronte comme il affronterait un enfant du même âge et de force égale.

Nous revenons alors sur cette fusion dont elle parlait avec nostalgie au début de notre entretien. Elle décrit une relation amoureuse dans laquelle le maternage s'était installé tout naturellement, jusqu'à prendre toute la place, au bénéfice de chacun.

Mais maintenant, ça va mal… Ils n'ont plus de terrain commun, ne dorment plus ensemble, et ne s'approchent l'un de l'autre d'aucune façon. À une question d'apparence banale qu'elle lui posait, il a répondu « tu peux crever ». Ce ne sont pas des mots d'amour…

Elle rencontre une psychothérapeute. Son mari passe ses nuits avec son ordinateur…

Un autre, mais c'est un peu particulier, exigeait de sa femme les mêmes soins que ceux qu'elle donnait à son bébé, allaitement au sein, change, couches, crème…

Leur union n'y résista pas ; que voulait-il ? Une femme ? Une mère ? Elle s'attrista, se lassa, puis le quitta…

Il a trouvé une autre femme. Elle ne parlait pas le français, acceptait ses exigences. Ils ont eu ensemble quatre enfants. Quand il était trop exigeant, elle avait trouvé la réponse, elle le corrigeait comme elle corrigeait ses enfants, de ses mains. Il ne se plaignait de rien, et ne faisait pas mention des corrections.

Celle-ci ne l'a pas quitté, même si elle aussi s'est un peu lassée. Après quelques années, c'est lui qui est retourné chez sa mère…

Les hommes sont-ils féminins quelquefois ?

En vain l'homme se veut imaginer des seins sur sa poitrine plate.
Il ne peut se figurer l'étonnant phénomène à jamais inconnu, mystérieux,
d'être femme, simplement femme, ni belle ni laide, mais femme ;
et aucun amour ne le lui fera jamais comprendre.
Henri Michaux[28]

Faut-il confronter Winnicott à Groucho Marx ? Ou plutôt à Alphonse Allais ?

Selon le premier, « *pour pleinement apprécier le fait qu'on est une femme, il faut être un homme ; pour pleinement apprécier le fait qu'on est un homme, il faut être une femme.* »

28. Henri Michaux, *Passages (1937-1963)*, Paris, Gallimard, 1963, p. 49.

Pour Groucho Marx, « *l'homme est une femme comme les autres.* »

Et pour Alphonse Allais, « *après tout, un homme a bien le droit d'être une femme comme une autre !* »

De quoi mettre tout le monde à l'aise !

La question n'est pas de discuter de l'identité sexuelle, encore moins de frontières, ou de confusions possibles.

Dans l'atmosphère de la grossesse et de la naissance, le « féminin » s'impose volontiers, probablement à chacun, sous des formes parfois inattendues. Il y a des moments de vulnérabilité partagée, des questions qui surgissent à l'improviste, qu'on ne se serait posées dans aucune autre circonstance.

S'il est convenu de penser que cette période de la vie d'une femme consacre pour elle une part de sa féminité, sans la définir toutefois, il arrive aussi que la féminité de son compagnon affleure. Il peut en résulter une vive rivalité. Mais cette rivalité, propre à générer des conflits, se jouera sur d'autres terrains.

Je me suis souvent posé la question du féminin chez l'homme en voyant des pères afficher avec leur enfant des sentiments, ou adopter des comportements qu'on attribue habituellement aux femmes.

On est quelquefois surpris par la douceur apparente, la forme de l'attention de certains hommes pour leurs enfants. Ils semblent s'en occuper « comme une mère ». Nourrissant, enveloppant, soutenant, leur bébé ou leur petit enfant, ils sont souvent décrits comme maternels, ou, presqu'en plaisantant, comme des « pères-mères ». Mais ce n'est possible que si leur femme leur a laissé accès à sa maternité et au bébé.

Je me suis posé cette même question, sans pouvoir y répondre, en me souvenant de mon père. Et j'y ai pensé à nouveau en tentant de réfléchir à mon propre comportement avec mes enfants, mes petits-enfants, et même en consultation, avec les enfants ou avec leurs parents, mais c'est un peu différent.

Qu'est-ce qui est féminin ? ou masculin ? Certaines fois, les situations s'inversent. Il y a peut-être du féminin chez l'homme, comme il y a peut-être du masculin chez la femme. Toutefois, pour l'affirmer sans hésiter, il faudrait avoir fait la part de ce qui est culturellement attribué au féminin et de ce qui est reconnu au masculin. En tout cas, il n'est pas rare de voir l'un empiéter sur ce qui est réputé comme étant le domaine de l'autre.

Qu'est-ce qui est maternel ?

Au Sénégal, chez les Wolofs, lorsque le père est impotent, c'est sa sœur qui exerce l'autorité sur les enfants ; on la désigne alors comme « père femme ».

On voit dans les salles d'attente des cabinets de pédiatrie des pères, très fiers, portant, ou arborant, leur tout petit bébé enveloppé dans une écharpe de portage nouée de telle façon qu'on dirait un vêtement ceignant leur gros ventre enceint.

Autrefois, en France métropolitaine, à La Réunion également, lorsque naissait un enfant, son père enlevait sa chemise pour l'en envelopper. Par ce geste il affichait clairement sa présence et le rôle qu'il escomptait tenir auprès de celui dont il faisait ainsi son enfant.

La capacité de contenir et de porter est-elle féminine ? Y a-t-il des sentiments, des façons de faire, qui n'appartiennent qu'aux femmes, et d'autres seulement aux hommes ?

La douceur, la patience, des vertus féminines ?

L'autorité ? Une caractéristique, ou une compétence masculine ?

Si l'on ne repère pas des zones de recouvrement, si l'on n'imagine pas des correspondances, on en arrive à une séparation bien artificielle.

Ces conceptions, inscrites par l'usage, au moins en partie, dans une culture donnée, sont autant de repérages conventionnels, et convenus. Il est certainement rassurant de pouvoir se référer à des catégories préétablies. Pourtant, pourrait-on affirmer que le maternel et le féminin seraient l'apanage de la femme, et le paternel et le masculin celui de l'homme ? Certainement pas, en tout cas pas de manière aussi tranchée.

Certains pères perçoivent et comprennent bien cette dualité sans éprouver le besoin d'y réfléchir. Quelques-uns s'en étonnent, beaucoup l'acceptent assez naturellement, d'autres se posent la question, un peu troublés tout de même par ce qu'ils découvrent.

Il y a ce qui se voit de l'extérieur, et il y a ce qui est intime, la façon dont chacun éprouve, ressent, et met en œuvre. Lorsqu'un homme découvre brutalement cette facette de son intimité, il peut se trouver confronté à une ambivalence difficilement supportable, ce qui peut expliquer la profondeur du désarroi que l'on constate quelquefois, dans ses divers modes d'expression, jusqu'à provoquer la fuite, qui paraît en général inexplicable.

Pour les uns, cette découverte peut faire l'effet d'une révélation ; pour d'autres ce sera une humiliation et un désastre.

Il est important de préciser que, si les frontières ont une certaine porosité, les pères et les mères ne seront pas pour autant interchangeables. Leurs bébés ne les prendront jamais l'un pour l'autre, quels que soient leurs modes d'expression respectifs, sauf pathologiques. Ils ne s'y tromperont pas et ne confondront pas leur père et leur mère.

Je l'ai dit, j'ai pu identifier du maternel, peut-être du féminin, chez mon père, et en profiter. Je me souviens que c'était pour moi de la douceur, pas une question.

Nous connaissons tous des pères nourriciers et tendres, des mères plus rudes et autoritaires. Même dans ces positions, ils ne jouent pas de la même façon avec leur enfant, et leurs jeux sont différents selon qu'il s'agit d'un garçon ou d'une fille. Plus ou moins consciemment, ils s'appliquent à faire comprendre à leur enfant la différence des sexes, ce qui, en partie au moins, lui permet probablement de s'orienter et de se déterminer dans celui qui est le sien.

Ils ont tôt fait de s'inquiéter lorsque leur petit garçon préfère les filles aux garçons, ou joue à la poupée plutôt qu'au football. Les demandes de consultation pour ce motif ne sont pas rares. Toutefois, j'ai remarqué que l'inquiétude des parents est moindre devant les choix affichés par leur fille ; « C'est rigolo, elle fait du rugby ! » Ils trouvent en général moins drôle que leur fils insiste pour être inscrit à un cours de danse.

D'ailleurs, on dit d'une fille qu'elle est un garçon manqué ; personne ne se risquerait à dire d'un garçon qu'il est une fille manquée.

Laurent Danon-Boileau avait bien défini ces méandres et ces strates de la vie des hommes comme de la vie des femmes. Il disait la nécessité de « *l'articulation du féminin et du masculin, mais qui implique pour le sujet de savoir différencier féminin et masculin en soi comme en l'autre, puis de pouvoir articuler l'un et l'autre en soi.* »[29]

Si l'on peut certainement ignorer l'existence de ces strates dans bien des circonstances, elles affleurent volontiers dans l'atmosphère de la grossesse et lors de la naissance d'un enfant. Il serait trompeur de considérer des catégories totalement étanches, et des places strictement assignées. La rigidité de cette conception risquerait d'entraver la compréhension de la fonction parentale et de l'implication de chacun dans cette fonction.

Il est probable que, dès le début, la façon dont nous sommes père, et mère, fait référence à nos propres parents, tels qu'ils ont été père, et mère, pour les bébés, puis les enfants que nous étions.

Laurent Danon-Boileau affirmait avec humour qu'un homme qui aurait tout bien dosé, et qui aurait intégré sa part féminine et sa part maternelle serait un homme accompli, et qu'il jouirait d'une virilité heureuse et satisfaisante pour chacun. Il serait comme un « *héros des temps modernes* », qui « *n'aurait plus peur des femmes* ». Il ajoutait toutefois « *qu'un certain trouble ne nuit pas.* » Le programme peut séduire !

Dans cette reconnaissance des composantes féminine et masculine pour chacun des deux sexes, Joyce Mac Dougall parlait de la capacité à s'identifier à l'autre sexe pour le choisir comme objet de désir. Mais surtout, elle ajoutait que cela implique « *la possibilité de dépendre d'un autre sans peur.* »[30] Cette dernière précision est riche et rassurante ; elle ouvre à la compréhension de ce qui sépare ou parfois déchire, mais aussi unit, les hommes et les femmes dans cette période sans précédent de leur vie ensemble.

---

29. Laurent Danon-Boileau, « Trouble dans le féminin de l'homme », Conférence d'introduction à la psychanalyse de l'adulte, Société psychanalytique de Paris, 21 novembre 2002.
30. Joyce Mac Dougall, « L'idéal hermaphrodite et ses avatars », *Nouvelle revue de psychanalyse*, 7, 1973, p. 267.

Mais lorsqu'on reconnaît et identifie chez soi des pensées et des sentiments de cette nature, certes un peu inattendus, l'angoisse, qui préfère d'habitude rester tapie, peut être prompte à se manifester ; elle est en embuscade, pas très loin.

Dans une pareille aventure, il est préférable d'être deux pour avancer de concert, chacun peut désigner à l'autre la place qu'il lui réserve.

Un homme peut-il donner le sein ?

Si j'avais des seins, je les caresserais toute la journée.
Domicile conjugal, François Truffaut, 1970

Ce serait à coup sûr une plaisanterie douteuse.

Philippe Roth, dans *Le Sein*, raconte les tribulations de David Kepesh qui s'est transformé en sein de femme, ce qui fait son horreur autant que sa jouissance inespérée.[31]

Winnicott relate, lui, dans *Conversations ordinaires*, l'histoire d'un patient qui s'est identifié au sein.[32]

Par l'entrebâillement de la porte de ma salle d'attente, mon regard fut attiré par deux femmes, plus exactement par l'expression que je saisis sur leur visage. Elles semblaient abasourdies, et regardaient dans la même direction.

J'entrai. Je dois dire que je fus surpris moi aussi.

Un homme, assis tranquillement, apparemment indifférent au regard des autres, donnait le sein à son bébé, sous le regard de sa femme.

31. Philippe Roth, *Le Sein*, Paris, Gallimard, 2006.
32. Donald W. Winnicott, *Conversations ordinaires*, Paris, Gallimard, 1998, p. 217-218.

Je les fis venir dans mon bureau et, bien qu'ayant hésité à poser cette question, je lui demandai ce qu'il faisait.

Il me répondit très sèchement que ça se voyait bien, qu'il donnait le sein à son bébé, qu'il y tenait parce qu'il ne voyait pas pourquoi il laisserait tout faire par sa femme, et qu'il souhaitait partager toutes les tâches avec elle. Malgré mes tentatives d'explications, que je croyais suffisantes pour le ramener, sinon à la raison, au moins à une raison différente, nous n'avons pu trouver un terrain d'entente. Ils ne sont plus revenus à ma consultation.

Je ne sais comment il a sevré son bébé, mais pour ce dernier, je suis inquiet.

Les situations sont rarement aussi caricaturales. Celle-ci se situe certainement aux confins de la folie.

Cependant, l'allaitement au sein est souvent un sujet sensible, naturellement emblématique des prérogatives féminines. D'ailleurs dans certaines cultures, c'est le père qui décide du moment du sevrage.

Les hommes n'ont pas les moyens d'allaiter leur bébé, et les femmes, qui en ont les moyens, y éprouvent, pour la plupart, la surprise d'une relation très intime et unique, presque exclusive, avec leur bébé.

Mais la pression est forte, et même excessive. Quand une femme décide, c'est la plus élémentaire de ses libertés, de ne pas nourrir son bébé au sein, on n'entend pas dire qu'elle préfère le nourrir au biberon ; souvent, ce qu'on entend, c'est qu'elle « ne nourrit pas », ou, mais Dieu merci c'est plus rare, qu'elle « refuse de nourrir ».

Il faut dire que, symboliquement, l'allaitement est très profondément lié à la notion même de la vie, voire de la survie.

J'ai vu au Pérou une très jeune femme donner le sein à un homme très âgé et malade.

Au XVIIIe siècle, les peintres s'entraînaient souvent à représenter des « charités romaines ». Le thème, décliné sur plusieurs modes, était le suivant : une jeune femme, Pera, venait chaque jour à la prison où son père, Cimon, était condamné à mourir de faim. En secret, elle lui donnait le sein pour le garder en vie. Émus par le courage et la persévérance de cette jeune femme, les juges gracièrent le vieil homme. Sur le lieu de la prison, fut dressée une colonne commémorative dont Pline précise qu'elle fut appelée « colonne de lait ».

On comprend bien l'importance que les pères peuvent attribuer au fait de participer au nourrissage de leur enfant. C'est une des raisons pour lesquelles ils attendent parfois avec impatience l'arrêt de l'allaitement. Certains vont jusqu'à le demander, voire l'exiger, pour, disent-ils, pouvoir à leur tour participer.

Plus nombreux sont ceux qui insistent pour qu'on en vienne vite à remplacer une tétée au sein, le soir, par un biberon ; ils pourraient s'en charger, et comme ça leur femme serait moins fatiguée !

Et puis aucun ne le dit, mais le sein pourra ainsi retrouver un peu la fonction érotique que l'allaitement ne lui concède pas toujours.

Il s'agit donc de partager l'allaitement ; on l'aura compris. Mais si les hommes mettent leur grain de sel dans le lait, je ne sais si les bébés le trouveront toujours à leur goût. Il sera changé, peut-être pas moins bon, mais différent, moins sucré.

J'ai entendu un homme reprocher à sa femme d'allaiter leur fille, soulignant surtout son sentiment que cet allaitement le maintenait à distance ; il formulait ainsi son reproche : « D'abord, ton lait est mauvais ; et puis en plus, tu m'empêches de m'attacher à elle ! »

Il y a donc des pères qui font penser à des mères

Il faut savoir que le père qui intervient
dans un espace contrôlé par la femme se rend dépendant d'elle.
Georges Duby et Michèle Perrot[33]

Qu'il s'agisse de leur chemise, de leur pagne, ou de leurs bras, les pères entourent souvent leur bébé d'un cocon. En le blottissant dans le creux et à l'abri de leurs bras repliés, ils le protègent ; en même temps, par ce portage symbolique, ils en font officiellement leur bébé.

Une patiente m'a surpris un jour en me demandant si j'aurais aimé accoucher… Elle a ensuite ajouté : « Auriez-vous aimé, vous, être mère ? »

Si je pose cette question à un père, nul doute qu'il me rira au nez. Mais je n'ai pas ri.

Des romans et des films ont figuré, qui la grossesse d'un homme, comme *Junior*, qui une fonction de mère, tenue par un ou plusieurs hommes, comme *Trois hommes et un couffin*. Dans le film de Jacques Demy « l'événement le plus important depuis que l'homme a marché sur la lune », Marcello Mastroianni ne se sent pas bien, ressent des vertiges, ne parvient plus à se concentrer. Il finit par consulter un médecin qui lui annonce qu'il est « enceint »…

33. Georges Duby et Michelle Perrot, *Histoire des femmes en Occident*, Vol. V, Le XXe siècle, dir. Françoise. Thébaud, Paris, Perrin, 1992, p. 149.

Monique Bydlowski explique que « *le sentiment maternel avec tous ses composants… n'est pas l'apanage du seul sexe féminin. Bien des hommes sont susceptibles de s'y adapter à condition d'accepter de s'y laisser aller, et beaucoup s'en défendent. La maternité, expérience intérieure, prend racine dans la part féminine de la bisexualité psychique dont sont dotés tous les humains des deux sexes… Cette aptitude maternelle de l'homme peut être source de rivalité dans les couples autour de leur enfant nouveau-né.* »[34]

Pourrait-on parler de pères maternels ? Je préfère hasarder des « pères-mères ».

Ils sont capables de relayer leur femme si elle est absente, et le font avec plaisir. Ils se sentent capables de la remplacer, et de s'acquitter auprès de leur bébé des tâches ordinairement dévolues aux mères. Si leurs enfants ont de l'humour, ils diront un jour à leur père qu'il a été une mère pour eux.

Les femmes peuvent tirer bénéfice, pour leurs enfants et pour elles-mêmes, de cette compétence, mais elles peuvent aussi le percevoir comme une usurpation et en être froissées.

C'est très sensible lorsque, du fait de leur travail respectif ou de leur organisation familiale, un père se trouve être plus disponible à leur enfant et que celui-ci affiche ce qui peut sembler une préférence. Les mères, quand elles sont temporairement victimes de cette mise à distance par leur bébé (et quelquefois – plus ou moins directement – par son père), sont déstabilisées. Elles en éprouvent une vive anxiété et se sentent toujours un peu coupables.

J'ai vu des pères en tirer un discret mais vif plaisir, comme s'il s'agissait d'une compensation, d'un juste retour des choses. Il

34. Monique Bydlowski, *Je rêve un enfant. L'expérience intérieure de la maternité*, Paris, Odile Jacob, 2000, p. 69.

arrive alors qu'ils cessent de travailler après la naissance de leur enfant, prenant pour quelques mois le relais de leur femme à la fin de son congé de maternité.

Certains hommes adoptent une posture singulière, qui peut donner l'impression d'une rivalité vis-à-vis de leur bébé. Cette attitude, assez banale, prend rarement l'allure d'un conflit ouvert opposant le père à son enfant. Il s'agit plus fréquemment d'une sorte de compétition dont le but est surtout d'attirer l'attention de leur femme afin que le bébé n'en soit pas le seul bénéficiaire.

Lorsque j'ai rencontré Victor pour la deuxième fois, son père, comme lors de notre consultation précédente, se tenait assis, les bras croisés. Il regardait dehors, ne bougeait pas, et semblait bouder. Au bout d'un moment, voyant qu'il affichait un mécontentement évident, je lui en demandai la raison. Il me répondit sans hésiter que lui aussi avait besoin qu'on l'examine ! Lorsque je lui opposai que j'étais pédiatre, il m'objecta que c'était vrai, mais qu'il avait très mal au ventre, et que lorsqu'on a mal, il n'y a pas de médecin d'enfant ou d'adulte !

Un peu perplexe, et percevant que c'était pour lui un enjeu d'importance, je finis par céder à sa demande répétée et l'examinai sommairement. Je pus le rassurer sur sa santé ; il se détendit et s'appuya sur cette alliance d'un moment pour dire à sa femme que lui aussi avait besoin qu'on s'occupe de lui. Il semblait content de cette consultation et n'en fut par la suite aucunement mal à l'aise.

Il peut aussi s'agir d'une rivalité avec la mère du bébé, mais c'est une tout autre histoire. On ne peut pas toujours parler d'une réelle rivalité ; le sentiment est plus complexe, plus flou aussi.

Peut-il arriver que des pères disputent à leur femme sa position de mère ? Un père peut-il se prendre pour la mère ? S'agit-il d'une position féminine ? Un père maternel ?

Parfois, la rivalité aboutit à une véritable usurpation, une forme de rapt.

Dans ce cas, le père supplante la mère dans son rôle, usurpant ce qui est habituellement l'apanage des femmes, et en grande partie leur compétence.

Lorsqu'Élisa est née, ses parents ont été sidérés par l'effroi. L'accouchement était survenu très prématurément, elle avait failli naître au bord d'une route en pleine campagne, dans la voiture de sa mère.

Cette peur continuait de les dévorer. Chacun la vivait à sa façon. La mère d'Élisa en était presque pétrifiée et touchait difficilement sa fille. Son père, lui, ne pouvait concevoir de manquer une consultation.

Il quittait son travail et roulait à tombeau ouvert pour être à l'heure, rejoindre sa femme et sa fille, et assister à tout ce qui pouvait se dire et se faire. Tombeau ouvert, car une fois, craignant d'être en retard, il eut un grave accident de moto en roulant vers mon cabinet. Cette consultation, ce fut la seule, se déroula sans lui.

Il ne quittait pas sa fille, la tenant continuellement embrassée, au sens propre du mot, dans une promiscuité physique surprenante, une sorte d'incorporation. Ne pouvant se résoudre à la lâcher, il lui parlait et la caressait sans cesse. Lorsque j'examinais Élisa, il continuait de la tenir, restant presque allongé sur elle, de sorte que je ne pouvais presque pas l'approcher.

Quand je posais une question, il devançait sa femme et répondait à sa place, même si je m'adressais directement à elle. Interdite, elle restait assise en retrait, et ne parlait presque jamais, se contentant de sourire. Je crois qu'elle n'osait pas s'approcher de sa fille. Son accouchement difficile la poursuivait, elle ne pouvait trouver sa place, et je ne sais pas si elle pouvait disposer d'un espace psychique suffisant pour en trouver l'audace. Peut-être n'éprouvait-elle pas l'envie, ou n'avait-elle pas la force de prendre la parole, craignant d'entrer en conflit, ou en rivalité, avec son mari. C'eut été la guerre ouverte, elle le savait.

Cet homme ne pouvait accorder sa confiance à personne, pas même à la mère de sa fille. Son besoin de contrôler surpassait tout. C'était la seule façon pour lui de ne pas céder à la panique, une panique révélée par la naissance d'Élisa, mais qui n'était certainement pas pour lui une nouveauté ; seuls la forme et l'alibi en étaient nouveaux. Il ne pouvait s'assurer du pouvoir qu'en dépossédant sa femme, la mère, de son rôle, pour se l'approprier.

Avant même d'avoir pu y prétendre, elle était placée par son mari dans l'incapacité d'être mère de cette petite fille.

Il y a peut-être des hommes à qui seul l'enfant suffit. Sa présence semble effacer le besoin d'une présence de leur femme.

Je ne sais, dans ce cas, s'ils pourront rendre sa place à leur femme, car ils s'approprient quelque chose qui n'est pas de leur domaine et qui entraîne pour leur compagne une double confiscation, celle d'être mère, ils occupent sa place, et celle d'être femme, ils n'y sont plus sensibles.

Dans leur grande majorité, les hommes ne rêvent probablement pas, tout du moins consciemment, d'êtres mères, même si les couvades, bouderies, ou maladies bien venues, laissent penser que la question peut parfois, fugitivement, les effleurer.

En revanche, on peut avancer que certains hommes, même s'ils ne disputent en rien à leur femme sa place de mère, manifestent très naturellement dans leur métier de père une forme d'attention protectrice, d'anticipation, de celles que l'on reconnaît habituellement aux femmes.

Mon père était de ceux-là. Sa mère était morte alors qu'il était très jeune, son père est resté veuf longtemps. Quelques femmes ont successivement prétendu à son éducation. Mais il n'a pas eu de mère, et n'a jamais pu, je crois, parler de tout cela avec son père. Alors, pour être père à son tour, et trouver sa place, il a dû tout inventer. Il n'avait pas de souvenirs sur lesquels bâtir, et les identifications peinaient à se cristalliser. Il a toujours manifesté pour nous, ses enfants, une attention très particulière. Elle nous attachait profondément à lui.

Je me souviens d'une sollicitude que je pourrais peut-être qualifier de maternelle, mais je n'en suis pas sûr. Je crois que c'était ces gestes, ou une certaine façon de poser son regard. Nous nous sentions enveloppés dans son regard. Je ne sais pas comment en parler parce que je crains de me tromper de mots, mais je puis dire ce que j'avais remarqué. C'était comme s'il y avait de la mère en lui. Nous le savions, ce n'était pas un mystère, et nous en plaisantions souvent, avec attendrissement, sans qu'il le sache ; on n'avait pas envie que ça s'arrête.

J'avais l'impression d'une rareté ; quelque chose m'enveloppait, dont il fallait profiter. Sa façon d'être avec nous était différente, très différente de ce que j'observais chez les pères de mes camarades. Pour la plupart, je les trouvais plus rudes, et aussi plus distants ; il me semblait que leur regard n'était pas le même.

J'aurais bien aimé en parler avec lui, mais nous n'en avons pas eu le temps.

J'en suis réduit à mes hypothèses ; il était très jeune lorsque sa mère est morte ; il ne pouvait se souvenir qu'elle se fût occupée de lui. De plus, par la suite, il nous avait laissés pour aller au sanatorium. Sans s'en rendre compte, il essayait de nous donner autre chose que sa seule affection de père, nous garantir ce qui lui avait manqué, comme s'il voulait nous éviter de souffrir comme il avait souffert.

Les pères, dans le fond de leur intimité, ont sûrement leurs raisons de fonctionner comme ils fonctionnent, et je sais que leurs enfants les y reconnaissent, et s'y retrouvent.

J'ai rencontré, dans mes consultations, des pères qui me faisaient penser au mien ; je suis tenté de dire « des pères nourriciers ». Mais ils ne sont pas très nombreux à oser cette forme d'intimité, même s'ils l'affichent plus volontiers qu'auparavant.

Un baby blues des pères ?

Il est d'étranges soirs… Il est des nuits de doute, où l'angoisse vous tord…
Albert Samain, Il est d'étranges soirs

Il arrive, lorsqu'ils viennent avec leur bébé en consultation, que les hommes parlent, eux aussi ; moins facilement, et pas aux mêmes moments que les femmes. Et leurs thèmes ne sont pas les mêmes.

Toutefois…

Je suivais Roman depuis presque un an ; la grossesse de sa mère avait été difficile, compliquée par un diabète très instable. Son compagnon était très attentif ; tous deux, effrayés par le déroulement inattendu de cette grossesse, avaient eu peur de perdre leur bébé.

Roman, lui, était porteur d'une malformation pulmonaire dont la cure chirurgicale venait d'être pratiquée. Il était guéri.

À la fin de cette consultation, son père me dit qu'il voulait me poser une question qui n'avait rien à voir avec le bébé. Sa femme regagna la salle d'attente avec Roman, et nous restâmes tous les deux.

Après quelques questions plutôt banales sur la santé de son fils, je le vis changer d'attitude. Se penchant un peu vers moi, il me demanda presqu'à mi-voix si l'on pouvait avoir un *baby blues* tardif ? Et si les hommes pouvaient aussi présenter un *baby blues* ?

Quand je lui demandai ce qu'il voulait dire, il me précisa qu'il se demandait si les hommes, à l'instar des femmes, pouvaient se poser des questions après la naissance d'un bébé, et s'ils pouvaient, eux aussi, ressentir une incertitude, jusqu'à en être très décontenancés, et inquiets, ou même tristes.

Il ajouta qu'après avoir accouché, sa femme avait traversé quelques semaines difficiles. Il n'avait pas très bien compris pourquoi, peut-être à cause de cette malformation pulmonaire. Mais il savait que ce n'était pas grave, et, tout à la joie d'avoir un fils, il ne s'était pas inquiété.

C'est plus tard, quand Roman fut opéré et guéri, alors que sa femme allait mieux, quand tout allait bien finalement, qu'il commença à douter de lui, à être triste.

Alors maintenant il se demandait s'il ne s'agissait pas, pour lui aussi, d'un *baby blues*, certes tardif, mais cette perte de confiance en lui, ce doute, qu'est-ce que ça pouvait être d'autre ?

Quand une femme voit sa fille devenir mère

Pour chaque femme il y a toujours trois femmes :
la petite fille, la mère, la mère de la mère.
Donald W. Winnicott[35]

Des mamans avec leurs mères Des mères à la place de leur maman

Quand une jeune femme vient d'accoucher d'une fille, et qu'elle prend un premier rendez-vous chez un pédiatre, il arrive souvent qu'elle donne son propre prénom à la place de celui de sa fille qui vient de naître ; un lapsus…

Il est fréquent aussi que les mères de toutes petites filles viennent à ces premiers rendez-vous en compagnie de leur propre mère.

Il me semble que c'est moins fréquent lorsqu'elles ont donné naissance à un garçon, de même qu'il n'est pas habituel qu'elles se fassent accompagner par la mère de leur conjoint.

Certaines femmes ne sauraient venir sans leur mère, quand d'autres trouveraient sa présence saugrenue, voire franchement déplacée.

D'autres encore autorisent leur mère à les accompagner, sans plus.

Mais si beaucoup souhaitent sa présence, c'est parce qu'elles quêtent son appui. Ce n'est pas toujours facile à percevoir car, à

35. Donald W. Winnicott, « Ce féminisme », *in Conversations ordinaires*, Paris, Gallimard, 1988, p. 217.

moins que la complicité ne soit évidente, cette quête peut revêtir tous les aspects, même les plus trompeurs.

Au début, je dois l'avouer, j'étais un peu agacé par la présence des grands-mères à ma consultation ; les grands-pères ne m'agaçaient pas, ils venaient peu.

Je me demandais ce qu'elles venaient y faire ; j'avais l'impression qu'elles s'imposaient à leur fille, ou belle-fille, et à leur petit enfant.

Pour certaines, c'est presque un dû, la consultation ne pourrait avoir lieu sans elles. Toutefois, elles ne sont pas nombreuses à afficher cette exigence ; habituellement les grands-mères ne viennent pas sans en avoir demandé l'autorisation à leur fille, parfois devant moi, au moment même de cette consultation.

L'une ou l'autre fois, j'ai bien compris que cette venue avait été l'objet de querelles intestines et d'âpres négociations. Il y a un bref instant de flottement, palpable, la frustration est perceptible, lorsqu'une femme, au moment de la consultation, en interdit l'accès à sa mère, et lui enjoint de rester dans la salle d'attente.

Peu à peu, j'ai abordé les choses autrement, et j'ai changé d'avis. Je me suis demandé avec curiosité pourquoi elles venaient ensemble. Est-ce que ce sont les filles qui demandent à leur mère de venir avec elles ? Est-ce leur mère qui propose de les accompagner ? Est-ce d'un commun accord ?

Plus le temps avançait, plus j'étais intrigué et intéressé par ce que je découvrais. Ce sont elles, ces femmes, grand-mère, mère, fille, ces trois générations de femmes, qui m'ont apporté des réponses. Reconnaissant leurs raisons, voyant les places respectives qu'elles s'accordent, ou quelquefois s'octroient, je les reçois avec curiosité et intérêt.

Au moment où elles ont un bébé, surtout lorsque c'est la première fois, beaucoup de femmes ressentent le besoin d'associer leur mère à cet évènement si important de leur vie. Quelle que soit la nature des sentiments qui les lient, elle représente souvent pour elle la référence la plus accessible.

Si donc elles choisissent de la faire venir avec elles à cette consultation, c'est bien qu'elles ont une raison, précise et confuse à la fois. Elles ont besoin de sa présence, besoin de la prendre à témoin pour s'assurer de leur nouvelle place, mère à leur tour, mère à la place, mère à la suite de leur mère.

De leur enfance, elles ont conservé des souvenirs, qui affluent, plus ou moins précis, plus ou moins objectifs. Qu'importe ! Avant ce jour, elles ne les ont jamais évoqués, et tout à coup, ils leur reviennent avec la violence du rouge qui monte au visage. Des souvenirs… oui, ce sont peut-être des souvenirs, mais qui leur semblent émerger du brouillard. Elles se souviennent subitement qu'elles ont été, elles aussi, des bébés comme leur toute petite fille, que leur mère a pris soin d'elles, et qu'elle a répondu de leur vulnérabilité. Alors, elles attendent un retour de son expérience, afin d'y prendre appui.

Mais pour que cela soit possible, il faut qu'elles aient confiance en ce qu'elles ont reçu d'elle, et confiance en sa capacité à accepter d'être cet appui, maintenant précisément, mais à l'image du passé.

De plus, il y a aussi une sorte de passation ; en amenant leur mère assister à cette consultation, elles souhaitent mettre à profit cette circonstance, ce temps, peut-être cet endroit, pour lui signifier et lui donner sa place de grand-mère.

D'autres souvenirs de leur relation de mère et fille peuvent surgir, des souvenirs moins anciens. S'ils sont en référence à des moments de confiance mutuelle, ce sont encore pour elles autant de confirmations rassurantes. Indirectement, ces références confirment qu'il y a alliance et précisent la nature de cette alliance, c'est-à-dire symboliser et favoriser une sorte de transmission. Elles reçoivent à leur tour quelque chose de leur mère, avec pour charge de le transmettre ensuite.

Elles désirent partager leur joie toute neuve avec leur mère, lui confier leurs doutes aussi, peut-être lui demander conseil, comme elles avaient pu le faire, il y a longtemps.

En premier lieu, c'est dans leur toute petite enfance que leur mère les avait écoutées. Cela s'était probablement répété à d'autres moments, lors des temps forts, ou conflictuels, de leur vie, au tout début de leur adolescence par exemple.

Ce temps de l'adolescence est toujours une période litigieuse, et incertaine ; les filles s'inquiètent de voir leur corps changer, d'éprouver des sentiments nouveaux, aux saveurs inconnues, plutôt tentantes, aux odeurs entêtantes, un peu troublantes. Confusément, elles sentent qu'elles devront bientôt quitter leur vie de petite fille, parfois à leur corps défendant, pour aborder leur vie de femme.

Alors d'abord elles regardent leur mère, pour essayer de savoir, sans demander.

Quand la puberté commence, sans que l'adolescence soit encore installée, elles peuvent éprouver le besoin de lui confier leur appréhension, et de l'interroger, de façon plus ou moins directe, sur ce qu'elles soupçonnent de leur vie future, la féminité, cette vie de femme.

Lorsqu'elles se retrouvent mères, elles se souviennent qu'elles avaient pu s'appuyer sur ce partage de leur intimité pour interroger son expérience, et elles comptent à nouveau sur cette expérience pour les rassurer.

On devient mère plus tranquillement si on sait que l'on peut, à ce moment précis et comme par le passé, être la fille de sa mère, s'autoriser et être autorisée à se reposer sur elle, en elle, dans de petits moments de régression discrète. Des moments fugaces, mais ils sont reposants, ils donnent du souffle, et permettent de repousser l'horizon.

Derrière leur fille, comme son ombre

Quand leur fille devient mère, beaucoup de femmes ont encore une activité professionnelle, et ce qu'on appelle « une vie remplie ».

Elles sont encore jeunes, et surtout, elles se trouvent bien jeunes pour être grands-mères ; mais tout de même, cet événement les fait réfléchir. Bien sûr, elles s'y attendaient un peu, c'était de l'ordre du possible, mais par certains côtés, c'est quand même un coup de tonnerre !

Déjà, avant même qu'il ne soit question d'une grossesse de leur fille, sans en parler, sans trop oser y penser encore, elles se demandaient ce qui se passerait pour elles, plus tard, et comment elles pouvaient essayer d'aménager le présent de leur vie pour se préparer à la suite, au vieillissement, inévitable.

Et c'est le moment que choisit leur fille, sans prévenir et dans l'insolence de sa jeunesse, pour tout chahuter !

Elle décide d'avoir un bébé, d'entrer à son tour dans ce domaine qui jusqu'alors était un peu leur pré carré, dont elles étaient seules à occuper le terrain. Elles vont devoir en partager la surface, ou pire, le déléguer et, peut-être pour toujours, s'en défaire.

L'une d'elles, me confiait son émotion d'assister à ce qu'elle nommait pour sa fille une « initiation ». Il me semblait percevoir dans sa voix une sorte de ferveur, comme si elle évoquait un rite sacré.

Je lui demandai ce qu'elle voulait dire par ce mot, « initiation » ; elle me précisa que pour elle l'accouchement représentait l'entrée dans la vie de femme, et qu'elle était très troublée de voir sa fille aborder cette étape de sa vie. Elle était troublée pour elle-même, et en même temps elle ressentait le besoin de la protéger, comme une nécessité impérative.

Cette femme, grand-mère pour la première fois, ajoutait que par l'intermédiaire de sa fille elle vivait des sentiments, des sensations, qu'elle n'avait pas connus quand elle avait elle-même accouché. Elle les retrouvait longtemps après, ou elle les découvrait, car elle n'en avait pas eu conscience à l'époque. Elle semblait le regretter.

Je pensais que c'était également pour elle une initiation à sa vie de grand-mère, et même plus, à sa vie de « mère dont la fille a une fille », un rite de passage, marqué par la nostalgie.

Ce que j'entendais faisait écho aux récits d'Arnold Van Gennep quand il décrivait les rites de passage, et parmi eux, ceux qui règlent la grossesse et l'accouchement[36]. Il raconte, par exemple, que chez les Oraïbi de l'Arizona, *« l'accouchement est un moment sacré pour la femme »*. Personne n'est autorisé, surtout pas les hommes, à voir l'accouchement. Mais la mère de la jeune femme assiste, et elle seule en a le droit, au travail de sa fille, avant de sortir au moment de l'accouchement. Elle revient ensuite, *« tire le placenta, et va l'enterrer dans la colline des placentas »*. Il précise que partout, quelles que soient les populations étudiées,

36. Arnold Van Gennep, *Les Rites de passage*, Paris, Picard, 2004.

« *les rites de passage s'enchevêtrent aux rites de protection* », et que ceux-ci prennent vite le devant.

Il en va de même dans nos sociétés, mais les rites protecteurs ont disparu, ou ne sont plus d'un usage public ni officiel. Il n'en persiste que ces petites obsessions bien personnelles, qu'on ne raconte pas, qui inquiètent mais soulagent, car ce sont elles qui tiennent les peurs à distance.

Beaucoup de mères se mettent littéralement au service de leur fille, prêtes à prendre soin d'elle, et du bébé quand c'est nécessaire, disposées à tous les renoncements.

Si, lors d'une consultation, elle leur semble déconcertée par une de mes questions, elles répondront parfois à sa place. Il faut pallier le doute, et il n'y a pas place pour l'hésitation !

J'ai demandé un jour imprudemment à l'une d'elles s'il pouvait arriver qu'elle soit confrontée à l'incertitude. Je me croyais caustique, sa réponse fut cinglante pour moi ; peut-être aussi pour elle, mais à plus longue échéance : « Je n'ai que des certitudes ! »

Soyons juste, la plupart de ces nouvelles grands-mères restent en retrait, plutôt silencieuses, respectueuses de leur fille et de son enfant.

Elles rendent un grand service, en s'occupant de leurs petits-enfants, et à travers eux de leur fille. Leur rôle trouve sa pleine justification et s'avère très efficace lorsque les circonstances l'exigent. Ça peut être le cas par exemple après la naissance de jumeaux, quand elles proposent de s'occuper du bébé, non pour s'imposer, mais pour que leur fille retrouve un peu de disponibilité pour elle-même et pour sa vie de femme.

Je reçois très régulièrement Juliette et Victor. Ils sont jumeaux.

C'est leur mère qui vient, toujours accompagnée de sa propre mère ; celle-ci n'a jamais manqué un rendez-vous. Elle fait pour cela un très long périple, qui la tient occupée la journée entière.

Si sa fille est affairée de Victor, elle s'occupe de Juliette. Non seulement elle la seconde parfaitement, mais elle anticipe sans jamais se tromper sur ce que sa fille s'apprêtait à lui demander. Elle prend à son compte une part de la charge, et la soulage réellement. Elle accepte même sans ciller d'être rabrouée, sa fille ne s'en prive pas.

Est-ce un sacrifice ? Non, plutôt un plaisir partagé.

Leur ton révèle un jeu subtil, aux modalités anciennes et éprouvées. Il est rodé de longue date, et fait partie de leur économie intime. Elles seules en connaissent les règles secrètes, élaborées peu à peu depuis la toute petite enfance, peut-être même héritées de femme en femme. Elles fonctionnent ensemble à merveille, se comprennent à demi-mot, leurs expressions sont les mêmes, elles rient et s'étonnent des mêmes choses. Le rire de l'une déclenche le rire de l'autre, presque comme si elles se guettaient, ou se devinaient.

Cette complicité ancienne, je le sens bien, a repris de la vigueur, et trouvé une justification nouvelle depuis ces deux naissances, un garçon et une fille.

J'ai l'impression qu'en participant à l'aventure que vit sa fille, elle revit intensément, et en dépit du temps passé, un pan entier de sa propre histoire. Elle s'en souvient comme si c'était hier. Après tout, il y a si peu de temps qu'elle se trouvait à la place qu'occupe maintenant sa fille, qui était alors un tout petit bébé. D'ailleurs, c'était hier !

Quand elles sont ensemble, le temps qui les sépare semble aboli, toute distance entre elles paraît effacée : mère et fille ? Des mères ? Des sœurs ?

Il y a mille histoires comme celle-ci. Je suis souvent stupéfait de constater la diversité et la richesse des sentiments qu'expriment ces grands-mères quand elles racontent leur émotion très vive de voir leur fille vivre ce qu'elles ont vécu, et leur impression que c'est encore un peu à elles que ça arrive. Une joie pudique, juste un éclat discret dans les yeux, un éclat de fierté, de certitude rassurée, auxquelles se mêlent des regrets, un peu de nostalgie, et un discret désarroi, tenu secret.

De la joie, et un abandon ; s'abandonner, être abandonnée…

Tout cela, ces nouvelles grands-mères le savent et l'éprouvent.

Mais c'est aussi parfois l'occasion, ou le moyen, d'exercer par ce biais une emprise considérable, dans l'espoir de ne pas perdre le contrôle de ce qui, de toute façon, leur échappe.

Quand leur disponibilité leur permet de prendre et de garder la main, elle peut vite devenir source de conflits, avec leur fille ou son compagnon.

Il faut donc se résoudre à devenir une grand-mère ? *Et à transmettre ?*

On doit la vie à qui vous sauve de la mort ;
c'est à sa mère qu'on doit le jour.

Une grand-mère nouvellement promue, heureuse pour sa fille, pour elle-même aussi, ressent sûrement un petit pincement au cœur de devoir reconnaître qu'elle vieillit, comme la naissance de ce bébé le lui fait éprouver.

Certaines préfèreront penser, contre toute évidence, qu'elles ne sont pas concernées, et se débattre contre ce qui les assaille. Quoi qu'il en soit, elles ne peuvent l'éviter et il y a un peu de souffrance parmi le flot des sentiments troublants qui les envahissent.

Bien des enjeux, anciens et actuels, opposent autant qu'ils unissent celle qui devient mère, et d'autant plus femme, et celle qui reste mère, mais devient grand-mère, surtout si le bébé est une fille. Ce qui se joue entre elles trois, elle, sa fille, et la fille de sa fille, est important. Elles ne savent pas toujours comment, mais elles le sentent.

Parmi ces enjeux, il y a, quand elles y sont prêtes, celui d'une transmission symbolique. Au regard de ce qu'elles ont partagé jusqu'alors, c'est une expérience forte et nouvelle, une rupture, et en même temps une continuité.

Les mots n'y sont pas nécessaires, cette transmission n'est possible que parce qu'elle n'a pas à se dire. D'autant que bizarrement, elle ne pourra quelquefois se réaliser que dans la contradiction. S'il fallait parler, elles ne sauraient peut-être pas quoi dire.

Devant la maternité toute neuve de sa fille, cette femme va, par sa présence, par ses mots, ou si elle le peut, de façon plus démonstrative, par ses gestes, témoigner à sa façon de sa propre expérience, de son expérience de femme qui était devenue mère en son temps.

Elle mettra dans la corbeille de naissance ses souhaits, ses regrets, ses souvenirs, sa gentillesse et sa passion, son amertume, tous les ingrédients habituels de l'amour.

Ce qu'elle a vécu, elle est tentée de le transmettre.

C'est ce que sa fille, sans en avoir une conscience claire, attend d'elle, des repères ; qu'elle lui montre un savoir-faire qu'elle pourrait mettre à profit, une sorte de modèle qu'elle pourrait appliquer à son tour ; et elle serait rassurée d'y retrouver des souvenirs de sa propre enfance. Pour que cela soit possible, il faut que cette femme, cette grand-mère, puisse, précisément à ce moment de sa vie, se souvenir sans en souffrir de la jeune fille, puis de la jeune femme qu'elle a été, cette jeune femme qui, elle aussi, avait attendu un bébé.

À cette époque, elle ne pouvait pas savoir qu'elle attendait une fille ; elle en était réduite aux suppositions ; porter en avant annonçait un garçon, et dans le cas contraire c'était une fille, bien entendu. Elle avait dû attendre la naissance pour savoir que dorénavant, elle – fille – avait une fille.

L'idée de filiation est renforcée par le pressentiment, pour l'une et l'autre, que, dans certains de ses aspects, la féminité se transmet, et que la naissance de cette petite fille permet d'en faire passer le message. Mais il n'est pas nécessaire qu'elles en parlent en ces termes, et ça leur est probablement impossible.

Si elles s'entendent bien, cette toute nouvelle grand-mère se réjouira de voir maintenant sa fille et sa petite fille s'aventurer sur les chemins qu'elle a foulés. Elle sera rassurée de la voir faire avec sa fille comme elle avait su faire avec elle, des années plus tôt, quand elle lui avait donné le jour. Elle pourra léguer ce qu'elle avait elle-même appris à l'époque, peut-être de sa mère. Elle trouvera des mots pour raconter à sa fille, par petites touches, cette surprise d'être mère, et lui parler de la découverte de cette responsabilité primordiale.

Les filles, devenues mères, auront à cœur de montrer à leur mère qu'elles sont prêtes à reprendre ce flambeau, et à occuper la place qu'elle occupait, sans pour autant la laisser pour compte. Et leurs mères, elles, seront rassurées de constater paisiblement que leur fille ne les délaisse pas, ne les abandonne pas, seules au bord du chemin.

Yvonne Knibiehler parle de cette transmission dans son *Histoire des mères et de la maternité en occident.* Elle y rapporte que, peu à peu dans l'histoire, *« le parcours initiatique de la maternité construisait fortement l'identité féminine, identité individuelle et aussi collective. Les femmes appréciaient la valeur des liens affectifs. Elles découvraient aussi l'importance de ce qu'elles devaient transmettre. »*[37]

Un très bel article écrit par une anthropologue, Marie France Couillard, décrit un mode de fonctionnement traditionnel très intéressant qui rappelle le travail original de Monique Bydlowski sur *La Dette de vie*[38]. Il est intitulé « De mère en fille ; enfance et identité féminine chez les Malais ruraux »[39], et illustre, dans un contexte de vie sociale bien particulier, la double fonction de cette transmission essentielle pour les femmes, soulignant le fait que leurs intérêts sont interdépendants.

En premier lieu, il s'agit d'une fonction vitale, indispensable au maintien de la vie, pour l'une tant qu'elle est enfant, puis pour l'autre quand elle vieillit ; y déroger peut exposer l'une comme l'autre au risque de mourir.

37. Yvonne Knibiehler, *Histoire des mères et de la maternité en Occident*, Paris, Puf, 2002, p. 47.
38. Monique Bydlowski, *La Dette de vie. Itinéraire psychanalyste de la maternité*, Paris, Puf, 1997.
39. Marie-Andrée Couillard, « De mère en fille : enfance et identité féminine chez les Malais ruraux », *in* Jeannine Koubi et Josiane Massard-Vincent (sld), *Enfants et sociétés d'Asie du Sud-est*, Paris, L'Harmattan, 1994, p. 101-118.

La seconde fonction est symbolique ; il s'agit alors d'un partage qui s'opère sans qu'aucune ne puisse s'y soustraire. Mères et filles y répondent par un comportement d'entraide qui est au cœur de la transmission féminine, et qui prend la valeur d'une dette.

C'est si essentiel dans le contexte socio-économique de ces populations que cela semble se définir clairement comme le paiement d'une dette d'honneur, un prêté, ou un donné, et en échange un rendu, un retour sur investissement d'affection. Aux idées d'appui et de redevance s'associe celle d'une entre-aide, y compris matérielle et alimentaire, dans ces conditions où, plus encore pour une femme, rester seule expose à un danger vital.

On y trouve, édifié sur un mode prescriptif, ce qui semble fonctionner pour nous sur un mode intime entre les grands-mères, surtout les grands-mères maternelles, et leurs filles, et d'autant plus lors de la naissance d'une petite fille. Si l'intimité élimine la nécessité de se soumettre à un rite, il persiste tout de même une forme de devoir.

On peut aussi en rapprocher l'histoire des femmes qui, tant qu'elles s'occupent de leur mère réduite à la dépendance, ne parviennent pas à être enceintes, ou choisissent de ne pas « faire » d'enfant. Certaines n'en auront jamais. Elles n'auront pas eu de temps pour faire un enfant, pas d'espace psychique pour le concevoir. Leur mère a occupé tout ce temps et toutes les places.

Elles remboursent sans fin, dans l'impossibilité de s'acquitter de leur dette, qui ne sera jamais soldée…

Accepter d'y perdre, sans être sûre d'un retour ?

Qu'est-ce que j'aurai en échange ?
Est-ce qu'on joue à qui perd gagne ?

Il y a l'obligation de perdre. Elles vont devoir s'y résoudre. Il va falloir s'y résigner. Il faudra même sans doute renoncer à bien des certitudes.

L'idée de transmission s'impose sans qu'elles aient besoin d'en parler ensemble pour le percevoir et le partager. Mais il y a un prix à payer : il faut que la nouvelle grand-mère accepte le jeu paradoxal, un peu douloureux, d'être présente et en même temps de s'effacer.

Mieux encore, il faut qu'elle accepte de s'effacer pour être présente, afin de laisser sa fille découvrir par elle-même cette identité nouvelle, femme et mère. Ce n'est jamais très facile, car elle la voit découvrir avec bonheur ce qu'elle est en passe ou en train de perdre. Elle s'efface, et par là même elle rencontre ce qu'elle appréhende.

Quand une femme voit sa fille accoucher, surtout d'une petite fille, elle se trouve inévitablement aux prises avec son vieillissement et, plus ou moins, avec la perspective de sa mort. Ce n'est pas une perspective agréable.

Beaucoup diront que ça ne leur est pas venu à l'esprit. Elles auront peut-être raison car cette perception peut être extrêmement fugace, elle peut même affleurer et être rejetée avant d'être parvenue à la conscience. Mais on ne peut méconnaître que, par le biais du changement de génération, la naissance d'un enfant renvoie chacun, mère, mais aussi père, grands-parents, à la perspective de la vieillesse et de la mort.

Tout le monde n'est pas sensible de la même façon aux coups de butoir du vieillissement et de la mort à venir.

Quand la jeune femme affiche, presque insolemment, par cette naissance, le triomphe de sa féminité, sa mère se trouve à un moment charnière de sa vie. Là où sa fille triomphe, elle peut se trouver confrontée à la contrainte intime d'abdiquer, en partie. Elle aborde maintenant une période plus complexe de sa vie de femme, elle s'en rend bien compte. La naissance du bébé de sa fille n'en est pas le moteur unique, mais un des révélateurs.

Elle change, et son corps change. Son identité féminine et sexuelle évolue, se modifie, cela aussi elle le sait. Elle s'interroge sur ce qu'elle devient, sur le sens de son désir et de celui qu'elle suscite chez un homme.

Bien sûr ses souvenirs sont précis ; encore une fois, tout cela est si proche… Mais la fertilité fait partie de ce qu'elle abandonne et transmet. Elle sait qu'elle ne fera plus d'enfant, bien qu'elle ait longtemps imaginé qu'elle le pourrait encore, si l'envie l'en prenait.

J'ai noté une situation un peu comparable, même si elle n'est pas intra familiale, lorsqu'une femme, aux environs de quarante ans, débute une grossesse alors que ses enfants précédents sont déjà grands. Elle pensait, et tout le monde autour d'elle, que c'était fini, qu'elle n'aurait plus d'enfant.

Certaines de ses amies, bien sûr, sont heureuses pour elle. Mais d'autres le lui reprochent, presque violemment : « Vraiment, je ne te comprends pas ! C'est une folie ! Avoue quand même que tu ne l'as pas fait pour lui. Tu l'as fait pour te faire plaisir ! »

La grossesse de leur amie les contraint à approcher une idée qu'elles n'ont pas très envie d'aborder, celle de la fin de leur fertilité, qui peut tout de même être une petite révolution dans la vie d'une femme et le regard qu'elle porte sur son corps. Ne plus être riche de tous les possibles…

Entre affection et jalousie, envie et parfois colère, elles pressentent ou savent que pour elles, pour des raisons propres à chacune, quelque chose est terminé ; elles ne feront plus d'enfant. Elles n'ont certes pas l'âge d'être grands-mères, mais elles perçoivent qu'un fossé s'est creusé entre elles qui ont fini et leur amie qui recommence ; une limite est posée, qui n'est pas très éloignée de celle que peuvent percevoir les femmes quand leur fille attend un bébé.

Cette attitude illustre un paradoxe bien compréhensible : une femme peut très bien ne pas souhaiter avoir d'autre enfant, ou avoir décidé qu'elle n'en aurait plus ; pour autant elle peut garder longtemps au fond d'elle l'idée que si elle voulait, elle pourrait. Il ne s'agit pas de savoir si elle réussirait ou échouerait dans ce projet, mais de continuer à s'imaginer fertile, même contre la raison ou en dépit des évidences.

Dans ces situations si nouvelles, parfois si troublantes, les mères et les filles trouvent l'occasion d'échanger des choses importantes pour l'une et l'autre. C'est certainement une opportunité unique dans l'histoire de leur relation.

Celle qui devient mère recherche et retrouve en partie les figures maternelles de sa propre enfance et se les approprie. Mais pour cela, pour qu'elle puisse en être sûre, elle a besoin de l'aide de sa mère.

D'autres n'y trouvent que l'occasion de réanimer, amplifier, et cristalliser les vieux ingrédients de la rivalité et de la haine. Elles peuvent devenir affolées de haine. La mythologie, les contes, et les faits divers regorgent de matricides et d'infanticides… Le ravage, pour reprendre ce mot, n'est bien sûr pas toujours un cataclysme ; les ingrédients sont là, mais l'évolution dépend de l'attitude de chacune des deux femmes.

Encore faut-il qu'elles soient prêtes à faire l'une et l'autre une part du chemin de cette rencontre. On imagine bien que pour chacune les souvenirs le disputent aux regrets et aux fantasmes. Sans qu'elles puissent rien y changer, leurs attitudes respectives sont étroitement liées à ce que la mère a été dans l'enfance de sa fille. Elles sont liées également, mais c'est un autre angle de regard, au souvenir que celle-ci en a gardé.

L'une comme l'autre, elles ont subi le travail du temps, qui déforme la mémoire, et peut faire prévaloir la subjectivité. Cependant, il faut veiller à préserver cette subjectivité, c'est elle qui donne leur couleur aux sentiments.

La naissance d'un bébé, la bousculade des générations, donnent lieu à bien des arrangements intra familiaux ; certains seront très simples, d'autres plus surprenants ; d'autres encore seront tout, sauf des arrangements.

Il y a des naissances qui signent des déclarations de guerre.

Certains conflits, noués et enfouis depuis longtemps, montent à la surface dans les alentours des naissances. Ils peuvent, soit parce qu'ils se résolvent, dans une parole retrouvée, soit parce qu'ils s'avèrent insolubles et s'enveniment, modifier définitivement les liens entre une mère et sa fille. La naissance d'un bébé peut signer entre elles une rupture définitive, pas tout de suite, peu à peu, il faut du temps pour que le feu prenne aux braises du passé. Parfois, ni l'une ni l'autre ne saurait dire comment cet incendie s'est déclaré. Elles ne peuvent l'éteindre. Il leur reste pour seul lien de s'affronter sans fin.

J'ai vu aussi des femmes, brouillées depuis longtemps, renouer à l'occasion d'une naissance leurs liens distendus. La mère, devenue grand-mère, trouve un nouveau langage, et peut à nouveau s'adresser à sa fille. Celle-ci, enrichie par cette nouvelle expérience, la comprend mieux. Elles font un pas l'une vers l'autre.

Mais j'en ai aussi rencontré qui, si elles ne réussissent pas à renouer avec leur fille, ou ne le souhaitent pas, parviennent à établir avec leur petite fille un lien solide et satisfaisant pour les deux, un lien dans lequel leur fille n'a pas de place. Vengeance secrète, ou échec d'une tentative de retrouvailles, une sorte de pont s'établit entre cette grand-mère et sa petite fille, dont la mère, elle, reste sous le pont.

Il y a aussi de véritables dynasties matrilinéaires ; les hommes y sont exclus des choses sérieuses. Il n'est formidable que d'être une femme et elles ne s'accordent confiance qu'entre elles, et surtout entre femmes de la même lignée, pas les pièces rapportées, qui sont suspectes ; ce sont des femmes, mais on ne les connaît pas.

Dans ces lignées, elles peuvent se résoudre à devenir grands-mères, parce qu'elles savent ce qu'elles en attendent. Elles y acquièrent un pouvoir, le détiennent, et le savent. Toute transmission passera par elles et sera sous leur contrôle.

Pour seule illustration, je cite un passage d'un dialogue surprenant d'une de mes patientes, âgée de sept ans, avec sa mère ; il brosse en quelques phrases ces paysages que seules les femmes parcourent :

« Maman ! Tu ne m'as jamais parlé des maisons de retraite…

– Mais bien sûr, enfin ! Pourquoi voudrais-tu que je te parle des maisons de retraite ?

– Je ne sais pas, comme ça… Mais en tout cas, je suis sûre d'une chose, Mamie ne mettrait jamais Grand-mère dans une maison de retraite, ça non ! Et aussi, je suis sûre que toi tu n'y mettras jamais Mamie. Mais je peux te dire que moi, je t'y mettrai !

– Mais pourquoi penses-tu que tu me mettras en maison de retraite ?

– Pourquoi ? Parce que je ne veux pas avoir avec toi les relations que tu as avec ta mère. »

Peut-être voulait-elle rompre avec la tradition. Sa mère sait en tout cas à quoi s'attendre !

Des grands-mères, qui n'acceptent pas d'abdiquer en faveur de leur fille

Une amie m'a dit récemment, à l'occasion d'un litige familial :
« Laisse les filles s'arranger avec leur mère ; ne t'en mêle pas ! »
Elle avait raison, elle connaît les femmes

Quand elles se refusent à laisser symboliquement cette place à leur fille, l'amertume, les reproches, la réactivation des anciens conflits se substituent à la douceur de cette nouvelle et délicate intimité.

Mais en général, les véritables raisons de ces conflits ne peuvent se dire, ce serait dangereusement explosif pour les deux. Quelquefois, elles ne peuvent même pas se penser, et se cachent derrière d'autres griefs, plus faciles à énoncer. Ils permettent de dire sans dire, et contraignent à dire sans fin, puisqu'on ne définit jamais la nature du tourment.

Une jeune femme qui venait de donner naissance à une fille me confia qu'elle avait longtemps hésité avant de se décider à concevoir un enfant, précisément par peur d'avoir une fille.

Les rapports avec sa mère avaient toujours été si difficiles qu'il lui avait fallu se brouiller avec elle pour se sentir le droit d'exister, et d'aimer un homme. C'est parce qu'elle s'était laissée persuader par cet amour qu'elle avait finalement accepté l'idée qu'elle pouvait quitter sa mère et affronter ses reproches, vivre avec un homme, et avoir un enfant avec lui sans engendrer le malheur. Jusqu'alors, cette seule idée n'évoquait que des souvenirs de combats et de tristesse.

Bien des choses se jouent dans le psychisme de ces femmes confrontées à leur vieillissement. Elles ne se sentent pas vieilles, elles ne le sont pas. Elles n'ont pas non plus l'impression de vieillir, et surtout pas d'un seul coup. Se pourrait-il que cette naissance les précipite brusquement dans un autre état ?

Non, c'est plus torpide, plus sournois ; et elles ne s'y attendaient pas.

Tout simplement les sentiments se mêlent, et s'emmêlent, ils associent la douceur à un discret désarroi, qui s'impose comme un goût amer. Il ne s'impose pas en permanence, seulement à certains moments. On le chasse, il revient, par petites brûlures, par petites morsures. Bien sûr, ce n'est pas grave, mais chaque fois ça fait un peu mal ; et en plus, on est toute seule pour le vivre. À qui pourrait-on confier cette plainte, si personnelle, si inavouable ?

La présence de cette petite fille ne suffit pas tout à fait à compenser ce désarroi qui, malgré tout, laisse l'impression d'un vide et, paradoxalement, d'une solitude.

À trois reprises différentes, il m'est arrivé que des femmes, grand-mères de filles pour la première fois, me demandent discrètement après la consultation si elles pourraient venir me voir seules. Toutes trois avaient précisé qu'elles désiraient juste me poser quelques questions. Nous étions sensiblement du même âge ; elles souhaitaient dire quelques mots de ce désarroi si lourd à porter seule. À tout garder pour elles, elles avaient le cœur trop gros.

Elles ne souhaitaient parler ni de leur fille, ni de leur petit enfant, mais d'elles, de leur âge, et surtout de leur trouble en voyant leur fille, qui hier encore était une petite fille, faire maintenant, et avec plaisir, ce que font les femmes…

Elles voulaient aussi restaurer à mes yeux, à leurs yeux, l'image de la femme, leur image de femme, hors des fonctions de mère ou de grand-mère, s'en assurer dans mon regard.

L'une d'elles avait déclaré un cancer du sein à la fin de la grossesse de sa fille.

Dans cette famille existait une idée très forte du pouvoir transmis par les femmes, comme un héritage non discutable.

Elle était deux fois grand-mère déjà, par son fils. Maintenant, c'était sa fille qui venait d'avoir un bébé, une fille ; et ce n'était pas pareil. Le même amour, autant de tendresse ; seulement là, c'était la fille de sa seule fille. Alors elle n'aurait su dire comment, ni pourquoi, mais c'était différent.

Quand son fils avait eu un premier enfant, puis un deuxième, elle avait éprouvé de la joie. Cette fois aussi, mais en plus, elle se sentait troublée.

Bien qu'elle habitât une ville éloignée, elle vint les voir dès la naissance. Puis, sur un coup de tête, dit-elle, elle décida brusquement de partir, seule. Quittant alors mari, enfants et petits-enfants, son travail et sa vie quotidienne, elle partit seule voyager deux mois en Afrique où elle était déjà allée. Je ne sais ce qu'elle y a fait ou vécu, ni comment elle s'y est retrouvée, mais elle s'y est retrouvée.

En écoutant son récit, devant le caractère subit et inattendu de sa décision, je pensais à ces deuils maniaques qui ne peuvent se vivre qu'au prix d'une quête sexuelle, parfois éperdue, condition de passage, seule condition dans l'esprit de celui ou celle qui le vit, pour ne pas être à son tour happé par la mort.

J'ai reçu un jour une femme, mère de quatre enfants, dont le mari était mort quelques mois auparavant. Peu après sa mort, et totalement à l'encontre de sa vie préalable, me précisa-t-elle, elle avait entretenu une relation, certes de brève durée, mais avec trois hommes simultanément. Elle était enceinte et ne pouvait dire lequel des trois était le père du bébé qu'elle attendait.

Dans le *Dernier tango à Paris*, Bernardo Bertolucci raconte comment Paul, alors même que sa femme vient de mourir et n'est pas encore inhumée, développe, comme un antidote à la mort, une relation brutale avec une jeune femme, relation limitée aux seuls rapports sexuels, et dont l'anonymat est la condition.

Au-delà de la seule idée de vieillissement, se dessine en filigranes la perspective de la mort.

Une grand-mère, apprenant qu'une de ses petites-filles, la plus jeune de ses petits-enfants, était enceinte, accueillit cette nouvelle en disant, pour premier commentaire : « Mais vous êtes fous, qu'est-ce qui vous prend ? Vous me poussez dans la tombe ! »

Protéger sa fille, coûte que coûte

L'enfer est pavé de bonnes intentions.
Proverbe biblique

Jadis, dans les milieux bourgeois, on emmenait les garçons chez le médecin pour les instruire des choses du sexe ; puis un peu plus tard, en maison close, afin qu'une gourgandine les initiât, de façon peut-être moins docte, mais nettement plus précise, aux mêmes choses.

Pendant longtemps, les mères ont instruit leurs filles de ce qui les attendait, la sexualité, le mariage…

Était-ce bien en vue de les protéger ? Il y avait peut-être d'autres enjeux. Si l'on en croit la littérature, c'était moins pour leur vanter le bonheur qui les attendait que pour les avertir, de façon un peu résignée, des déceptions qu'elles allaient éprouver.

Il est naturel que les mères, quand elles en ont la possibilité, protègent leur fille si elles les sentent menacées. On le voit par exemple chez les mères de femmes qui ont accouché de jumeaux, ou lorsque la maladie s'invite à la naissance, précipitant tout le monde dans l'inquiétude et l'impuissance.

J'ai remarqué que lorsqu'un bébé est malade, lourdement, ou pour longtemps, sa grand-mère maternelle redevient souvent mère des deux, de sa fille qui a bien besoin qu'elle la porte à nouveau, et par certains côtés du bébé de sa fille.

Mais il peut y avoir, pour une mère, des façons bien ambigües de protéger sa fille ; mieux elle la protège, plus elle s'assure de garder la main. Le but est bien sûr de la protéger, mais c'est aussi ce qui permet de ne pas perdre le contrôle.

Il peut s'agir de services bien utiles. Elle apporte le journal du jour, juste pour voir si tout va bien. Elle vient donc tous les jours, voire plusieurs fois dans une même journée ; le linge n'attend pas ! Elle peut revenir aussi avec un peu de marché, parce qu'il faut absolument qu'elle mange de la viande ! « Il te faut de la viande rouge ! Tu n'y penses pas ! Avec ton allaitement ! Mais aussi, quelle idée d'allaiter ; nous, dès qu'on pouvait arrêter, on arrêtait ! Tu devrais arrêter. » Mais elle ne prévient pas toujours de sa venue, « pas besoin de prévenir ; entre nous, pas de chiqué. D'ailleurs, si on a des choses à se dire, on se les dit ! On est si proches, si semblables… »

Une excessive promiscuité, pour rançon de l'intimité, ou d'une forme d'intimité.

Une mère peut vouloir inciter sa fille à faire exactement comme elle-même avait procédé, et qui a bien marché. La preuve est là. Elle lui raconte comment elle a fait avec elle. Elle espère lui éviter des erreurs ; pour cela, il faut qu'elle suive son exemple. Elle tente de la protéger des épreuves, des difficultés, ce qui peut même aller jusqu'à la protéger du médecin et de la médecine.

Quelquefois, quand sont évoqués un diagnostic grave ou ses conséquences probables, les grand-mères prennent la parole pour infirmer ce que dit le médecin, dans l'idée qu'en jetant leur parole et leurs mots dans le plateau de la balance, elles protégeront leur fille du chagrin ou de l'inquiétude. Elles se réfèrent toujours alors à leur mémoire et à leur expérience. Peu importe qu'elles aient ou non raison. Une seule chose compte : éloigner l'idée et l'évocation du danger afin d'épargner leur fille, ramener dans le champ de l'impossible ce qui est pour elles inconcevable, le malheur de leur fille ; comme si le nier avait le pouvoir de l'éloigner.

Lorsque j'étais interne en maternité, la tâche me revint, après concertation avec l'obstétricien, de prévenir une femme, enceinte de trente-trois semaines, que son bébé présentait une souffrance sévère. Il fallait le faire naître au plus tôt, par césarienne, pour espérer le préserver.

Elle me regardait, incrédule, lorsque sa mère, qui était présente lors de cet entretien, un peu en retrait, s'avança et s'interposa physiquement entre elle et moi.

Sans me regarder, elle prit alors la parole et lui dit : « Mais tu ne vois pas qu'il plaisante ! Tu vois bien que ce n'est pas vrai ! Il se fout de toi ! ».

Je ne plaisantais pas, et je ne me moquais pas d'elle. Elle le savait, mais tentait coûte que coûte, jusqu'à la déraison, d'infléchir par sa parole d'autorité le cours des événements pour sauver sa fille, plus que le bébé, de l'épreuve qui la menaçait. Plus que le bébé car, après la naissance, elle vint voir le chef de service et lui dit, en ma présence, « je vais vous parler d'homme à homme ! Tuez-la ! »

Il ne le fit pas ; même d'homme à homme.

Cela ne se produit pas uniquement pour tenter de conjurer les risques graves ou de pallier les situations de danger évident.

Dans bien des circonstances beaucoup plus banales, beaucoup de mères, qui n'étaient pas présentes avec leur fille lors de l'examen de leur petit enfant, reprennent ce qui s'est dit, et refont en quelque sorte la consultation, confiantes en leur souvenir de ce qui s'était passé avec leurs propres enfants. Et, utilisant leur passé pour gage de qualité, elles donnent leur avis sur l'opportunité de faire un vaccin, de préférer un traitement à un autre, ou de privilégier kinésithérapie ou ostéopathie… Elles diffèrent les propositions alimentaires, intervenant comme elles le feront un peu plus tard, quand elles diront à leur fille qu'il est grand temps de commencer l'apprentissage de la propreté, parce qu'à cet âge, il y a longtemps qu'elles, elles étaient propres, le jour, et aussi la nuit !

Elles seront écoutées ; elles détiennent une autorité incontestable, car leur parole s'inscrit dans une situation affective complexe.

Transmettre leur expérience à leur fille est une chose ; la voir faire ce qu'elles-mêmes avaient fait valide *a posteriori* leurs attitudes passées, ce qui les conforte dans l'idée qu'elles ont eu raison d'agir de la sorte.

Si les filles refusent les conseils de leur mère, et s'opposent à elle, les anciens conflits, les vieux griefs, peuvent se réanimer comme les braises sur lesquelles on souffle, et il est impossible de prévoir la force et la violence de ces flammes qui s'alimentent du passé.

Lorsqu'elles étaient petites, parce qu'elles ont peut-être un jour souhaité plaire à leur père, les filles ont dû affronter leur mère qui, jusque-là, les protégeait, et se heurter à elle dans la rivalité. Dans cet affrontement, elles ont dû accepter le risque de perdre cette sécurité et de devoir par conséquent se débrouiller seules. Peut-être même ont-elles eu l'impression qu'elles pouvaient être l'une pour l'autre une ennemie.

Maintenant qu'elles ont un bébé, si les filles acceptent, jusqu'à s'y conformer, les conseils de leur mère, c'est peut-être une façon de gommer cette période, de renouer avec cette sécurité de toute petite fille, quand la question ne se posait pas.

Une mère m'a dit qu'en reproduisant exactement ce que sa mère avait fait avec elle, elle ressentait un profond sentiment de sécurité. Cette confiance en ce que dit leur mère, cette soumission à ses conseils, peuvent aller jusqu'à accepter de mettre leur bébé en situation de risque, ou de ce qui est réputé risqué.

Par exemple, il est maintenant conseillé de faire dormir les bébés sur le dos, dans l'idée que cela limite le risque de mort subite inexpliquée du nourrisson. Tout le monde connaît et craint l'éventualité de cet épouvantable accident, au point de ne pas même oser y faire allusion, comme si cela risquait de le faire advenir ; les monstres ne dorment jamais, ils somnolent seulement, il faut toujours faire très attention à ne pas attirer leur attention !

Certaines jeunes femmes, bien informées de ce risque, choisissent néanmoins de faire dormir leur bébé sur le ventre. Non qu'il ne dorme pas lorsqu'il est sur le dos, mais leur mère leur a dit qu'elles avaient toujours dormi sur le ventre, qu'il n'était rien arrivé, et qu'il n'y avait pas de raison de faire autrement, quoi qu'en disent les médecins…

« Vous n'êtes pas d'accord, je sais, c'est contre l'avis de tout le monde, mais j'ai écouté les conseils de ma mère ; elle m'a dit qu'elle avait fait comme ça avec nous et que ça avait très bien marché ! »

C'est un peu comme s'il y avait un défi à relever. Par son affection et par son autorité, la mère de la mère est garante de la sécurité, et sa parole exorcise le risque. C'est en reproduisant ce qu'a fait sa mère qu'une fille, devenue mère, se sent en sécurité. Il peut en aller de même pour d'autres attitudes potentiellement dangereuses, les morceaux de fruits, de pain, ou biscuits, donnés très tôt, trop gros, alors que leur bébé ne peut encore les mâcher. Tenter le diable et respecter ces conseils confirme qu'en bravant le danger on reconnait l'autorité de sa mère. Elle a forcément raison puisque ça a marché avec moi !

Néanmoins, les propos peuvent parfois prendre un tour ambigu, quand la mère énonce dans le même temps sa soumission aux conseils, son besoin d'offrir à son bébé l'intimité originale de l'amour qu'elle éprouve, et le risque qui en résulte. Ce risque, elle tente de l'abolir par le pouvoir affectif. « Il a besoin d'être contre moi pour s'endormir, contre mon cœur. Du coup, j'ai toujours peur qu'il s'étouffe. »

« Cœur », c'est le mot qui touche, siège de l'amour autant que siège du risque ; l'amour comme un défi.

Pourraient-elles être jalouses de leurs filles ?

Je t'ai tout donné ! Et voilà ce qui me reste…

Il y a des femmes malheureuses, à qui la vie n'a pas souri, qui vivent d'amertume.

D'autres sont plutôt accueillantes pour leur fille, mais ne peuvent retenir les piques, jusqu'aux petites phrases assassines, celles qui contiennent des mots qui assomment ; certains de ses mots peuvent être mortels. On ne s'en remet pas toujours ; c'est un peu fait pour ça.

Et puis, elles ne sont peut-être pas nombreuses, mais il faut se rendre à l'évidence, il y a des mères implacables.

Aucune mère, on peut en être sûr, ne décide d'être désagréable, ni ne choisit de s'opposer à sa fille qui, dans toute la fraîcheur de la nouveauté, invente son bébé et s'invente avec lui. Si elle est désagréable, en général, c'est qu'elle n'a pas pu s'en empêcher, ni faire autrement ; ce n'était pas à dessein, elle ne l'a pas fait exprès, et elle serait mortifiée qu'on lui en fasse la remarque ; si sa fille elle-même le lui fait remarquer, elle le vivra comme une injustice, et ce sera sans doute l'occasion d'un interminable conflit.

Une femme, grand-mère pour la première fois d'un petit garçon, m'a dit qu'un jour elle avait pris conscience avec stupeur qu'elle était arcboutée sur ses principes et ses certitudes, qu'elle n'avait jamais su constituer un appui pour sa fille, et que depuis la naissance de cet enfant, deux ans plus tôt, elle avait été très dure et injuste, au point qu'elles ne se rencontraient plus.

Elle lui avait alors écrit pour lui présenter des excuses, puis lui avait rendu visite, se désignant comme seule responsable de la situation actuelle et faisant réellement amende honorable. La réussite apparente de la vie de sa fille la renvoyait sans échappatoire possible à l'échec d'une partie de la sienne. Ça lui était insupportable, et elle n'avait pu s'empêcher de l'en tenir pour responsable. Lorsqu'elle l'a compris, elle a eu le courage d'aller le lui dire.

Quand une femme voit sa fille s'épanouir à l'adolescence, si différente de celle à laquelle elle-même avait été contrainte, et qu'elle la voit ensuite vivre sa vie de jeune femme, puis être mère, dans l'insouciance d'une apparente liberté, il arrive qu'elle fasse un constat amer de sa vie passée, et le lui reproche, ou lui en veuille de cet accomplissement qu'elle n'a pu atteindre.

D'autres, à l'inverse, contemplent avec émotion ces moments avec tendresse et revivent par procuration une part de leur passé. Encore faut-il pour cela qu'il ait été heureux.

Si la naissance d'un enfant se révèle être une occasion d'apurer les comptes, personne n'en sort indemne.

Pour les mères implacables, leur fille est interdite d'autonomie ; elle ne peut être que leur fille. Or en devenant mère, il est probable qu'elle leur échappe. Le combat sera dur, et sans merci. Certaines mères savent se rappeler sans relâche à la mémoire de leur fille, en général en suscitant chez elle une forte culpabilité. Parfois elles ont provoqué un éloignement, voire une rupture, que celles-ci, même si elles n'en ont pas été l'artisan, ne se sont jamais pardonnée.

Ils étaient encore jeunes, venaient d'avoir une deuxième fille, quand cet homme disparut, victime d'un meurtre.

Sa femme, restée seule, a toujours dit à sa fille aînée qu'il ne fallait pas qu'elle se marie, jamais, qu'elles resteraient ensemble, et que ce serait elle son mari !

Lorsque celle-ci, bravant cette interdiction, a décidé de se marier, elle le lui a violemment reproché, l'accusant de façon un peu énigmatique de se servir de son père comme prétexte pour la quitter.

Elle lui a aussi « balancé à la figure », ce sont les mots de sa fille, qu'elle lui interdisait de se marier en blanc parce qu'elle était enceinte. Elle a obéi à sa mère, mais cela ne pouvait suffire. Au beau milieu de la fête, celle-ci est partie, provoquant un violent éclat, au prétexte que c'était une cérémonie « sans queue ni tête ». Un bien curieux reproche, à une mariée qui n'avait plus droit au blanc !

Depuis lors, leurs relations sont empoisonnées. La situation est d'autant plus complexe qu'un lien indéfectible existe entre elles, comme un pacte, scellé par les circonstances de la mort de son père. Elles sont liées par le fait qu'elle est l'aînée, et par la solitude à laquelle sa mère s'est contrainte, élevant ses filles dans l'idée qu'elle s'était sacrifiée pour elles. De sa fille aînée, elle attendait donc en retour le même sacrifice.

Les difficultés relationnelles surviennent souvent à des moments sensibles de la vie familiale. Le moment où une fille devient mère en est un.

La naissance d'un bébé est souvent l'occasion d'éprouver le poids du passé personnel ; les histoires jamais racontées, avortements, fausses couches, morts *in utero*, désirs cachés ou adultères tenus secrets ; autant de sujets que les mères n'ont jamais abordés avec leurs filles. Pourquoi l'auraient-elles fait ?

Au moment où leur fille donne à son tour naissance à un bébé, surgit en elles une vive culpabilité, et elles ne peuvent s'empêcher de lui en parler.

Une femme, par exemple, dit à sa fille qui vient tout juste d'accoucher, que c'est bien grâce à elle qu'elle a pu avoir ce bébé. Elle explique alors qu'étant enceinte d'elle, trente ans plus tôt, elle avait été malade, avait hésité à interrompre sa grossesse, puis avait finalement choisi de la poursuivre. C'est donc grâce à elle qu'elle a pu avoir à son tour un enfant, puisqu'elle-même avait eu le courage, disait-elle, de la garder vivante. Quoi de plus évident, et certainement encourageant pour sa fille ! Faudrait-il alors remercier sa mère ?

Des mères sans maman

Nous ne vieillirons pas ensemble.
Voici le jour, en trop,
Le temps déborde.
Paul Éluard, Derniers poèmes d'amour

Comment parler des mères qui meurent, ou vont mourir, quand va naître l'enfant de leur fille ?

Elles n'en parlent pas ensemble, pas en ces termes, c'est trop douloureux, et pour chacune le risque est grand de s'effondrer. Pourtant, elles ont peut-être des choses à se dire ; c'est maintenant. Elles savent toutes les deux qu'il faut faire vite. Bien sûr elles ne pourront pas tout se dire, mais il est important pour chacune de pouvoir parler. Il sera plus facile de vivre, et peut-être moins difficile de mourir. Pas de faux-semblant, pas de dissimulation possible, on ne joue plus avec le temps, il « déborde » ; il est compté, tout est urgent.

Plus encore, comment les femmes qui ont perdu leur mère peuvent-elles aborder la naissance de leur enfant, alors qu'elles ne peuvent plus rien en partager avec elle, et qu'elles ressentent un vide, un manque immense.

Pourquoi ces circonstances sont-elles si douloureuses quand il s'agit des mères dont la fille devient mère ?

Parce que, mourantes ou mortes, elles ne sont certainement jamais aussi présentes qu'à ces moments ultimes, ou par cette absence pour toujours.

Présentes et absentes ; une « prés-absence » désespérante.

Lorsqu'elles sont enceintes ou qu'elles accouchent, les filles ont besoin de leur mère. Il y a des choses à confirmer, d'autres à vérifier ; d'autres encore, dont il est temps de se débarrasser, pour partir avec leur bébé d'un pied neuf.

Je ne veux pas dire que les mères doivent assister à l'accouchement de leur fille ; il n'est pas nécessaire, et surtout pas souhaitable, qu'elles soient présentes.

Parfois elles seront d'autant plus présentes, efficacement présentes, qu'elles sauront ne pas être là.

Il n'est pas non plus indispensable, pour que cela fonctionne, qu'elles s'entendent bien. L'opposition, la rivalité, voire la haine, sont eux aussi des modes relationnels ; à ce titre, elles sont efficaces, redoutablement.

Non, une seule chose compte, il importe que leurs mères vivent, qu'elles soient vivantes.

J'ai souvent noté le désarroi et la tristesse profonde de jeunes femmes qui n'ont plus leur mère quand elles sont enceintes, et surtout quand elles accouchent, à ce moment précis de leur vie où justement elles auraient voulu lui montrer avec quelle joie elles cessaient d'être enfant pour devenir mère à leur tour. Mais, quand on a perdu sa mère, on la reperd quand on est enceinte.

Elles disent qu'elles sont perdues, elles semblent ne pas savoir comment tenir leur bébé, et les bras leur en tombent. Elles ne peuvent plus retrouver cette idée de soi petite. Leur mère n'est plus là sur qui s'appuyer ; elles ne peuvent plus lui demander comment elle avait fait avec elles. Même pour le lui reprocher.

Elles se disent « il faut que je demande à Maman », pour se souvenir aussitôt que ce n'est plus possible.

Leur deuil est ravivé par la naissance.

Les supports font défaut pour imaginer ce qu'elles vont être pour leur bébé, et ce qu'il sera pour elles. Faute d'identification, elles se retrouvent plus que jamais orphelines.

Elles choisissent souvent, plus ou moins délibérément, une autre femme pour pallier ce manque, une de leurs grand-mères, si c'est possible, qui, le plus souvent, comprend intuitivement et accepte, quel que soit son âge, ce que sa petite fille, devenue mère, attend d'elle. Elle accepte la gravité de cette responsabilité, et l'importance du rôle qui lui est confié. Souvent, elle pensait en avoir fini, pouvoir être grand-mère et s'y reposer ; les circonstances, son chagrin, le désarroi de sa petite-fille l'amènent à accepter d'être mère à nouveau.

Pour ces femmes sans mère, la naissance de leur enfant ravive la peine sous la forme d'un manque.

Une jeune femme était venue me voir avec son fils de cinq ans parce qu'il était très agité. Elle l'avait bien remarqué dans la vie familiale, mais c'est l'école qui avait attiré son attention, signalant ses difficultés en classe. Alors que nous tentions de débrouiller cette situation qui les angoissait beaucoup, elle me dit, incidemment, comme s'il s'était agi d'un détail, qu'elle avait perdu sa mère peu de temps avant de débuter sa grossesse.

Au fil de cette consultation j'ai été amené à établir des liens entre ce que manifestait son fils et certains événements de leur vie passée, notamment bien sûr la disparition de sa mère à ce moment précis de leur vie de fille et de mère.

Elle n'a jamais pu accepter d'établir, encore moins que soit établi par un autre, un lien entre cette perte, la naissance de son petit garçon, les difficultés qu'il présentait, et la dépression qui la minait. Elle ne pouvait rien reconnaître de tout cela, qu'elle avait très bien compris, car elle risquait de s'effondrer et ne s'y autorisait pas.

Quiconque se risquait à évoquer un lien possible entre la mort de sa mère et les difficultés que rencontrait son fils la mettait en fuite. Une psychologue, toutefois, qu'elle avait sollicitée non pour elle, mais pour son fils, lui a permis d'amorcer une réflexion en ce sens ; simplement parce qu'elle a eu l'adresse et l'intuition de ne rien évoquer, se contentant d'écouter, et ne s'autorisant aucun rapprochement.

J'avais été maladroit, moins peut-être en évoquant ce lien qu'en le faisant à ce moment. Pourtant, je savais que comprendre ne pouvait suffire à prétendre soigner ; ce n'est possible que si nos patients, eux, ont fait les liens qui leur permettent de comprendre, et surtout d'accepter qu'un événement du passé, resté quiescent, se révèle à eux, avec vigueur et parfois dans toute sa violence à un moment où on ne l'attend pas.

Il est particulièrement difficile de faire face en même temps, ou à des moments très proches les uns des autres, à la disparition du monde de sa mère, ou de son père, et à la venue au monde de son bébé. La solitude qui en résulte produit des effets comparables à ceux d'un abandon, presque de la colère parfois, et l'impression est vive que par sa venue ce bébé chasse sa grand-mère ou son grand-père.

J'ai recueilli ces mots sur un forum d'échanges : « Ma grossesse s'est déroulée sans gros problème, à part cette tristesse sous-jacente, et je me disais, chaque fois que je pensais à elle, que mon bébé n'allait pas connaître sa grand-mère, que je ne saurais pas vers qui me tourner si j'avais des questions. Lorsque je suis revenue de la maternité, j'ai ressenti un manque immense qui avait tendance à me plonger dans la tristesse. J'ai eu la sensation que c'était l'arrivée du bébé qui faisait disparaître ma mère de nos vies. »

Les circonstances sont différentes selon qu'une femme a perdu sa mère plus ou moins longtemps avant d'être enceinte, ou que celle-ci est morte pendant la grossesse de sa fille, et surtout juste avant ou après son accouchement. Dans ce cas, la désolation est immense, un véritable effondrement.

Perdre sa mère lors de la naissance ; donner la vie, perdre la sienne, sa mère, sa vie… on ne sait plus, un perdu pour un reçu ; pour tous un abandon…

On voit parfois certaines femmes, malades, proches de la mort, qui semblent se retenir de mourir, et s'accrochent coûte que coûte à la vie pour voir le bébé de leur fille (ou de leur fils), comme si elles attendaient pour mourir.

Transmettre, puis lâcher l'amarre, lâcher prise, abandonner. Elles peuvent alors mourir, parfois dans les jours qui suivent.

Ce sont leurs filles qui disent qu'elles ont attendu pour mourir que leur petit-enfant soit né. Elles disent qu'elles ont attendu de toutes leurs forces pour le voir, et elles leur en sont reconnaissantes. Elles ont peut-être raison ; il est très important pour elles que leur mère ait pu voir leur bébé, devenir sa grand-mère, avant de mourir. Elles se souviendront, et diront à leur enfant que leur grand-mère l'a connu. Et, si cela signifie quelque chose, elles peuvent penser que leur mère a pu aborder la mort plus sereinement. Parfois, la mort survient parce que leur fille les y autorise : « Tu peux partir, Maman, on saura vivre ».

De même certaines femmes, apprenant que leur mère ou leur père sont atteints d'une maladie grave, que leur mort prochaine est probable, décident de hâter une grossesse qu'elles n'envisageaient que plus tard, afin, là encore, qu'il, ou elle, puisse voir son petit enfant avant de les quitter.

Pourquoi un désarroi si vif ?

Parce que c'est très délabrant de perdre l'un de ses parents au moment où s'accomplit cette maternité.

Parce que quand on fait un enfant, on a envie et besoin de prendre ses parents à témoin, autant que de le leur présenter.

Peut-être aussi parce que les femmes, dans un lien essentiel, comptent les unes sur les autres pour transmettre quelque chose qui doit bien appartenir à la féminité ; quelque chose qui trouve son plein déploiement dans les relations qui unissent mères et filles, et particulièrement lorsque va naître un bébé.

Si leur mère est morte, elles se retrouvent seules, en première ligne maintenant, et ne savent pas comment elles pourront parler de leur mère à leur fille.

Transmettre les bijoux de sa famille

Qui sait ce qu'un bijou peut avoir dans l'âme ?
Denis Diderot[40]

Avoir l'enfant désiré du père, ou bien les bijoux de la mère.
« Voici mes plus beaux bijoux », disait la mère des Gracques en parlant de ses fils.
Monique Bydlowski[41]

Pourquoi parler des bijoux de famille, ou des bijoux de la famille ?

Parce qu'il est aussi question de transmission.

Et peut-être parce que je n'ai pas parlé des grands-mères paternelles.

Souvent, elles accompagnent leur belle-fille quand leur fils a un fils, quand cette femme a donné un garçon à leur fils. On ne peut oublier que « testicule » signifie témoignage, testigo, témoin, un témoignage de la virilité, et donc, par la naissance d'un garçon, de sa pérennité.

Elles ont une place à tenir : ce sont elles qui ont fait l'homme qui a fait l'homme. La jeune femme qu'elles accompagnent n'est pas leur fille. Elle est la femme que leur fils a choisi d'aimer, et qui devient la mère de ses enfants. Elles ont pour elle de l'affection ; elle peut être teintée d'un peu de méfiance, ou d'une discrète rivalité. Parfois, c'est la guerre ouverte.

En tout cas, il faut qu'elle rende leur fils heureux.

40. Denis Diderot, *Les Bijoux indiscrets*, Paris, Belin, 1819, p. 9.
41. Monique Bydlowski, *Je rêve un enfant, L'expérience intérieure de la maternité*, Paris, Odile Jacob, 2010, p. 41.

Il est aussi question de la filiation, mais sur un tout autre mode, une autre transmission, pas celle du passage de témoin, comme cela semble se faire entre mère et fille. Les mères transmettent, ou délèguent, à leur fille, lorsque celle-ci donne naissance à un enfant, le fait de devenir mère à leur suite. Mais il existe, par l'usage, d'autres modalités de transmission, entre symboles et valeur ; comme les bijoux. Quelle que soit leur valeur, même modeste, ils font partie des cadeaux à forte signification symbolique. Même si cet usage est un peu suranné, ces transmissions et leurs modalités participent à assigner à chacun sa place dans la famille. Elles précisent en espèces les limites de ce qui régit les rapports inter et intrafamiliaux. Il ne s'agit plus seulement de mère et de fille, mais aussi de belle mère et de belle fille, de beaux parents et de belle fille ou gendre. Un cadeau pour honorer et faire plaisir, mais un cadeau pour une assignation.

Les bijoux font partie des déguisements des petites filles, plus que des petits garçons.

Ils font aussi traditionnellement partie des marques identitaires.

Les futurs beaux-parents offraient, ou offrent, une bague à la fiancée de leur fils. Souvent la future belle-mère offre à la future femme de son fils aîné, sa future bru, le bijou qu'elle avait elle-même reçu lorsqu'elle s'était fiancée, en échange d'amour et pour gage de fidélité. À son tour, un peu plus tard, lors du mariage, la fiancée apportera sa dot, linge, vaisselle, objets, qui témoignent de ses compétences de maîtresse de maison, et montrent bien que le « ménage » s'établit. Il n'y a pas bien longtemps encore, quand les femmes parlaient de leurs enfants mariés, qui vivaient donc en couple, elles disaient « mes ménages », ou « mes petits ménages ».

La jeune fille reçoit donc une pierre et de l'or, à charge pour elle de savoir en faire un enfant, un fils, porteur lui aussi des bijoux de famille témoignant de son sexe, de sa virilité, et qui attestent de sa capacité à fonder une descendance. On ne peut méconnaître que c'était aussi le symbole du lien et de l'attachement, marqué comme lors du mariage, par l'anneau. Aux garçons comme aux filles, à la naissance, ou pour leur baptême, on donne une chaîne et une médaille. C'était une coutume chrétienne ; elle persiste hors de toute notion de religion, même si les bracelets ou les boucles d'oreilles ont tendance à remplacer la chaîne en or. Enfin, les filles reçoivent souvent un bijou pour les anniversaires spéciaux, dix-huit, vingt, ou trente ans.

À une époque, et bien sûr dans des milieux aisés, il était fréquent, après un certain nombre d'années de mariage, vingt en général, que le mari offrît à sa femme une alliance sertie de pierres qui venait remplacer celle, en or, qu'il avait passée à son doigt le jour de leur mariage. Pourtant, on ne voyait pas d'épouse passer une alliance sertie de pierres au doigt de son mari. Or l'échange d'alliances lors du mariage est un don mutuel.

De quoi faut-il donc la remercier, ou la féliciter, après vingt ans ? Est-ce que cela marque un accomplissement ? Et alors, une fin ?

De même, dans certains contextes sociaux, dans certaines circonstances, ou certaines cultures, on offre aux femmes, ou elles acquièrent elles-mêmes, des bijoux, et de l'or, au fil du temps. Dans la culture musulmane, par exemple, les femmes ont le droit de porter de l'or, mais les hommes n'ont pas ce droit.

Les bijoux marquent le genre et sont plus volontiers destinés aux femmes, mais ils ont une signification bien précise : « *Ils sont transmis en gage de reconnaissance d'une fonction ou d'une appartenance, mais aussi maillons d'une chaîne relationnelle entre les vivants et les morts, assurant ainsi la continuité et le renouvellement de la généalogie familiale* ».[42] On donne volontiers un bijou en souvenir de quelqu'un.

Bien sûr la société a changé, les usages persistent cependant, plus discrets, plus modestes, mais sous des formes toujours identifiables.

Lorsqu'une femme a reçu une pierre pour bague de fiançailles, et que le couple vient à se rompre, deux solutions s'offrent à elle ; soit la bague était un cadeau de son fiancé ; dans ce cas, elle le garde ; soit il s'agissait d'un bijou de famille, donné alors par ses beaux-parents, et elle doit le rendre.

42. Patrizia Ciambelli, *Bijoux à secrets*, 2002, Paris, Maison des sciences de l'homme, p. 100.

Quand des parents deviennent des grands-parents

– Au fait, je ne t'ai pas dit ? On est invité à dîner chez Papa et Maman. – Encore !

La boîte à boutons

Ma grand-mère cousait ; aussi avait-elle une boîte à couture, avec des tiroirs articulés. Elle l'ouvrait toujours avec précaution, de crainte de la renverser, révélant lentement des fils de toutes les couleurs, des laines en brins, deux ou trois dés à coudre, un cercle de bois avec une vis, pour broder.

Et il y avait une boîte à boutons…

J'avais mes deux grands-pères, mais je n'avais plus qu'une grand-mère, ma grand-mère maternelle. L'autre, la mère de mon père, était morte, je ne l'avais pas connue. Je crois que je n'ai jamais essayé de l'imaginer. Pour moi, ça n'avait pas de sens, aucun regret, pas d'image, rien de sensible, sauf mon père.

J'étais intrigué ; je regardais mes grands-parents avec curiosité. J'essayais de comprendre comment ils vivaient. Le jeudi après-midi, j'allais quelquefois chez ma grand-mère. C'était un vrai jour de liberté, car on n'avait pas d'activités ; on pouvait ne rien faire. Maintenant, c'est autre chose : judo, solfège, piano, tennis, danse ; il n'y a pas de temps perdu, ni à perdre. Lorsque j'ai demandé à un petit garçon ce qu'il faisait comme sport le mercredi, il m'a répondu : tennis, solfège, et catéchisme…

Bien sûr, nos grands-parents ne vivaient pas comme nous, leurs manières étaient différentes, les mots qu'ils employaient n'étaient pas non plus les nôtres. Par exemple, mon grand-père paternel disait souvent « saperlipopette ! », ou quelquefois « crénom », et même « sacrebleu ! ». J'ai entendu mon grand-père maternel répondre à quelqu'un en plaisantant « vous en êtes un autre ». Je ne comprenais pas ce qu'il voulait dire, mais ils ont ri tous les deux. C'est bien ce que je pensais ; ça me confirmait dans l'idée que nous n'avions pas le même âge et qu'ils étaient très vieux.

Mais la roue tourne... Ma petite fille, Justine, quand elle avait six ans, m'a dit un jour : « Grand-père, toi, tu es vieux. » Je lui ai répondu que j'étais un peu vieux puisque j'étais le père de son père. Quelques instants plus tard elle me répéta la même chose, puis encore le lendemain. Un peu agacé tout de même, je lui répondis que oui, j'étais plus vieux qu'elle, mais que nous n'allions pas le dire vingt fois dans la journée. Elle réfléchit quelques instants, puis me dit : « Bon ! Grand-père, j'ai réfléchi, dans la vie, moi je suis du côté des jeunes, et toi, tu es du côté des vieux ! »

Avec mon grand-père maternel, j'avais un lien affectueux. Je l'appelais « Grand-Père », il m'appelait « mon berbère », parce que j'étais brun. Mon frère, c'était « mon viking », parce qu'il était blond. Il nous racontait les aventures de Zygomar.

Je le trouvais un peu mystérieux. Il était gentil, mais je crois qu'il ne se donnait pas tout à fait. Il n'osait pas. C'était peut-être à cause de son métier, parce qu'il avait été espion ! On ne me le disait pas, mais je le savais.

J'ai compris beaucoup plus tard, bien après sa mort, que c'était également par pudeur ; quand on se sent vieillir, viennent de drôles de pudeurs ; peut-être parce que le corps change, il se défraîchit. On s'en rend compte, mais on n'en parle pas. Alors le regard de l'autre aussi change, on le sent, un peu, et du coup on en montre moins, on se montre moins. Des questions viennent, qu'on ne se serait jamais posées auparavant ; bien sûr qu'on sentait bon ! On était jeunes !

C'est comme ça, longtemps après, que j'ai cru comprendre cette réserve que nous opposait mon grand-père.

Avec mon grand-père paternel, c'était différent ; lui, ce n'était pas « Grand-Père », je l'appelais « Bon Papa » ; je crois que ce n'était pas moi qui avais choisi. Nous n'habitions pas la même ville, et il ne venait pas très souvent. Quand il venait, c'était pour son travail. Il dormait alors dans notre chambre, celle que je partageais avec mon frère. C'est comme ça que j'ai fait une découverte : il avait des fixe-chaussettes.

Je ne me souviens pas qu'il soit venu seulement pour nous voir ; moins d'affection, ou moins évidente ; il n'était pas très disponible, pas très demandeur non plus, à moins qu'il fût secret.

Mais tout de même, j'aimais bien faire du mortier avec lui pour boucher les trous dans le mur de son jardin. J'entends encore le crissement de la truelle contre les pierres. J'étais subjugué par ce mortier, gris foncé au moment où on l'appliquait, et qui devenait blanc en séchant. Je pensais que Bon Papa était très fort.

Et puis surtout, il m'emmenait quelquefois avec lui, au début de la marée montante, pêcher des crevettes, et forcément des crabes, près du port, à Saint Georges. C'est lui qui avait fabriqué une épuisette pour moi, à ma taille. J'en étais fier. On pêchait sans se parler, ou juste de crabes, quand on relevait nos épuisettes ; on se disait ceux qui étaient bons, les rouges, et moins bons, les verts. Et puis, dans un même mouvement, on rejetait le varech.

Il me vouvoyait, et quand il m'appelait, en général, il me nommait « chose », quelquefois « coco », et même « torchon » !

Jamais par mon prénom. C'était comme ça qu'il nommait tous ceux dont il oubliait le prénom. Et comme il les oubliait presque tous, il était coutumier des surnoms. Alors « chose », « torchon », et encore plus « coco », c'était peut-être quand il voulait être tendre, mais je n'étais pas habitué à cette forme de tendresse. Je notais dans son regard un curieux mélange, une vive tendresse, justement, mais elle n'était jamais autrement exprimée, et de la tristesse aussi. Désabusé ; je ne connaissais pas ce mot, mais quand je l'ai appris, j'ai pensé qu'il pouvait correspondre ; il était désabusé, ou résigné, je ne sais pas. Mais n'empêche, quand on est petit, on attend autre chose ; si on nous aime bien, il faut le dire un peu, sinon on ne peut pas être sûr, et on ne peut pas s'appuyer dessus.

En fait maintenant, beaucoup plus tard, je crois qu'il ne savait pas comment nous dire qu'il nous aimait bien. Avoir perdu sa femme, ça lui avait enlevé des mots. Mais ça, je ne l'ai compris que plus tard, parce que moi aussi, quand mon père est mort, ça m'a enlevé des mots, ou la possibilité de les dire à nouveau. Et du coup, la mort des autres ne me faisait plus beaucoup de peine ; comme si j'avais déjà touché le fond du chagrin.

Quand j'étais avec lui, et qu'il ne faisait pas attention à ma présence, je le regardais faire, mais de côté, quand j'étais sûr qu'il ne me voyait pas. Je regardais comment il faisait, ce qu'il était ; j'essayais de comprendre qui il était. Il ne me voyait pas le regarder ; j'avais tout mon temps.

Je me souviens bien, j'avais six ou sept ans, que j'éprouvais à son endroit une impression curieuse ; quelquefois, lui aussi il me regardait, pas de côté, mais sans jamais rien dire ; il croyait peut-être que je ne le voyais pas, mais je le voyais, parce que regarder les autres sans qu'ils nous voient, je connaissais. Puis, après quelques instants, il hochait la tête, avec un air un peu triste, mais toujours sans rien dire.

J'avais l'impression qu'il retenait quelque chose qu'il aurait pu dire, qu'il aurait eu envie de dire. Et puis, quand il avait hoché la tête, au bout de son silence, il faisait un drôle de bruit, on aurait dit un soupir ; puis il levait et laissait retomber lourdement sa main sur son genou dans un geste qui me semblait d'impuissance.

Quand mon père, son fils, est mort, à quarante-neuf ans, il ne m'a rien dit non plus. Il a continué de me regarder, plus triste encore. Il ne m'a pas parlé du bébé que nous attendions, ma femme et moi. Il ne m'a pas dit que son fils ne verrait pas son petit-fils, comme lui me voyait.

Il a seulement dit à ma mère, au cimetière : « Quel temps radieux ! Que ces arbres sont beaux ! J'espère qu'on ne les coupera pas. » Ça ne lui a pas fait très plaisir. Elle pensait, que ce jour-là, il saurait dire autre chose. Elle lui en a un peu voulu de ne pas savoir parler.

Malgré tout, je sentais qu'il y avait entre nous un lien que je ne pouvais m'expliquer, un lien de sang ; c'est comme ça que je l'ai ressenti plus tard. Nous nous aimions bien, mais nous nous connaissions mal. C'est le souvenir que je garde de lui. Peut-être sommes-nous un peu passés à côté l'un de l'autre. C'est dommage. Il s'était remarié, il avait des enfants, à peu près du même âge que moi.

Je n'ai pas connu sa femme, la première, ma grand-mère ; elle était morte, très jeune, en couches comme on disait, à la naissance de son deuxième enfant.

C'est comme ça que mon père a eu une sœur, et qu'il n'a plus eu de mère.

C'est pour cela je crois, comme je l'ai dit plus tôt, qu'il a développé pour ses enfants une affection particulière. Je crois qu'il n'a pas su être une mère pour lui, parce que personne ne le lui avait appris, personne ne lui avait dit que ça pouvait exister. Sinon, il n'aurait peut-être pas roulé si vite ce jour-là. Mais je l'ai dit, je n'ai pas eu le temps de parler de tout cela avec lui. Il aurait fallu qu'il vive un peu plus longtemps, qu'il soit devenu grand-père pour que nous en trouvions l'occasion.

Ma grand-mère maternelle avait mon affection, et me donnait la sienne. Nous savions nous le dire, nous avions toujours su nous le dire, presque sans mot. Il n'y avait pas de raison particulière, mais nous étions intimes. Je percevais, je m'en souviens bien, qu'elle était une femme, et de ça, j'étais très admiratif. Je ne crois pas qu'elle me gardait souvent quand j'étais petit, elle n'en aurait pas eu la patience, mais on la voyait souvent. En plus, elle avait la télévision.

Lorsqu'elle cousait, j'avais le privilège de pouvoir fouiller à loisir dans la « boîte à boutons », de la renverser et de jouer avec ces boutons de toutes les tailles, de toutes les couleurs, et de toutes les matières, porcelaine, bakélite, nacre encore, ou plastique déjà. Autant de pierres précieuses ; avant de les toucher, je les contemplais longuement.

Je me souviens bien de leur odeur, juste au moment où j'ouvrais la boîte, j'étais assis à ses pieds sur un tapis qu'elle appelait un « Boukhara », et du bruit un peu mat qu'ils faisaient en s'entrechoquant, quand je les versais en pluie sur le tapis.

Par la suite, elle me parla beaucoup, souvent au téléphone, nous étions loin. Elle me parla d'elle, elle me raconta des moments importants de sa vie. Elle m'expliqua ses convictions et aussi ses regrets ou ses remords. Elle me raconta l'histoire de mon grand-père, me parla de son amour inconditionnel pour lui, de son engagement politique.

Mais aussi, quand elle eût passé quatre-vingts ans, elle me parla souvent de sa propre mort, avec plus de curiosité que de peur. Elle me demanda un jour : « Toi qui es médecin, dis-moi comment ça va se passer ? Est-ce que je vais souffrir ? » Je lui répondis : « Ça se passera comme les autres malaises, Grand-mère ; simplement, celui-là tu ne pourras pas me le raconter. » « Ah bon, me disait-elle, tu me rassures ! Tu t'arrangeras pour être là ? » Vers la fin de sa vie, alors qu'elle n'était plus très mobile, elle me dit un jour : « Tu vois, mon pauvre Franck, je suis aussi impotente qu'on peut l'être sans être infirme ! »

Jusqu'à sa mort, six mois avant qu'elle n'ait atteint cent ans, nous avons pu parler ; j'avais gardé le privilège de pouvoir accéder à cette boîte à boutons, ou à quelque chose qui lui ressemblait.

Je sais maintenant que les grands-parents peuvent être très importants ; si les adultes parlent de leurs grands-parents, ou de l'un d'eux, avec affection, et souvent avec émotion, c'est bien qu'il a dû se passer quelque chose entre eux quand ils étaient petits, que de l'un à l'autre quelque chose est passé.

Quand vint mon tour, devenir grand-père me fit l'effet d'un tremblement de terre. J'allais à la maternité faire connaissance avec ce petit garçon tout juste né. Il y avait un accordéoniste dans le métro. Il jouait bien. Je me suis arrêté quelques instants. J'aurais souhaité pouvoir apporter cette musique en cadeau à mon petit-fils. C'était pour moi comme un parfum. J'étais intrigué, et je me sentais très heureux ; grand-père pour la première fois, j'étais impatient de celui que j'allais rencontrer et de ce qui m'attendait.

C'était Simon.

Lorsque je le pris dans mes bras, je ressentis un trouble intense. Les années étaient brusquement effacées et le petit garçon que je voyais, que je tenais dans mes bras, était celui que j'avais tenu vingt-huit ans plus tôt ; une réplique — c'est bien le mot pour un tremblement de terre — de son père, de mon fils.

Il y avait une autre raison ; mes enfants n'avaient pas eu de grand-père, et je n'avais pas pu voir mon père être grand-père. Il n'en avait pas eu le temps. C'était donc pour moi la découverte de cette situation nouvelle, sans exemple ni préalable familial. Il y avait bien eu mes grands-pères, mais ce n'était pas pareil, parce que le fil avait été brisé, il n'y avait pas eu la continuité de la filiation.

Les grands-parents étaient des vieux, ils sont devenus jeunes !

Nous pouvons supposer que plus une lessive a un pouvoir anti-redéposition important, plus elle est efficace.[43]

Yvonne Knibiehler rappelle[44] que le terme « grand-mère » n'est apparu qu'au XVIe siècle ; on utilisait auparavant le terme « aïeul ». Cet usage persiste, en Espagne par exemple, où les enfants appellent affectueusement leurs grands-parents « abuela » et « abuelo ». Chez nous, les dénominations sont diverses, de Grand-père et Mamie à Papou et Granny, d'Ama à Papilou, quand ce ne sont pas Pim et Moune.

Beaucoup de grands-parents se font appeler par leur prénom, quitte à laisser adopter par tous la déformation que lui aura infligée l'aîné des petits enfants. Sophie deviendra peut-être Popi, quand Catherine se sera transformée pour tous en Kakine.

Pourrait-il s'agir d'une manœuvre subtile pour éviter que le nom adopté ne soit significatif de l'âge ; une façon peut-être de

43. Site Internet ; différences entre les lessives.
44. Yvonne Knibiehler, *Histoire des mères et de la maternité en Occident*, Paris, Puf, 2002.

retarder l'échéance d'aborder officiellement la fonction. Les autres, extérieurs à la famille, découvrant qu'ils sont grands-parents, pourraient ainsi continuer de s'étonner de leur jeunesse…

Du coup, leurs enfants eux-mêmes les nomment moins « Papa » ou « Maman », ils en viennent à les appeler couramment par les noms que leur ont donnés les petits-enfants, et ils y perdent leur nom habituel ; un nom unique pour une marque de tendresse, mais aussi, finalement, une marque de l'âge.

Ce mot, « aïeul », évoquait la filiation, mais aussi l'autorité et le pouvoir. Yvonne Knibiehler fait de Sainte-Anne l'illustration de cette fonction. Elle était mère de Marie, aïeule de Jésus, et elle la décrit comme une fondatrice de lignée. Elle précise ensuite qu'au XVIIIe siècle, avec l'avènement de familles à trois générations, à l'idée de « grand-mère » s'est associé celle de la tendresse et de sa transmission. Ces images vont encore se renforcer, au point qu'être grand-mère, au XIXe siècle, revêt une double valeur symbolique : celle d'une « idéalisation de l'amour, la récompense de celle qui a pleinement accompli sa fonction maternelle », et celle de « l'éternel recommencement de la maternité ».

Au XVe siècle, Domenico Ghirlandaio a peint le très beau *Portrait d'un vieil homme et d'un jeune garçon*. Il montre que pour les hommes aussi le fait d'être grand-parent était associé à la notion de tendresse. C'était une notion nouvelle car, plus tôt dans l'histoire, entre la peste et les guerres, les famines et une vie sociale incertaine, il était peut-être difficile, voire dangereux, de s'offrir ce luxe si raffiné, si fragile, des sentiments et de leur douceur.

La position de chacun des personnages, la main du petit garçon, les regards de l'un pour l'autre, et la tendresse apparente de l'échange, racontent l'étroite intimité qui unit ce grand-père et son petit-fils. Ils racontent aussi le contraste entre la vie qui commence, la peau si lisse, si lumineuse de ce petit garçon, et l'autre vie, celle du vieil homme, celle qui va vers sa fin, les rides, le nez, la verrue, toute l'usure d'un corps, la possibilité de la mort…

De nos jours, les enfants connaissent souvent leurs quatre grands-parents ; il est même devenu habituel qu'ils connaissent certains de leurs arrières-grands-parents, plus souvent leurs arrières-grands-mères.

Tous sont en meilleure santé qu'auparavant, et vivent plus longtemps, ce qui modifie nettement leurs relations avec leurs petits-enfants. L'aménagement des conditions de travail, avec la diminution des accidents, les lois sociales, tout comme l'ensemble des méthodes de prévention, de dépistage, et de soins, ont permis d'éviter de nombreuses maladies, et de garder en vie nombre des grands-parents qui, il y a trois ou quatre décennies, seraient morts avant d'avoir eu le temps de le devenir. Il est vraisemblable que, désormais, petits-enfants et grands-parents passeront du temps ensemble, plusieurs années.

Ils sont plutôt jeunes lorsque naît leur premier petit-enfant, même si les unions plus tardives qu'auparavant ont légèrement repoussé l'âge moyen auquel on devient grands-parents ; environ cinquante-six ans pour les hommes, et aux alentours de cinquante-trois ans pour les femmes. Beaucoup sont encore en activité pour plusieurs années, restant ainsi pour leurs petits-enfants inscrits dans une vie sociale active.

Pourtant, les choses ne sont pas toujours simples. Au-delà de l'attendrissement convenu, il n'est pas très facile de devenir grands-parents.

Il y a de la douceur bien sûr.

Mais du désarroi également, comment le nier ?

Ils abordent un âge à partir duquel s'opèrent des remaniements profonds, affectifs et somatiques, intellectuels parfois, cet âge auquel on commence à rencontrer des « avaries »…

Il va falloir apprendre à renoncer… C'est facile à dire !

Des questionnements très personnels s'imposent, aux hommes comme aux femmes ; une question nouvelle et excitante, être grands-parents. En même temps ils affrontent immanquablement certains aspects de la vieillesse qui approche, la leur et celle de leur compagnon, ou de leur compagne. Cette double découverte a quelque chose d'inquiétant, on a peur de ce qu'on est en train de devenir, et qu'on ne soupçonnait pas. L'âge s'impose, on ne pensait pas qu'il était déjà là. Le corps change, il arrive que la douleur s'installe, la mémoire n'est plus la même, la joie est rarement sans mélange…

Parfois ce sont nos petits-enfants, peut-être sans tout à fait s'en rendre compte, qui nous protègent ; simplement une phrase bien venue, un moment propice.

Sacha avait trois ans, nous marchions tous les deux dans la rue, il était juché à califourchon sur mes épaules, son siège habituel depuis longtemps lorsque nous marchons ensemble. Tout à coup, il attrapa mon visage de ses deux mains et tourna ma tête vers lui pour me regarder, et me dit ces mots étranges : « Grand-père ! Ne t'inquiète pas ! Tu sais, je te protège ! »

En l'entendant m'assurer ainsi de sa protection, je pensai à cette coutume d'Afrique de l'Ouest : les parents ont un pagne pour envelopper leur enfant et le porter. Quand ensuite ils vieillissent, leur enfant, devenu adulte, garde à son tour un pagne pour soutenir et porter ses parents affaiblis.

J'ai le souvenir, assez récent, d'un petit garçon né avec un bec de lièvre. Son arrière-grand-père, très âgé, présentait la même lésion mais n'avait pas été opéré et s'était débrouillé toute sa vie de cette malformation. Malgré tout, il avait pu occuper une position sociale car dans son village, lui seul savait lire couramment.

Son arrière-petit-fils, lui, bénéficia des progrès de la chirurgie et après quelques mois, la réparation fut presque complète. Chaque fois que cet homme le voyait, il fondait en larmes. Il m'expliqua qu'il ne pleurait pas sur lui-même, mais qu'il pleurait de joie, parce que son arrière-petit-fils n'aurait pas la même vie que lui, et qu'il serait beau.

Il n'y a plus de cheminées

Il faut avertir dès maintenant nos petits-fils
que nous n'avons rien de commun avec
les tristes images qu'ils garderont de nous.
Jean Paulhan [45]

Depuis longtemps les grands-parents ne vivent plus au sein de la famille, et ne sont plus relégués au coin de la cheminée ; d'ailleurs, il n'y a presque plus de cheminées !

Ils ont abandonné le séjour et le potager pour le vélo et la randonnée. Ils ont troqué le noir, le gris, et la raideur de leurs vêtements pour les couleurs vives d'autres atours, plus confortables, qu'on appelle « *sportswear* », c'est-à-dire pratiques et élégants. Ils sont conçus pour permettre des activités de plein air dans lesquelles ces grands-parents entraîneront avec enthousiasme des petits-enfants plutôt réticents qui se diront, par précaution, fourbus d'avance, et leur reprocheront de ne pas être des grands-parents normaux.

Qui aurait imaginé, il y a quarante ans, faire régulièrement du vélo, ou descendre des canyons de montagne avec son grand-père, ou pire, se faire battre au ping-pong par sa grand-mère.

45. Cité par Gérard Macé, *La mémoire aime chasser dans le noir*, Paris, Gallimard, 1993.

Ne faisaient du vélo que ceux qui n'avaient pas de voiture, ni de mobylette.

Mais comme avant, les mêmes choses les unissent, et leurs petits-enfants le savent. Par exemple, les parents, ça mange des hors-d'œuvre ; mais les grands-parents, ça mange plus volontiers des potages, ou des soupes, comme les enfants pour qu'ils grandissent.

Les grands-parents d'avant avaient le même âge que les grands-parents de maintenant, parfois même ils étaient plus jeunes, mais ils n'étaient pas les mêmes ; du moins ce qu'ils offraient d'eux-mêmes faisait que leurs petits-enfants ne posaient pas sur eux le même regard que celui qu'ils posent maintenant.

Jamais les petits-enfants de l'époque ne se seraient autorisés à dire à leurs grands-parents qu'ils étaient vieux, même s'ils le pensaient. Ils ne se seraient pas permis non plus de les interroger avec un peu d'inquiétude et une curiosité mal dissimulée sur leur mort, comment, et quand. Ils savaient intuitivement, tout autant que maintenant, que leurs grands-parents mourraient vraisemblablement avant leurs parents, et que comme ça, ils verraient comment ça se passe, ce que ça fait, et comment on est triste.

Pour leurs petits-enfants, les grands-parents peuvent représenter une sorte d'entraînement à la mort, une répétition ; ils partagent ce privilège avec les animaux de compagnie… Il n'est pas rare que les parents établissent un parallèle entre la peine qu'éprouve leur enfant lors de la mort d'un grand-parent et celle qu'il avait exprimée, quelques mois plus tôt lorsqu'était mort le chien ou le chat de la famille ; un chagrin inconsolable.

Il y avait moins d'apparente liberté entre petits-enfants et grands-parents dans les générations précédentes, et le fossé entre les générations semblait béant. Cet écart maintenait souvent la réalité d'une autorité, d'une expérience, qu'on ne pouvait discuter. Il marquait aussi un temps, des échéances à venir, que personne ne tentait de dissimuler.

Par ailleurs, les grands-parents sont maintenant beaucoup moins inscrits dans une ligne traditionnelle, et ne le revendiquent plus très souvent. Auparavant ils étaient garants d'une morale familiale non discutable, rigoureuse, parfois rigide. J'ai, par exemple, entendu ma grand-mère dire « dans nos familles, on ne divorce pas ! » La vie, qui ne lui a pas donné entièrement raison, aurait peut-être souri plus tendrement à quelques-uns de ses enfants ou petits-enfants s'ils avaient su braver cette injonction qui se situait bien entre avertissement et interdiction !

Actuellement, nombre de grands-parents vivent en couple, mais souvent après une recomposition familiale. Les petits-enfants se trouvent alors confrontés à plusieurs couples, jusqu'à quatre ! De chacun de ces couples, l'un des deux membres seulement est son grand-père ou sa grand-mère. L'autre est un nouveau conjoint qui a souvent aussi des enfants et des petits-enfants. À lui aussi il faut trouver un nom.

Il est devenu fréquent de voir des couples se séparer après plus de trente ans de vie commune. Ces divorces tardifs sont souvent déconcertants pour les petits-enfants, mais aussi pour les enfants eux-mêmes. Ils sont adultes, mais vivent cette séparation de leurs parents un peu comme s'ils étaient encore enfants. Souvent, ils y voient un désaveu de leur passé, et se prennent à douter du bonheur auquel ils avaient cru ; ils se demandent s'ils n'ont pas été trompés.

Ils étaient tous deux âgés d'une trentaine d'années, et vivaient en couple depuis près de dix ans. Ils ne s'entendaient plus, avaient décidé de se séparer, et s'apprêtaient à en faire l'annonce à leurs familles. Ils ont finalement préféré différer leur annonce et leur décision après avoir appris avec stupéfaction qu'au même moment leurs parents respectifs, tous âgés de plus de soixante ans, divorçaient eux aussi.

Dans les dix dernières années, en France, les divorces des plus de soixante ans ont augmenté de près de trente pour cent chez les femmes et de presque quarante pour cent chez les hommes. Les structures et la pyramide familiales en sont modifiées, et les modèles classiques, qui étaient à tort ou à raison rassurants, menacent de voler en éclats.

C'est pourquoi quand des parents divorcent ou se séparent, il faut qu'ils puissent dire à leurs enfants, quel que soit leur âge, même adultes, qu'ils se sont aimés, que lorsqu'ils les ont conçus, ils étaient amoureux l'un de l'autre, et qu'au nom de cet amour ils avaient désiré ensemble avoir un enfant. Il faut pouvoir penser que nos parents s'aimaient quand ils nous ont faits ; ça donne un peu confiance dans la vie, et moins de réticence à s'engager dans l'aventure d'une relation amoureuse ! De même, si on ne le leur explique pas, les petits-enfants qui n'ont jamais vu leur grand-père et leur grand-mère ensemble ne peuvent imaginer qu'ils ont été mari et femme, ni qu'ils se sont aimés.

Néanmoins, même si le regard de leurs petits-enfants est changé, mais à ce sujet il ne faut tout de même pas se faire trop d'illusions, les grands-parents restent confrontés à leurs soucis, et à la vieillesse qui pointe le bout de son nez.

On commence à être abîmés, comment le nier ! Des petits maux, une dégradation d'abord presque insensible, au moins de l'extérieur, un effritement, et parfois, on marche au bord, juste au bord de l'abîme...

Quand naissent les premiers de leurs petits-enfants, les grands-parents sont encore jeunes, ils ont la vie devant eux ; ils mûrissent des projets de long terme, et se réjouissent à l'avance de ce qu'ils feront avec eux, des vacances, des voyages, des expériences originales et inoubliables, peut-être même aventureuses. Et leurs petits-enfants sont curieux des projets qu'ils échafaudent.

Mais quand naît un autre petit-enfant, quelques années plus tard, ils sont déjà un peu plus âgés, l'inquiétude peut les gagner, insidieusement. Ils craignent de ne pas voir la suite, en tout cas pas toute la suite. Ils ont soixante-quatre, soixante-cinq ans, et ils se disent que cette fois, c'est un peu différent, que lorsque ces petits-enfants auront vingt ans, eux seront très vieux, que peut-être même ils seront morts. Ils ne verront pas être grands ces petits-enfants qui ne garderont d'eux qu'un souvenir un peu confus. Tant mieux ! La vie fleurira mieux sur des souvenirs embellis par l'absence que sur des promiscuités altérées.

Leur temps est compté, ils ont maintenant compris que pour eux, certaines choses n'auront plus lieu. Il se peut que la peur les saisisse, la peur à plus d'un titre. Elle fait aussi partie de l'état de grands-parents. Est-ce que c'est vrai pour tous ? Est-ce que ce n'est vrai que pour moi ? Je ne poserai la question à personne. C'est peut-être pour ça qu'on voit un peu de tristesse, un peu de doute, dans leurs yeux parfois, quand ils regardent leurs petits-enfants. C'était peut-être ça le regard de mon grand-père, un regard triste, que j'avais cru désabusé.

Quand Romain, mon fils aîné, avait douze ou treize ans, il m'a donné du courage, quand il m'a dit qu'il avait compris ce qu'était la vie éternelle. J'avoue que cette question me laissait moi aussi dans une réelle inquiétude. C'est donc avec curiosité et espoir que je l'ai écouté m'expliquer que la résurrection était un mythe, étant donné qu'il n'y aurait pas assez de place pour tout le monde, et que donc, la vie éternelle, c'était la mémoire des autres. J'ai trouvé son explication rassurante. Il avait raison, dans la mémoire, il y a de la place pour tout le monde.

Les grands-parents ouvrent des horizons

J'aime les nuages... les nuages qui passent... là-bas... là-bas... les merveilleux nuages !
Baudelaire, L'Étranger, Petits poèmes en prose

C'est la première qualité qui me vient à l'esprit, les grands-parents servent à ouvrir des horizons.

Ils servent aussi à assurer la continuité des liens de parenté, à faire reconnaître ainsi la filiation. Bien évidemment, cette relation de grands-parents à petits-enfants contient en filigrane cette question de la filiation, de la transmission, et du souhait de laisser une trace de soi et de son passé. C'est sûrement vrai, mais quand même un peu théorique. Il doit y avoir plus doux, et plus lumineux. Ouvrir des horizons, c'est mieux.

Bien sûr, nous avons très envie de voir nos petits-enfants, souvent si c'est possible ; mais ce n'est pas l'essentiel. Je crois que le plus important est qu'ils nous voient, eux, qu'ils puissent se tourner vers l'horizon. Mon grand-père m'avait dit que c'est comme ça qu'on voit le rayon vert.

Mais il faut que les grands-parents aient de l'imagination. Quand je parle d'horizons, je veux dire qu'ils transmettent nécessairement des choses différentes de celles que transmettent les parents ; des choses intimes, personnelles, de celles qui n'ont pas toujours besoin d'être dites pour être échangées. Il ne s'agit pas d'éducation, encore moins de remontrances ; pour la plupart ils sont d'accord sur ce point et s'accordent à penser que ça, pour eux, c'est fini.

Il peut s'agir de moments privilégiés, tout comme d'un lien particulier entre un enfant et l'un de ses grands-parents. Ça commence par des activités partagées, cueillir les tomates, aller pêcher des trogues sur la jetée, et là, seulement parce qu'on est ensemble, parler tranquillement, de choses non attendues, échanger en confiance, partager simplement ce plaisir.

Les petits enfants attendent de leur grand-père ou de leur grand-mère qu'ils se racontent, qu'ils disent quelque chose d'eux, et de leur histoire. Ils peuvent ainsi comparer des situations, avant et maintenant, se risquer à ces questions qu'ils n'osent poser à personne ; les interroger sur leurs parents lorsqu'ils étaient enfants, sur le passé et ses secrets, sur ce qu'ils pensent être les grandes questions de la vie.

Quand il avait sept ans, Simon m'a téléphoné un soir ; sa mère m'a dit : « Il est un peu tard, mais je vous passe Simon, il a une question très importante à vous poser. » C'était effectivement une question très importante, de celles que nous nous posons tous : « Grand-père, quand on est mort, qu'est-ce qu'elles deviennent les petites graines qu'on a dans le zizi ? » Je crois lui avoir répondu qu'elles mouraient avec nous, mais qu'auparavant elles servaient à faire des enfants. J'ai ajouté qu'une fois mort, on n'en avait plus besoin, et qu'après nous, ce seraient eux, peut-être, qui feraient des enfants. J'espère que ma réponse l'a rassuré.

C'est bien ça. À ses grands-parents, on peut poser des questions qu'on ne poserait à personne d'autre, surtout quand on a cet âge, entre petit et grand. Et si on les pose plutôt à ses grands-parents, c'est parce qu'on sait qu'ils le prendront bien, qu'ils ne s'étonneront d'aucune question, et qu'ils ne se fâcheront de rien. *« Les grands-parents sont plus à même que lorsqu'ils étaient parents d'accueillir la plasticité de leurs petits-enfants et de leur permettre d'en disposer. »*[46] Et si, par les réponses qu'il obtient, l'enfant

46. Danièle Brun, *Mères Majuscules*, Paris, Odile Jacob, 2011.

constate que « *ses grands-parents ne pensent pas comme ses parents, il se sentira le droit, lui aussi, de ne pas penser comme ses parents* ».[47]

C'est encore de ses grands-parents qu'on peut espérer obtenir des choses inhabituelles ; ils vont s'arranger pour que ça marche.

C'est comme ça que Simon, encore lui, m'a dit un jour : « Tu sais, Grand-père, le cadeau qui me ferait le plus plaisir pour Noël ? C'est une dent de requin. » J'ai répondu, sûr de mon fait, que j'allais en trouver une sans difficulté. Je pensais que c'était tout simple. Eh bien non ; j'ai dû remuer la terre entière, et surtout la Nouvelle-Calédonie, jusqu'à ce qu'une jeune femme, très gentiment, me propose d'en détacher une de la parure qu'elle avait reçue en cadeau de mariage, et me l'offre pour Simon.

Quand je serai mort, s'il retrouve un jour au fond d'une boîte cette dent qu'il aura peut-être oubliée depuis longtemps, il est possible que le souvenir du passé et des joies que nous avons partagées lui revienne comme une goulée d'eau fraîche. Je serai associé à une dent de requin, et de là, viendront peut-être naturellement d'autres souvenirs…

Les grands-parents sont juste tout rayés

Passez notre amour à la machine…
Pour voir si les couleurs d'origine
Peuvent revenir…
Le rouge pour faire tomber la misère
De nos gentils petits grands-pères…
Alain Souchon, L'Amour à la Machine

« Grand-mère, elle est toute rayée ! »

---

47. Françoise Dolto, « Les grands-parents », *in Les Chemins de l'éducation, Articles et conférences*, Paris, Gallimard, 1994, p. 177-89

Rayée ; c'est ainsi que Sacha décrit les rides qui creusent le visage des gens âgés. Mais nous verrons que les rayures des grands-parents protègent les parents.

Jean Paulhan, nous l'avons vu, conseillait « d'avertir dès maintenant nos petits-fils que nous n'avons rien de commun avec les tristes images qu'ils garderont de nous. » Sans aller jusqu'à les avertir, ça ne changerait pas grand-chose, il faut accepter que dans les horizons qu'ils contemplent figurent aussi la vieillesse et la mort. Avoir des grands-parents, au moins un de chaque sexe, permet aux enfants de comprendre la place de chacun et de se repérer dans la succession des générations.

S'ils sont vivants et ensemble, les grands-parents représentent pour leurs petits-enfants une image de continuité et de stabilité de la structure familiale.

On le perçoit très bien chez ceux dont les deux grands-parents du même sexe, les deux grands-pères, ou les deux grands-mères, étaient déjà morts quand ils sont nés ; ils n'ont pu les connaître : il n'y a pas d'hommes, ou pas de femmes, dans la génération qui précède celle de leurs parents ; aucun grand-père, ou aucune grand-mère.

Les enfants comprennent très bien qu'ils sont morts, et que c'est la raison de leur absence. Ils savent que leurs parents n'ont plus de père, ou de mère. Toutefois, ils ne ressentent pas cette absence sous la forme d'un manque, ils n'ont pas l'impression d'une perte. Quand ils parlent de leurs grands-parents morts, ils semblent embarrassés, plus que peinés, comme lorsqu'on commente un événement triste, mais sans être vraiment concernés, ni en saisir vraiment la portée.

Pendant le temps de leur enfance au moins, il leur manque pourtant un maillon essentiel pour se représenter la généalogie et comprendre qui est le père ou la mère de qui. Ils n'ont pas de perception sensible des filiations. Ça ne coule plus de source.

Pour de jeunes enfants, cela crée une rupture dans la chaîne naturelle ; il n'y a pas d'homme dans la génération qui précède leurs parents. Pendant longtemps ils penseront comme une évidence qu'un papa, et une maman, ça n'a pas de père, et que les grands-mères, ça n'a pas de mari.

Mes enfants m'ont dit un jour, à ma grande stupéfaction : « Ton père, tu ne nous en as jamais parlé ; on ne sait pas qui c'est ; pour nous, c'est une photo sur le bureau de Mamie. » Il était tellement présent pour moi, son absence m'était si familière, que je croyais ne leur avoir parlé que de lui.

C'est la raison pour laquelle il est préférable que les grands-parents, s'ils peuvent l'éviter, ne meurent pas trop tôt ; il sera toujours temps d'y parvenir, quand ils auront avancé ce qu'ils ont à faire avec leurs petits-enfants, qu'ils auront répondu aux questions, et satisfait leur curiosité.

Dans ce cas, s'ils sentent la mort approcher, ils pourront, s'ils en ont le courage, et la sagesse, se retirer sur une colline, comme Peau de la vieille hutte, le sachem de *Little Big Man*, que nous connaissons déjà, et regarder le ciel en disant : *« C'est un bon jour pour mourir ; merci de m'avoir fait un être humain. »*[48] Il me revient d'ailleurs à la mémoire que Jack Crabb, le héros de l'histoire, l'appelait Grand-père.

Il pleuvait à Montmartre. Sur sa demande, j'avais amené Simon visiter un musée. Devant un tableau où figuraient des monstres, pensant l'amuser, même si je n'étais pas très sûr de mon fait, je l'appelais : « Viens voir, Simon ! il y a des monstres ! ». Il

48. Thomas Berger, *Little Big Man*, Monaco, Éditions du Rocher, 1963.

me répondit sans se retourner qu'il ne voulait pas voir, parce que ça lui faisait peur.

« Pourquoi peur ?

— Parce que ça me fait penser à la mort.

— Mais à la mort de qui ?

— D'abord à la mienne, répondit-il, et je n'ai pas envie ; mais aussi je pense à celle des autres… »

Il se tourna à demi vers moi. Il avait les larmes aux yeux. Et il me demanda : « Quand on est un grand-père, ça veut dire qu'on va être bientôt mort ? »

Alors j'ai regardé les monstres quelques instants, ils ne me faisaient pas peur parce que j'étais déjà grand. En plus, je savais qu'en réalité, ils ne pouvaient pas exister. Et je n'ai pas eu les larmes aux yeux, parce que je les avais ravalées.

Je lui ai dit que les enfants pouvaient mourir, bien sûr, mais que c'était très rare, et qu'il ne mourrait donc pas avant très longtemps, et son père non plus, car lui aussi était encore très jeune. J'ai d'abord répondu ça, parce que je crois que ça faisait partie de sa question.

Puis je lui ai expliqué que j'étais déjà un peu vieux puisque j'étais le papa de son papa, et qu'un jour je mourrai, mais que ça ne serait pas tout de suite, parce que nous avions encore beaucoup de choses à faire ensemble, et que j'avais très envie que nous les fassions, toutes, et peut-être même d'autres. Après, je lui ai proposé d'aller manger des crêpes sur la place du Tertre pour le goûter, et nous n'avons pas reparlé de ma mort ce jour-là. Mais ça m'a fait bizarre quand tout à coup, en mangeant, j'ai pensé que le crêpe, c'est le tissu du deuil et des enterrements !

De fêlures en rayures, de faillites en combats perdus, perdus parfois sans même avoir pu être livrés, nous allons vers la vieillesse. Avoir des petits-enfants nous y pousse et nous en extirpe en même temps.

Alors, les rayures ?

À mots couverts, ou découverts, nos petits-enfants nous interrogent, les cheveux qui tombent, les rides sur le visage, l'usure du corps… Et sur la mort, ses modalités, et son échéance. Pour eux, il paraît clair que nous sommes vieux, de plus en plus vieux, et qu'un jour nous allons mourir. Ils l'évoquent, plus ou moins directement, dans un mélange de curiosité et de crainte. Si nous en doutons, il suffit de leur poser la question pour en être cruellement certain. D'ailleurs, il y a un moment où, que nous le voulions ou non, nous nous estompons ; l'âge nous emporte dans une sorte de repli, de retrait, un effacement, comme une image se brouille.

Mais pour les enfants c'est bien, parce que la vieillesse des grands-parents protège leurs parents. Tant que leurs grands-parents vieillissent, leurs parents restent jeunes. Tant mieux, car il est bien difficile de permettre à ses parents de vieillir… *« Mes parents, comment vous dire que vous voir vieillir me donne envie de mourir avant vous. »*[49]

Les enfants, même quand ils sont encore petits, savent la vieillesse et la mort à venir ; c'est pour cela qu'ils regardent leurs grands-parents vieillir avec cette curiosité mêlée de crainte. Les modifications de notre corps, la peau, une moindre agilité, une plus prompte fatigabilité, ne leur échappent pas. Ils savent nous dire qu'on est vieux, ajoutant tout de suite que, pour ce qui les concerne, ils veulent bien grandir, mais pas vieillir.

Il y a des enfants que le spectacle de la vieillesse inquiète ; ils manifestent une vive appréhension, voire une répulsion, à

---

49. Jeanne Herry, *80 étés*, Paris, Gallimard, 2004, p. 105.

l'idée de devoir embrasser, ou de toucher, le contact, la peau, l'apparence… particulièrement quand ils sont confrontés à la très grande vieillesse.

À l'inverse, d'autres affichent plutôt une attirance, voire une vive curiosité. Vincent éprouvait lorsqu'il était petit une vive attirance pour les gens âgés, nulle défiance, aucune appréhension. Alors que son grand-père survivait dans un semi-coma, les yeux clos, il monta un jour sur son lit, ouvrit l'une de ses paupières et s'exclama : « Pourquoi il est mort, le Bon Papa ? »

Quand on perd ses grands-parents, on devient moins jeune

« Passe-moi la canne qui est dans le placard ;
on va jouer que je serais une grand-mère. »
Gratiane

Imaginer, et donc attendre, ou s'attendre à la mort de leurs grands-parents, permet aux enfants de tenir à distance celle de leurs parents, et ainsi la leur.

Et puis vient un jour où les parents sont en première ligne, exposés.

Lorsqu'un jeune enfant perd son grand-père paternel, il voit son père menacé, sans bouclier ni défense. Quand sa grand-mère maternelle vient à mourir, c'est sa mère, la fille de cette grand-mère, qui est exposée à la mort. Cette disparition représente pour beaucoup le premier contact avec la mort. La mort des grands-parents représente souvent une première étape dans la reconnaissance du caractère inévitable de la mort.

D'abord elle évoque la perte de sa propre jeunesse. Ils se sentent plus vieux. Et surtout, elle fait penser, de manière plus ou moins explicite, au fait qu'il faudra mourir un jour, à son tour.

Une jeune femme me disait : « On reste un peu jeune quand on a ses grands-parents ». Une autre raconte : « La perte de ma grand-mère a été l'une des plus grandes blessures de ma vie. Le jour de sa mort, j'ai pris comme on dit un coup de vieux. J'ai eu le sentiment qu'à ce moment tout s'effondrait, que la vie allait s'arrêter. Je me trompais, je n'avais que dix ans. »

J'ai rencontré Luis, un petit garçon de huit mois qui ne dormait pas bien. Sa mère non plus ne dormait pas très bien ; elle veillait sur lui. Il faut dire que, lorsqu'il est question de la mort, on préfère rester vigilant, c'est plus sûr ! Au cours de notre consultation, elle prit subitement conscience du fait que sa tranquillité et le simple plaisir d'avoir un bébé avaient été altérés par l'association d'événements simultanés, une sorte de cristallisation qui l'avait profondément déstabilisée ; une mort, une naissance, dont la simultanéité faisait la lumière sur un passé ignoré.

Deux jours avant la naissance de son fils, la grand-mère maternelle de cette jeune femme était morte des complications d'un cancer. Mais elle n'avait pas su sa grand-mère malade, ce cancer s'était développé très rapidement, et ses parents, connaissant l'étroitesse de leurs liens, avaient pensé protéger sa grossesse en la tenant dans l'ignorance.

Deux jours après cette mort, son fils était né.

Dans le même temps, elle avait appris que, pendant la première année de sa vie, sa mère n'avait pu lui être disponible ; c'est donc cette grand-mère qui l'avait élevée, celle qui venait de mourir. Elle aurait voulu parler de tout cela avec elle, lui présenter son fils, et la présenter à son fils. Dans ce désordre, personne ne dormait, ni elle ni son petit garçon ; c'était leur façon de se dire les choses importantes qui ne pouvaient se dire avec des mots.

Quelquefois, quand les grands-parents vont mourir, s'ils le sentent ou s'ils en sont certains, et s'ils en ont la force, il arrive qu'ils en parlent à leurs petits-enfants.

Ils parlent alors de leur propre mort, ils veulent leur dire qu'ils sont en train de mourir, mais ils sont pris dans ce qui les attend et qu'ils redoutent. Devant l'imminence et cette certitude, pas, ou peu, de faux-semblants ; ils emploient des mots qui parlent de leur mort, des mots qui disent leur peur, même si leurs petits enfants sont jeunes. S'il est une épreuve de vérité, c'est bien celle-ci… et en général, les enfants savent le recevoir ; il y a longtemps que la mort dessine et noircit leurs rêves.

Il faut bien que les mots, même ceux qu'on dit aux enfants, finissent par dire la réalité. Mon grand-père maternel ne m'a pas dit : « mourir », pour me prévenir de ce qui allait lui arriver, il m'a dit « crever ». Il attendait aussi que je lui dise que non, qu'il allait vivre !

J'avais seize ans, il était très malade, une tumeur cérébrale l'avait rendu aveugle. Il ne pouvait plus écrire. Je transcrivais donc, sous sa dictée, le texte de ses mémoires. Il avait entrepris de les rédiger depuis plusieurs années.

Tout à coup, il interrompit la phrase qu'il avait commencée pour me dire à brûle-pourpoint : « Je sais ce que j'ai, je suis foutu ! Je vais crever ».

J'arrêtai d'écrire. C'était vrai, je le sentais, il allait mourir ; il avait raison de me le dire. Quand même, j'ai trouvé ça un peu cru, un peu dur.

Il est mort un mois plus tard.

Bizarrement, on dit de quelqu'un qu'il va mourir ; mais quand il est mort, on dit qu'il est décédé. C'est comme si on ne parvenait pas à dire qu'il est vraiment mort. Quand on est mort, ça veut dire mort. Un petit garçon de cinq ans me l'a très clairement défini : « Quand on est mort, ça veut dire qu'on ne voit pas, qu'on n'a plus jamais soif, et qu'on ne peut plus respirer. »

Les prêtres, et ceux qui parlent au cimetière, disent « votre cher disparu ». Disparaître ? Mes clés ont disparu, mes lunettes ont disparu. Majax, le magicien, a fait disparaître une femme ; mais ensuite, elle est réapparue. Mon père, réellement, vous croyez qu'il a disparu ? Est-ce qu'il va réapparaître ? S'il avait pu choisir, et s'il m'avait demandé conseil, je lui aurais dit de choisir Majax, plutôt que la mort !

Un homme âgé m'a confié un jour une histoire personnelle, comme on dévoile quelque chose de très précieux, en le cachant un peu. Rien ne nous prédisposait à cette confidence, sauf peut-être une estime mutuelle qui s'était imperceptiblement muée en affection au fil du temps et d'échanges pudiques. Nous venions de faire passer un mémoire à un étudiant et quittions la salle d'examen. Nous étions seuls ; pourtant, comme si quelqu'un pouvait nous entendre, il a baissé le ton pour me raconter ce moment de sa vie.

Alors qu'il était petit, un peu moins de dix ans, son grand-père paternel fut arrêté parce qu'il était juif, et déporté dans un camp de concentration dont il n'est pas revenu. Quelques jours après son arrestation, un inconnu lui apporta discrètement un petit bout de papier déchiré et froissé. Dans le train qui l'emportait vers la mort, son grand-père avait griffonné quelques mots d'adieu, presque illisibles, à la seule intention de son petit-fils, et l'avait jeté, probablement au passage d'une gare, dans l'espoir fou que ce message lui parviendrait. En me racontant cette histoire, vieille de quarante-cinq ans, il a étouffé un sanglot. Il n'a rien ajouté, il est parti. Nous nous sommes souvent revus ; plus jamais nous n'en avons parlé.

Timeo a perdu sa grand-mère ; il veut couper son zizi !

Compère guilleri, te laisseras-tu mourir ?
Chanson enfantine[50]

Timeo est venu me voir parce que depuis quelque temps il « veut toujours faire pipi » et que « ça l'ennuie beaucoup ». C'est à cause de son zizi, il a donc décidé de le couper !

Il a pris cette décision à la suite d'une consultation malencontreuse : le médecin voulait décoller son prépuce avec un stylet. Sa mère avait refusé. Depuis cette histoire, Timeo est devenu méfiant. Il ne veut plus aller à l'école parce qu'il a besoin d'aller très souvent aux toilettes pour « faire pipi » ; et là, il sait que son zizi est en danger !

Tout à coup, au beau milieu de la consultation, sa mère se mit à pleurer et me dit que sa grand-mère, l'arrière-grand-mère de Timeo, venait de mourir. Atterré, il la regardait pleurer, ne disait rien, et semblait prendre toute cette peine sur lui, sans parvenir pour autant à consoler sa maman.

Nous nous sommes alors demandé, réfléchissant tous les trois ensemble, si d'autres membres de son entourage risquaient à leur tour de mourir. Nous avons convenu que la mort de ses parents était très peu probable. Mais nous avons aussi envisagé la sienne, et nous sommes tombés d'accord pour reconnaître qu'elle était encore plus inimaginable. Là-dessus, nous étions d'accord !

50. Le guilleri est l'un des noms du pénis.

Je proposai à sa mère de prendre quelques instants, quand ils seraient tranquilles tous les deux, pour lui parler tranquillement de cette grand-mère, de l'affection qu'elles avaient l'une pour l'autre, mais aussi de la peine qu'elle éprouvait. En même temps, elle lui dirait des choses d'elle ; comme ça, Timeo pourrait comparer sa propre enfance à celle de sa mère, au temps où elle était petite. Il pourrait comprendre cette chose difficile à imaginer, qu'elle aussi elle avait été une enfant.

Je me permis de lui dire que même si cela ne change rien au chagrin, son arrière-grand-mère était morte à un âge auquel il est plus fréquent de mourir. Il me semblait que cette référence à l'âge d'une mort possible pouvait mettre à distance l'éventualité de la mort de ses parents et de la sienne.

Je ne l'ai pas dit, bien sûr, mais je pensais à ce que j'avais entendu dire par mon grand-père, celui des crabes, quand on lui avait un jour annoncé la mort d'une personne un peu âgée ; il avait dit « Bof ! Après tout… Il avait l'âge de faire un mort ! »

Timeo revint me voir avant la date prévue ; sa grand-mère maternelle cette fois, la fille de celle qui était morte, venait d'être hospitalisée à la suite d'un malaise cardiaque. Il était terrorisé à l'idée qu'à la suite de son arrière-grand-mère sa grand-mère pouvait mourir à son tour ; et puis il se demandait jusqu'où ça irait ? Sa mère ? Lui ? Il était d'autant plus inquiet qu'il était très lié à cette grand-mère. C'était elle qui s'occupait régulièrement de lui depuis sa naissance.

Mais il fallait parler de choses sérieuses, et donc de son zizi qui continuait de le tracasser. Nous sommes tombés rapidement d'accord, toujours en faisant des comparaisons sérieuses : on peut avoir plusieurs cartes Pokémon, comme celles qu'il avait amenées ce jour-là, et donc les remplacer les unes par les autres. En revanche nous n'avons qu'un seul zizi. Il serait donc bien hasardeux de le couper, parce qu'on ne pourrait pas le remplacer, ça serait trop tard.

Ensuite il m'expliqua que depuis quelque temps il avait les mains qui collaient et que ça le gênait. Je lui demandai alors comment Spiderman, qu'il admirait tant, ferait pour s'accrocher et ne pas tomber si ses mains ne collaient pas un peu. Il fut d'accord avec moi : si les mains de Spiderman n'avaient pas été un peu collantes elles aussi, sa réputation n'aurait sûrement pas été la même.

Nous nous sommes revus peu après. Il était triste. Sa grand-mère subissait une intervention, il ne pouvait plus aller chez elle, et il ne savait pas s'il pourrait un jour y retourner.

Lors de notre rencontre suivante, je le trouvai détendu, presque désinvolte ; elle était rentrée chez elle, il avait pu la voir et s'assurer par lui-même qu'elle était bien là. Nous parlâmes de ses mains qui collaient encore un peu ; je lui dis qu'à mon avis elles collaient surtout pour retenir sa mère. Il ne me dit pas le contraire.

Dernière consultation, après les vacances. Timéo s'est assuré que sa grand-mère pouvait s'occuper de lui comme avant. Il a décidé de ne pas couper son zizi. Ses mains ne collent plus. Nous arrêtons de nous voir ; il peut revenir si ses mains se remettent à coller.

À quoi servent donc les grands-parents ?

À enseigner que le coup de Jarnac tranche le jarret de l'adversaire, tandis que la botte de Nevers, elle, le touche entre les deux yeux.

Ce qui est confié aux grands-parents a changé avec l'évolution de la société, le brassage des cultures, l'histoire des familles... Il me semble qu'actuellement les rôles des grands-parents se définissent tacitement, et peu à peu, en fonction d'attentes respectives, et du partage progressif, avec leurs petits-enfants, de territoires intimes. Beaucoup d'entre eux sont assez naturellement enclins à s'occuper de leurs petits-enfants. Ils se conforment à ce qui leur est demandé, à ce qu'on attend d'eux ; baby-sitter, chauffeur, précepteur, ou même pirate des caraïbes ; moi-même, à l'heure où j'écris ce livre, jamais je n'ai autant ressemblé au sergent Garcia…

Presque tous y prennent plaisir. Si on leur avait dit, dix ans plus tôt, qu'ils seraient un jour capitaine d'un bateau pirate, et quelques instants plus tard pisteur sioux ou second du shérif, ils ne l'auraient pas cru, nul doute là-dessus.

Mais à l'inverse, il y a aussi des grands-parents qui, à la stupéfaction générale, n'ont aucune envie de s'occuper de leurs petits-enfants, ils annoncent clairement la couleur, disant qu'ils préfèrent profiter de leur temps libre. Du temps des retraites florissantes, ils ont longtemps rempli les felouques de croisière sur le Nil.

Il y a même des parents qui semblent attendre la naissance d'un petit enfant pour éprouver et exprimer à leurs enfants devenus parents des sentiments inattendus, jusqu'à pouvoir se brouiller avec eux. Souvent les motifs semblent anodins ; histoires de piscines qu'on refuse de couvrir, de chiens à qui l'on donne la préférence… Tous motifs stupides en apparence, mais qui ne sont que la traduction de conflits anciens et de griefs tenaces que l'on joue sur d'autres terrains. En refusant de détruire la perspective du jardin, on met en danger la perspective d'une vieillesse heureuse.

Mais d'habitude, ça se passe très bien.

Le rôle des grands-mères est généralement bien défini. La plupart d'entre elles participent assez naturellement et spontanément à la vie de leurs petits-enfants, délaissant souvent pour cela leurs propres activités.

Les grands-pères, eux, fabriquent avec leur canif des arcs et des épées de bois ; ils apprennent à leurs petits-fils la botte de Jarnac qui coupe le jarret, et leur enseigne en secret celle de Nevers, qui touche entre les deux yeux et fait que l'adversaire tombe raide mort. Ils sont peut-être moins à l'aise au début avec leurs petites-filles, mais très vite ils s'aperçoivent qu'elles aussi ont envie de jouer à la bagarre ! Et puis, qui d'autre qu'eux leur apprendrait à siffler ? Ou mieux, à faire des clins d'œil, et surtout à savoir qu'on peut faire aussi des demi clins d'œil, et même des quarts ou des huitièmes.

Mais pour ça, seuls les grands-pères sont assez forts !

D'autres, plus jeunes peut-être, sont un peu réticents ou maladroits au début ; puis ils se prennent au jeu peu à peu, dans une sorte de processus d'initiation réciproque.

On peut d'ailleurs remarquer, sans prétendre que ce soit toujours vrai, et donc sans en faire une théorie, que les filiations symboliques, sont souvent construites dans la lignée du même sexe : de grand-père à petit-fils ; de grand-mère à petite-fille. Les hommes auraient à transmettre aux garçons des choses qui concernent les hommes ; les grands-mères, elles, auraient à transmettre à leurs petites-filles des choses qui concernent plutôt les femmes, et qui ne sont pas l'affaire des hommes.

Mais ce n'est pas toujours vrai ; il y a aussi des affinités particulières, elles ne s'expliquent pas, seuls ceux qui les ressentent le savent, car au contact l'un de l'autre, ils éprouvent toujours le même plaisir et cette étrange émotion.

J'ai remarqué en consultation que nombre de femmes évoquent une relation riche et intime avec l'un de leurs grands-parents, bien souvent avec leur grand-mère maternelle ; elle leur a enseigné une certaine forme de tendresse, c'était leur secret, personne ne le savait, et beaucoup gardent le souvenir d'une sorte d'initiation.

Lorsque la petite fille du film *Persépolis*, Marjane, pose des questions à sa grand-mère, celle-ci commence toujours sa réponse en disant : « Je vais te dire quelque chose… » Et c'est vrai, elle lui dit des choses importantes, qu'elle n'aurait pas l'occasion d'entendre de la bouche de quelqu'un d'autre ; elle lui explique par exemple qu'elle met des grappes de jasmin dans chacun des bonnets de son soutien-gorge, pour être sûre de toujours sentir bon !

Les grands-pères servent aussi à aller cueillir des champignons

Suillus albidipes : Souvent dans les plantations de pins blancs.
Fin de l'été et automne.
John Cage[51]

Paul avait été maçon et venait de prendre sa retraite. Les champignons et les palombes l'attendaient ! Il vivait là où il était né, soixante-deux ans plus tôt, près de ces bois dont il connaissait les recoins les plus inaccessibles. Lui seul savait y découvrir les cèpes, parce qu'il connaissait les secrets de leurs cachettes. Mais il se sentait tellement mal, il était tellement inquiet de sa santé, qu'il n'osait plus s'éloigner de sa maison ; il était persuadé qu'il allait mourir. Les cèpes s'étiolaient.

Sa fille habitait à une quinzaine de kilomètres de chez lui ; à la campagne ce n'est pas très loin. Elle avait accouché de jumeaux. Ça n'avait pas été simple. Mais il avait pris garde de se tenir à distance car il n'avait aucune habitude de s'occuper d'enfants, ni très envie.

Ils avaient trois mois, elle s'inquiéta de ne pas voir revenir ses règles. Elle était à nouveau enceinte, et à nouveau de jumeaux !

---

51. John Cage, *Le livre des champignons*, Marseille, Ryôan-Ji, 1983, p. 41.

Jamais cet homme n'avait imaginé qu'il pourrait être amené à garder ses petits-enfants, qu'il en viendrait à prendre soin d'eux, alors que, de son propre aveu, il ne s'était jamais, à l'époque, occupé de ses enfants : « Mes enfants ! Je ne les ai pas vus ! Je n'avais pas le temps ! J'étais maçon, je travaillais tout le temps. Et puis ma femme était là, c'est elle qui s'en occupait. » Les enfants, pour lui, c'était le pays des femmes. Les hommes, en général, et même s'ils ne le savent pas, n'en ont pas les clés.

Cette fois, il n'a pas eu le choix… Il a dû franchir la frontière, et s'aventurer dans ce pays qui lui paraissait jusqu'alors bien hostile.

Il est présent à chaque consultation, s'occupant attentivement de l'un ou de l'autre de ses petits-enfants. Son geste, grossier et pataud en apparence, revêt une délicatesse touchante dès lors qu'il approche l'un des bébés. Il dit que « c'est ça la retraite, on a que ça à penser ».

N'osant pas comprendre ce qui lui arrive, il a mal ; il a trouvé refuge, entre corps et peur, dans des sensations inconnues qui l'invalident et l'inquiètent.

Alors, c'est à moi qu'il a demandé des solutions, au pédiatre de ses petits-enfants. Plus exactement, c'est moi qui ai provoqué sa plainte, parce que je voyais bien que quelque chose n'allait pas.

Je ne l'ai pas soigné. Je l'ai aidé à trouver des médecins pour le soigner, soigner son cœur et son estomac, son obésité et ses articulations ; mais aussi pour l'amener à faire la part des choses, le rassurer et lui rendre confiance en lui, afin qu'il puisse à nouveau s'éloigner pour aller chercher des champignons. C'est sa passion, la saison commençait tout juste. Dès qu'il s'éloignait, la douleur était si forte que la crainte de mourir le paralysait ; il n'osait plus.

Mais pour aller à nouveau aux champignons, il a fallu qu'il accepte certains aspects de lui, des aspects qui ne rimaient pas avec sa conception préalable de la masculinité et de la féminité. Mais il faut dire que cette question du masculin et du féminin ne lui était jamais venue à l'esprit ; il n'y avait pas eu de raison. Il a fallu, mais c'est venu tout seul, qu'il soit un peu moins pointilleux sur ce qui est des hommes, d'un côté, et ce qui est des femmes, de l'autre ; comme s'il y avait réellement deux côtés. Il ne soupçonnait pas que les frontières entre ces deux états étaient poreuses, et qu'elles n'étaient pas très clairement délimitées.

Pour lui, les hommes et les femmes occupaient jusqu'alors des places bien définies et non interchangeables, chacun sa place. Il a bien besoin de comprendre ce qu'il ressent, car des choses qui ne l'avaient jamais effleuré lui viennent à l'esprit.

Alors, parler du féminin ! À propos d'un homme ! C'était douteux ! Et puis, même si l'on se pose des questions, et qu'elles reviennent souvent, il est bien difficile d'en parler avec les amis qu'on retrouve le soir pour la belote, au café-bar du village. Tout le monde se connaît ! Il faut vraiment venir chez le pédiatre de ses petits enfants pour imaginer des trucs pareils !

Nous parlons lorsqu'il vient me voir, des enfants, de lui, de sa santé, d'être grand-père aussi ; nous avons le même âge, j'ai moi aussi des petits enfants ; pas des jumeaux, c'est vrai… Quand ses amis s'étonnent de lui voir meilleure mine, de le voir mieux portant, ils lui disent : « Eh bé, tu as l'air d'aller bien, tu es changé ! Qui c'est qui te soigne ? » Un peu gêné tout de même, il répond : « Euh… Eh bien… C'est le pédiatre de mes petits-enfants ! » Alors ils sont très étonnés, et ils se moquent quand même un peu de lui.

À la saison, il retourne cueillir des cèpes. Ses amis ne le savent pas, mais à soixante-deux ans passés, dans cette forêt qu'il croyait si bien connaître, il a découvert de nouveaux endroits, qui regorgent de champignons…

Il est question de grands-pères dans cette histoire ; mais, chaque fois qu'elle me vient à l'esprit, j'ai l'impression qu'il y est presque question de mères. Je ne sais qui de nous est le plus maternel. Lui, dans cette stupéfiante rencontre avec ses petits-enfants ? ou moi, avec lui ?

Les grands-parents seraient-ils des supplétifs ?

Supplétif : Qui complète, qui sert de supplément.
Dictionnaire Littré

L'évolution de la vie des couples, les familles défaites, puis souvent recomposées, amènent nombre de grands-parents à s'investir dans des tâches dont ils n'avaient pas l'habitude. Ils occupent auprès de leurs petits-enfants une place qu'ils n'avaient pas envisagée. Ils peuvent choisir de l'occuper, comme ils peuvent se trouver désignés malgré eux : recours, référence de sécurité et de stabilité, voire d'affection ou de tendresse.

Il n'est donc pas rare que les grands-parents s'aperçoivent qu'ils sont saisis par des sentiments qu'ils ne connaissaient pas, des sentiments dont, à leur vive surprise, ils n'avaient pas fait l'expérience avec leurs propres enfants. C'est comme cela que Paul a renoué avec les champignons, grâce à ses petits-enfants.

Et puis les grands-pères peuvent aussi se découvrir des compétences qu'ils ne se connaissaient pas, et faire des choses qu'ils n'avaient jamais faites auparavant. Ainsi, quand Sacha est avec moi le soir, et qu'il a peur des cobras, je m'aperçois, je ne le savais pas auparavant, que je suis un excellent chasseur de cobras. Il m'aide ; nous sommes d'ailleurs très bien équipés, et je crois que nous sommes redoutables, pour les cobras. Pas un n'en réchappe ; au moins pas ce soir-là.

J'ai d'autres cordes à mon arc. S'il me demande de chasser avec lui d'autres animaux, nul doute que je saurai quelle corde choisir pour que nous ne revenions pas bredouilles et qu'il soit rassuré par notre butin.

Parfois, les grands-parents sont amenés à relayer les parents sans discussion possible, précipités dans cette obligation par la mort ou par la maladie de l'un des parents, quelquefois des deux, ou encore par une séparation. Ils sacrifient en général leurs projets, abandonnent la tranquillité de leur vie vieillissante pour devenir à nouveau éducateurs et responsables.

À la suite d'une grave maladie, Valentine garde pour séquelles une épilepsie sévère et de très importants troubles de mémoire. Elle ne peut plus satisfaire seule aux exigences de la vie courante, ni assurer seule la charge de ses deux enfants. Sa mère a déménagé de la ville éloignée dans laquelle elle habitait, et depuis des années c'est elle qui assure discrètement le quotidien et s'occupe en partie des enfants, permettant ainsi la poursuite de leur vie familiale. Pour cela, elle a, sans jamais s'en plaindre, complètement et définitivement bouleversé l'orientation de sa vie et celle de son mari.

J'ai noté également une situation un peu particulière. Elle concerne les grands-pères maternels.

Il arrive qu'à la suite du départ ou de la mort de son compagnon, ou parce qu'elle a fait le choix de vivre seule avec son bébé, une jeune femme se retrouve seule, enceinte ou avec un enfant. Son père se trouve parfois doublement investi, de façon un peu ambigüe. Père de cet enfant sans père, père de sa propre fille abandonnée. La plupart des grands-pères perçoivent très bien l'importance de ce qui leur est confié et assument avec beaucoup d'attention et de gravité la responsabilité qui leur incombe. Ils sont alors très présents aux consultations.

Je parle de gravité parce que j'ai très souvent perçu leur sérieux devant cette nécessité de comprendre l'importance de leur place auprès de leurs petits-enfants dont le regard est braqué sur eux. Pendant un temps, ils sont l'homme que l'enfant regarde, par qui il comprend ce qu'est un homme, et la place de chacun.

Ces grands-pères, toujours soucieux de leur rôle, conscients de leur devoir d'exemplarité, sont soucieux parce qu'ils savent qu'ils ne sont plus très jeunes. Ils se demandent comment et pour combien de temps ils pourront mener à bien cette tâche difficile et engagée. Ils y sont disponibles et se sentent souvent coupables. Coupables parce que leur fille est en difficulté et qu'ils se sentent toujours une part de responsabilité ; mais aussi parce que ces situations rapprochent à nouveau, de façon un peu trouble, les pères, leurs filles, et les fantasmes infantiles et incestueux.

Les grands-parents ont-ils bien un rôle ou une fonction reconnus ?

Un vieillard qui meurt, c'est une bibliothèque qui brûle.
Amadou Hampâté Ba[52]

Qu'ils y pensent ou non, ils assurent la continuité du fil de l'histoire familiale.

Ils n'en sont pas toujours conscients, mais le regard que leurs petits-enfants portent sur eux en témoigne souvent. Cette transmission, car d'une façon ou d'une autre c'en est une, n'est pas un projet ; elle est un fait d'intimité et de confiance mutuelle, elle a lieu de fait, et passe probablement par le jeu des identifications. Les petits-enfants, curieux de ce témoignage de filiation, l'acceptent comme il se propose. À certains moments de leur vie

52. Amadou Hampâté Ba, Discours Unesco, 1960.

d'enfant ils sont aux aguets, cela les aide à saisir l'articulation entre les générations.

Il serait difficile de définir les fonctions des grands-parents, et je n'ai pas très envie de retenir des attributs ou des fonctions spécifiques, qui seraient communs à tous.

Ils avaient jadis un rôle assez défini, lié notamment au fait qu'ils habitaient souvent sous le même toit que leurs enfants. Étaient-ils pour autant les garants de la sagesse, ou de la mémoire familiale ? Il n'est pas certain que le statut de nombre d'entre eux ait été tellement enviable. Quoi qu'il en soit, les petits-enfants vivaient dans la promiscuité de leurs grands-parents, et il leur était loisible de les regarder.

Maintenant, c'est différent. Ils n'habitent plus tous dans une même maison, et ils ont leurs activités propres ; ils peuvent se rendre disponibles, mais leurs rôles sont un peu différents de ce qu'ils étaient.

Les grands-pères sont-ils aussi présents que les grands-mères ? Quand j'ai commencé à exercer la pédiatrie, ils venaient peu ; plus pudiques peut-être, ou moins à l'aise avec les bébés, je ne sais, ils préféraient rester dans la salle d'attente, prétextant qu'ils n'étaient là qu'à titre de chauffeur. À cette époque, et c'est vrai maintenant encore pour la toute petite enfance, il s'agissait du pays des femmes, avec leurs enfants, et ils pensaient ne pas y avoir accès, ou que la porte en était un peu trop étroite pour eux.

Ils viennent maintenant plus facilement, même s'ils restent généralement un peu en retrait derrière les grands-mères. Ils accompagnent leur femme, ou leur fille, mais ils viennent rarement seuls.

Je crois qu'ils sont présents différemment, mais présents. Les modalités de leur présence sont différentes de celles de leurs femmes et, même s'ils expriment des sentiments comparables, ils s'adressent à moi de façon plus allusive. Ils sont plutôt silencieux, attentifs ou faussement détachés, souvent un peu inquiets, mais bien présents, aux aguets. S'ils ne disent presque rien, ils souffrent beaucoup au moment où l'on fait une vaccination, ou s'inquiètent de savoir leur petit fils fébrile ou leur petite fille effrayée. J'ai eu la surprise d'entendre une femme dire à sa fille, à la mère de Sonia que je m'apprêtais à vacciner : « Heureusement que ton père n'est pas là ! » Elle m'expliqua que son mari, le grand-père de Sonia, n'aurait pas pu supporter de la voir souffrir.

Je peux parler pour les grands-pères ; pour les grand-mères, je connais moins.

Je trouve que je m'inquiète plus pour mes petits-enfants que je ne me suis inquiété pour mes enfants. Pourquoi ? Peut-être parce que je n'ai pas avec eux de responsabilité directe, et donc pas de moyen de décision ou d'action. Mais l'inquiétude des grands-pères est stérile, elle ne sert à rien, sinon à provoquer la peur chez les autres…

Peut-être vieillir me rend-il plus anxieux. Peut-être aussi faut-il que je me débrouille de mon sentiment d'impuissance, et des choses qui m'échappent. Ce ne sont plus des histoires de grands-pères, seulement des problèmes d'homme, des histoires humaines…

Le grand-père de Jeanne Herry était en train de s'éteindre. Elle dit leur ultime rencontre.

« Je me suis retrouvée seule avec mon grand-père. Je ne savais pas quoi dire… envie de pleurer… Il m'a pris la main… m'a dit : Bonne chance. Seulement ces deux mots-là. Et j'ai pleuré, pleuré…

Papa, ton papa va mourir. Je cours derrière toi, et je te regarde courir, et je n'en perds pas une miette. »[53]

Les pédiatres connaissent le lit des rivières

Aqui si encontramos frecuentemente los problemas derivados de caudal
(Ici, nous serons souvent confrontés aux problèmes liés au débit).
Sierras de piedra y agua
(Descente de canyons).
Enrique Salamero, 2002

Ils sont venus tous les trois, devançant de quelques jours le rendez-vous prévu. Tim était né depuis peu, il avait vingt jours. Il était nourri au sein, sa mère y tenait par-dessus tout, et ça ne marchait pas très bien.

Elle essayait de m'expliquer ses difficultés, quand elle éclata brusquement en sanglots.

Après quelques minutes, ayant retrouvé la parole, elle me dit la peur qu'elle éprouvait devant ce bébé, ses doutes, et sa certitude qu'elle « n'y arriverait jamais ».

J'ai d'abord examiné Tim, pour montrer à sa mère qu'il allait bien, et qu'il ne risquait rien. Nous avons ensuite envisagé quelques questions simples, repas, horaires… Voyant que je ne parvenais qu'imparfaitement à la rassurer, je lui proposai de revenir trois jours plus tard et de me téléphoner avant si elle en sentait le besoin. C'est moi qui ai téléphoné, le lendemain. Le prétexte était de savoir si Tim tétait mieux, mais je m'inquiétais d'elle.

---

53. Jeanne Herry Jeanne, *80 étés*, *op. cit.*, p. 16.

À l'issue de notre deuxième rencontre, je la vis si désemparée que je lui proposai de venir régulièrement pendant quelque temps ; nous envisagerions les choses successivement, et tenterions de les résoudre une à une, jusqu'à ce qu'elle se sente un peu plus à l'aise avec son bébé et dans sa maternité nouvelle.

Elle vint deux fois par semaine, parfois avec Tim, souvent sans lui. Une seule fois, son mari vint avec elle. Après trois à quatre mois, elle sentait bien que son passé d'enfant et d'adolescente s'imposait de plus en plus violemment ; il nous semblait que nous avions fait le tour du travail que nous pouvions faire ensemble. Nous convînmes qu'elle gagnerait à rencontrer un psychothérapeute, comme nous l'avions évoqué tout au début, dans un cadre défini pour elle seule.

Elle poursuivit une psychothérapie pendant trois ans, se disant à plusieurs reprises satisfaite, comme soulagée, pour sa vie personnelle et familiale, de ce qu'elle retirait de cette démarche.

Un jour, elle m'annonça avec un plaisir évident qu'elle était enceinte. Elle ajouta que maintenant une page était tournée, affirmant en plaisantant que ça ne serait pas comme à la naissance de Tim, et qu'elle était contente que cette histoire soit derrière elle.

Elle accoucha, d'une petite fille cette fois. Elle l'appela Zoé ; joli prénom, la vie. Quand elle vint pour me la présenter, elle me prit à témoin de ce que vraiment tout allait bien. L'histoire de son premier accouchement appartenait bien au passé.

Elle me téléphona le jour même, dès son retour chez elle, en larmes, me disant que « ça recommençait ». Je la reçus le lendemain. Non, ça n'était pas comme la première fois, elle en convint ; elle n'était pas aussi désemparée, loin de là. Elle avait surtout très peur que les choses ne se reproduisent. Je lui conseillai, et elle accepta, de reprendre contact avec son psychothérapeute.

Très vite, la situation s'améliora.

Le fait que ce bébé soit une fille avait probablement précipité ce qui lui apparaissait comme une « rechute » ; il y avait une sorte de double répétition, un enfant, comme la première fois, mais surtout, comme elle l'avait été elle-même, une petite fille avec sa mère. Ces deux situations, malgré leur éloignement dans le temps, étaient entrées en collision.

Quelques années plus tard, je lui demandai si elle m'autorisait à lui poser une question. Elle accepta. Je cherchais à définir comment elle avait situé ma position de pédiatre à l'époque : plus exactement, je lui demandai si elle m'avait situé dans une attitude paternelle, ou grand-paternelle ?

J'étais naïf. En posant ma question sous cette forme, j'étais aveuglé par mes propres interrogations ; je venais de devenir grand-père pour la première fois.

Elle me regarda quelques instants. Brusquement ses yeux s'embuèrent. Dans un souffle, elle me répondit : « Maternelle ».

Je restai sans voix, interdit. Cette réponse, ou cet aveu, me firent l'effet d'une bombe, dont le souffle balaya tout ce que j'avais pu échafauder.

Père, peut-être grand-père. Voilà tout ce que j'avais été capable d'imaginer.

Mère… Ça ne m'avait pas effleuré.

Je cherchais à comprendre si sa réponse signifiait que j'avais été maternel avec elle, ou si elle m'avait pour un temps réellement installé à la place de sa propre mère. Mère, je devais me rendre à l'évidence. Je compris alors qu'avec elle j'avais été « en creux ». C'est ce qui avait été important.

Un maternage ? Thérapeutique ? Je ne sais pas si ça existe. Cette histoire, et un peu plus tôt celle du grand-père, Paul, me font hasarder ces mots, accolés l'un à l'autre.

Un portage nécessaire, souvent attendu, ou espéré, dans ce moment si particulier. « Porter » le bébé, mais aussi ses parents s'il le faut, dans une extension du soin à la dynamique familiale.

Pourquoi un pédiatre attendrait-il sur la berge, au bord de la rivière ?

À force de séjourner sur la grève, et de voir l'eau changer, il connaît à peu près les fonds. Il sait les embûches et les trous d'eau, les remous et les tourbillons. Il connaît les lignes de partage des eaux, là où c'est dangereux, et là où ça ne l'est plus. Il sait aussi où les eaux sont stagnantes et le fond trompeur, et où les eaux se mêlent à d'autres eaux.

Il sait même que parfois des larmes viennent s'y mêler.

Finalement, le rôle d'un pédiatre est peut-être celui d'un passeur.

Ses patients sont un peu effrayés par le tumulte de la rivière, et n'osent pas toujours traverser, ils craignent d'être emportés. Parfois, ils aspirent aussi à déposer leur charge, pour un temps, et lui demandent de les soulager de son poids, d'en être dépositaire et d'assurer jusqu'à l'autre rive le transfert de ce fardeau soudain si pesant.

Il les aide donc à franchir le gué, à traverser la rivière. Il porte leur fardeau, les porte s'il le faut, et ils se tiennent à lui. Il s'agit d'éviter qu'ils ne soient submergés par les eaux si vives et impétueuses, si imprévisibles.

Arrivés sur la terre ferme, ils le lâchent, partent souvent sans se retourner, et oublient peut-être.

Ils ont raison.

Lui, il regagne l'autre rive. D'autres viendront, qui ne connaissent pas la profondeur de la rivière, ni son débit, et ne sauraient traverser seuls.

Remerciements

Je remercie Gérard Jorland pour sa confiance accordée, et ses commentaires roboratifs. Mes remerciements vont également à Delphine Ledos qui a accepté avec patience mes hésitations et mes revirements.

Merci à ceux, famille et amis, qui m'ont lu, porté, et critiqué, avec gentillesse, je dois le dire.

À mes patients, bébés, enfants, parents et grands-parents, qui ont écrit ce livre avec moi au fil du temps.

Table des matières

Composition et mise en page :

Olivier Teneul

Achevé d'imprimer par

l'imprimerie France Quercy, 46090 Mercuès

Dépôt légal : mars 2014